日本史籍協會編

東西紀聞 一

東京大學出版會發行

東西紀聞 について

日本史籍協会

一

　東西紀聞の編者小寺玉晁は、尾州藩の戯作者で、寛政十二年（一八〇〇）生れ、明治十一年（一八七八）九月二十六日死去、その間演劇・歌謡・浄瑠璃等に関する編著数十種を著わしている。また幕末怱忽の間にあって、目睹耳聞するところの出来事を丹念に筆写し、維新史料として、また風俗文芸の資料として貴重な書を遺している。まことに随筆雑纂の白眉ともいうべきであろう。維新史の史料としては、本書のほかに東西評林（文久二年）甲子雑録（元治元年）連城紀聞（慶応元年）連城漫筆（慶応二年）丁卯雑拾録（慶応三年）戊辰雑記（慶応四年）があるが、戊辰雑記を除いては、すべて本叢書に収録されている。本書は第一・第二の二巻からなり、第二には「御城書」と称する付録があり、文久三年正月より六月までと、元治元年七月より十一月までの史料を収めている。文久三年七月より十月末までの史料は甲子雑録に収められており、これは明かに原書綴込みの際の誤りである。

史籍協会本は原書のままこれを踏襲しているので、本書も旧のままにしておく。なお第二には癸亥東西紀聞第八が収録されていないが、これは第八を第九と誤記したのか、第八が欠本であるのか、不明である。後日の研究にまつことにする。玉晁の略歴は東西評林に記載されているので参照されたい。なお元本には目次が欠けているので、本書では読者の便をはかるため、新たに主要目次を作成添加しておいた。

二

本書の第一には文久三年正月から六月まで、その第二には七月から十二月に至る間に起った凡ゆる事件に関する聞書・達書・届書を主とし、その他張紙・風聞書等の史料を収めている。体裁は編年体を採用しているが、断片的な史料を雑然とならべられているので、読者にとって不便な点がある。しかし当時の世相を観る上に参考となるものがあり、特に風説書・張紙の類が多く収められていることは、混乱せる世相の一端を知る上に便宜を与えてくれる。いま各々の史料について解説を試みることは限ある紙数を以てしては不可能であるので、本解題では主たる事件の概略を記して読者の参考に供することとする。

文久三年は将軍が寛永の先蹤によって上洛したことによって、その幕を開いたと言ってよい。既に幕府の要路並びに諸侯も朝命を奉じて京都に参集し、長州藩は尊攘志士を糾合して、攘夷の即時実施を叫び、三条実美・姉小路公知その他少壮公卿と結んでその気勢を挙げていた。三月十一日には賀茂社に、四月十一日には石清水社に行幸、攘夷の成功を祈願せられ、五月十日を以て攘夷決行の期日とせられる等、攘夷運動はその極盛期に達した。幕末に於ける攘夷論は単なる排外思想から出たものではなく、寧ろ外国勢力に対する自彊自衛の考えから起ったものである。しかもその攘夷論が、年と共に熾烈になった原因も、貿易の開始に基く物価の騰貴とか、来朝一部外国人の傲慢な態度に誘発せられた等の理由のみによるものではない。それよりも大なる原因は、攘夷が尊王思想・復古精神に結びついて尊王攘夷の思想となり、それが幕政改革、更に進んで倒幕の手段としてその気勢を増長するようになったのである。

幕末の非常時はペリーの来航に始るが、幕府がこの難局を突破せんが為に、朝威を藉りて国論の統一を図らんとし、前例を破って米国の国書を奏聞し、同時にこれを諸侯有司及び識者に示して意見を聴取した。ここに開鎖の論は対立し、幕府は却って苦境に陥り、荏苒日を移す間に、遂に無勅許調印の已むなき立場にたち、幕府は内外両政の上に悩みつづけたのである。

当時の内政状態をみるに、対外問題が起ると共に特に多事となり、幕府がその善後策に当を失する間に、朝幕間の関係も次第に離反し、朝威の前に幕権失墜の色彩を濃くした。将軍継嗣問題・条約無勅許調印問題に対する井伊大老の弾圧策は、有力諸侯・有志の失望と憤激とをかい、処士横議の難局を惹起したのである。しかもこの情勢は更に一歩前進し、幕府に対する反抗敵視する勢を生み、幕政の改革・朝威伸張の険悪な機運を孕んだ。かかる時期に仮条約の実施期を迎え、各国使臣が赴任し来ると庶政の上に深刻な転換期をもたらし、内外問題は密接な関連を示すようになった。即ち対外危機は、幕政の鼎の軽重を問うに至ったのである。

三

幕府が弾圧によって尊攘派の行動を抑制しようとすればするほど、彼等の運動は強烈化していった。加うるに開港後年を重ねるに従って内外の問題は多事となり、特に、条約実施について諸種の係争問題が起った。文久の頃には、生麦事件及びその償金問題・或は長州藩の外国船砲撃、薩英戦争が突発し、これらは何れも国際的危機を呼び起す問題であった。更に開港後対外紛争を招いた原因として、貿易に関する条約履行上の問題並びに外国人殺傷問題の頻発がある。しかも下手人は一回も捕えられず、恰も外国人に対する殺傷は公許せられたかの観を呈した。固よりかかる行動は、尊攘派の人々が幕府をして政治的苦境に陥れ、幕権の失墜を内外に示さんとする意図のもとに行われたものであった。然るにこの間において外国使臣も朝廷と幕府並びに諸侯との関係の実相を理解し始めた。則ち日本の主権者は天皇であって、将軍は諸侯と同じく天皇の権威に伏すべきものであるとした。また諸侯が幕府よりも朝廷を重んじ、朝命によって京都に参集する現実の姿を看取するに至って、益々その認識を深めたのである。しかし外国使臣は自国の権益保全の上から、条約の調印者である幕府の権力失墜が自国に不利益をもたらす故をもって、幕府を支援し、攘夷派の諸侯を抑圧して、排外気運を殺ごうとし、ここに個々の問題では、紛争が生じても大局において幕府と同一目的の為に行動しようとした。

一方幕府は朝廷との関係を密にして、尊攘派の行動を牽制し、対外関係を融和しようと企図し、文久二年に至って公武合体を策し、和宮の降嫁を奏請し、十ヶ年内に攘夷を決行する旨を誓ったが、後者は実行不可能のことであって、かかる公約は却って内外にその不信をかうに至ったのである。されば尊王諸藩の動きは活発化し、島津久光は大兵を率いて上京し、ついで勅使大原重徳を護衛して江戸に下り、更に長州・土州両藩は勅使三条実美・姉小路公知を護ってこれまた江戸に下向した。その結果幕政の改革が行われると共に、二百年にわたって廃されていた将軍上洛のことが決定した。しかもこの頃より幕威の失墜を告げるが如く、これまで外国に対して行われた殺傷の刃が幕府の要路にまで向けられるようになった。老中安藤信正対馬守が坂下門外に襲撃され、また佐幕派として島田左近が暗殺されたのを始めとして、尊攘派の暗躍はいよいよ激しくなった。文久三年正月には池内大学が坂地で、ついで香川肇が京地で殺され、その屍体の一部は佐幕派の公卿や幕府要路の宿舎に投ぜられ、公卿を威嚇して、その職を辞退せしめる事件が起った。更に暗殺の魔手は豪商にまで及び、貿易を妨害して、鎖港の一手段とした。また浪士三輪田綱一郎以下の同志は洛西等持院に安置された足利三将軍の木像の首を引き抜き、これを賀茂河原に梟首した。この事件は当時尊王志士の間に大いなる影響を与えた楠公精神鼓吹の顕れと見るべきであろう。

かように尊攘激派の跋扈が激しくなったので、幕府もその対策として浪士取締りの為、浪士組を組織し、洛西壬生村に屯せしめたが、これを指揮していた清川八郎が志士と通じたので東帰せしめた。八郎は江戸で暗殺されたが、浪士組の近藤勇、芹沢鴨、土方歳三等は洛地に残り新撰組を結成し、その他の士は江戸で新徴組を組織して庄内藩に付属した。

四

幕府は将軍の上洛を機として政令の帰一を奏請したが、容易に許されず、三月七日下された勅語に、、国事に関しては事柄によっては直接諸藩へ御沙汰あるべし、とあり、政令は依然として二途より出ることとなった。既に述べた如く、将軍の上洛は京地にある尊攘派の士気を昂め、その間にあって長州藩の勢力は独り重きをなしたが、ここに注意すべきは、在京有力諸侯の中には長州藩に好意を有せざる者もあった。特に島津久光は、京都の情勢に慊きたらず、一旦帰国したが、再三の召命により三月十四日入京、即日中川宮・鷹司輔煕・一橋慶喜・山内豊信と会し、席上攘夷の暴論を抑止し、浪士・藩士の異説を採用せざるよう主張し、滞京僅か五日間にして帰国の途についた（本書一の三三二頁に島津三郎の帰国願は三月二七日付になっている）。また大和行幸の陰に討幕の儀があるとの風聞が流れ、守護職会津藩主松平容保を始め鳥取・岡山・米沢の諸侯並びに徳島藩世子は参内して行幸の中止を申出た。

この頃薩州藩士高崎佐太郎正風は会津藩士秋月悌次郎・広沢安正等と協力し、中川宮によって大和行幸の中止を秘かに謀り、その機の熟するを待った。一方尊攘派の画策は着々成功し、八月十三日大和行幸及び攘夷親征の詔勅が発せられた。然るに十八日未明中川宮は急遽参内し、ついで前関白近衛父子・右大臣二条斉敬・内大臣徳大寺公純及び京都守護職松平容保・所司代稲葉正邦等も相前後して参内した。この時既に会・薩二藩の兵は中川宮の旨を含んで禁門の守衛に当り、大和行幸の中止、長州藩の堺町門警衛を止め、三条実美以下の尊攘派公卿の外出及び他人面会を禁止した。ここに長州藩を中心とする尊攘派の士は九仞の功を一簣に欠き切歯扼腕したが、勅命には抗し得ず、三条以下七卿を伴って長州に赴いた。かくて京都の形勢は一変し、公武合体派が政局の指導権を恢復した。十月三日久光は兵を率いて上京し、一橋慶喜・松平慶永・山内豊信・伊達宗城・松平容保と共に朝議に参与することとなった。

長州藩に組する公卿堂上及び諸藩士・浪士は政局の中心から一掃されたが、この政変が果して叡慮によるものか否かについて疑惑が生じた。よって二条関白は宸翰の写を伝達し、八月十八日以後の勅旨は真実叡慮より出たものである旨を明かにした（本書二、二一五頁参照）。

孝明天皇は終始一貫攘夷の考えを抱いておられたが、それが討幕にまで進展することを好まれなかった。されば政変後も幕府に攘夷を督促されている。しかし政局は依然として安定せず、公武合体派の諸侯の間にも意見が対立し、加うるに長州に退いた尊攘派も事ある毎に勢力の挽回を企てていた。

幕府は政変後・攘夷実行の公約に対して、何とか当面を糊塗して違勅の罪から脱れようと考え、兵庫・新潟・横浜のうち、横浜一港を鎖そうとした。かかる幕府の希望は外国側が承け容れるものではない。幕府は仏国公使館員の進言に基き、横浜鎖港談判使節池田筑後守を欧州各国に派遣することとした。もとよりその成功は期し得ず、これは一時の糊塗策に過ぎなかった（本書二、五一〇頁参照）。

さきに朝廷では攘夷期日を五月十日と決定したが、長州藩は同日田ノ浦豊前国企救郡沖に投錨中の米国船を砲撃した。ついで二十三日仏国軍艦を豊浦沖で、二十六日には和蘭軍艦を砲撃し、死者四名重傷五名のほか同艦に多大の損傷を与えた。外国側も長州藩に対する処置を協議したが、仏国艦隊司令官ジョーレスは独断をもって二艦を率いて下関海峡に到り、各砲台を破壊し、陸戦隊を上陸せしめて前田砲台を占領した。この時長州藩士高杉晋作は領内防衛のため奇兵隊を組織した。

薩州藩では前年に突発した生麦事件の処置に関する対英交渉が捗らず、事態はいよいよ険悪化した。英国は幕府に対して償金を要求する傍ら、薩州藩に対しても犯人の逮捕と償金の支払いを求めた。しかし英国艦隊は六月二十七日鹿児島湾に入り、七ッ島付近に仮泊した。翌二十八日艦隊は鹿児島市街近くに進航し、陣型を整えて投錨した。英国代理公使は要求書を薩州藩に呈し、二十四時間を限り、最後通牒を告げた。然るに薩州藩は七月二日一斉に砲門を開き、戦闘を開始した。薩州藩は市街の大半を焼れ、集成館や船舶も破壊されたが、英国艦隊も死傷者六十余名を出し、各艦もそれぞれ損傷し、横浜に引揚げるの已む得ざる状態にあった。その後両者共に戦争の再開を期して準備を進めたが、薩州藩は無暴の戦いは国家の安危に係わることを惧れ、遂に和議を提案した。かくて数次の折衝後十一月一日講和が成立した。生麦事件突発以来一年有余にしてこの難題も解決した。

五

尊攘運動が熾烈化するにしたがって、尊王は攘夷の手段ではなく、攘夷は討幕の手段と移向した。大和行幸、攘夷親征の詔が下ると、中山忠光はかねて盟約を結べる志士（天誅組又は天忠組）の集合を命じた。忠光を主とする吉村寅太郎・松本圭堂・藤本鉄石以下三十余名は、堺に赴き、八月十七日五条代官所を急襲し、鈴木代官外五名の幕吏を斬り桜井寺に陣して義兵を募った。恰もこの時京都に政変が起ったが、忠光等は宿志の貫徹を計り、陣を天ノ川辻に進め、使者を高野山に派してその蹶起を促し、更に十津川郷士を迎え、その兵は数千余名に達した。よって幕府は大和地方の諸藩に令して天誅組の討伐を命じた。忠光は鷲家口で最後の抵抗を試みて敗れ、七名の隊員と大坂に脱れ、ついで長州に走った。

京都に在る平野二郎は同志と謀り但馬で兵を挙げた。二郎は自ら長州に赴き七卿の一人澤宣嘉を説いて首領に推し、ついで但馬に迎えた。十月十二日生野代官所を本陣とし、檄を近隣に飛ばして兵を募った。来り属する者数千名に及んだが、その大多数は烏合の衆にして、やがて幕府の命を享けて来攻した出石・豊岡・姫路の諸藩兵の為に鎮圧された。

以上の如く文久三年は、内外共に多事な年であって、尊攘派と公武合体派の対立し、政変によって一時尊攘派の勢力が抑圧されたが、尊攘運動は潜行し、やがて討幕運動として再び活躍するに至った。また相互に憎しみ合った長・薩両藩が各自外国軍艦と一戦を交え、共にその砲門に屈したとは言え、両藩は外国の実力を知り、無暴な攘夷の国家を危くする所以を理解し、寧ろ彼等と交って、武備を充実して討幕の挙に備えたのは皮肉な現象である。本書はこうした経過を語る史料を多数収めている。目次によってその概略を参照していただきたい。

東西紀聞

緒言

一本書ハ小寺玉晁蒐輯史料ノ一ニシテ原題癸亥東西紀聞ト云フ前回ニ配本セシ東西評林ノ後ヲ承クベキモノナリ

一抑文久三年癸亥ノ年ハ二月ニ將軍家茂ノ上洛アリ三月ニ賀茂行幸四月ニ石淸水行幸アリ攘夷期限ノ發表アリ五月ニ長藩外艦ノ砲擊アリ姉小路公知ノ暗殺アリ六月ニ將軍攘夷ノ爲メニ歸府セルアリ七月櫻島ノ英艦擊攘アリ八月ニ大和親征ノ詔勅アリ朝幕相激シ石火相擊チ

尊攘ノ氣勢澎湃トシテ萬丈ノ堤ヲ決スルガ如ク將タ炎炎トシテ燎原ノ火ノ如キモノアリ倏チニシテ是月十八日ノ政變ヲ釀成シ或ハ大和・生野ノ義擧トナリ幕勢漸ク旺ニシテ終ニ翌年七月禁門蹀血ノ慘事ヲ見ルニ至ル一玉晃ノ周密ナル苟モ目睹耳聞スル所ノモノ此間ノ出來事ヲ筆記シテ殆ンド漏ス所ナシ眞ニ一ノ史料庫ト稱スルモ不可ナシ唯恨ムラクハ本會ノ配布本モト紙數ニ限リアリ之ヲ分册トスルノ止ムナキニ至レルコトヲ

大正六年一月

日本史籍協會

東西紀聞一　目次

癸亥東西紀聞　壱（文久三年）

癸亥東西紀聞　三

目次

癸亥東西紀聞　四

目次

癸亥

東西紀聞

壹

○戌十二月廿九日和泉守殿御渡亥正月四日朝大目付御目付ゟ
弓術之儀も御軍隊ニ編入候ハ無之候へ共銘々勝手次第相携候儀ハ不苦
候間平日稽古も隨分相嗜可申候尤芝射竪物才交々修行致シ實用專一ニ
可被心懸候拔群練熟之者共
上覽被遊候儀も可有之候
右之趣万石以下之面々ゟ不洩樣可被達候
十二月
○御赦免之輩
於在所蟄居
三宅備前守家來
渡邊登
永押込
酒井雅樂頭家來
菅野猪助
蟄居
眞田信濃守家來
佐久間修理

永押込　松平讃岐守家來
長谷川宗右衛門

永押込　右宗右衛門悴
長谷川速水

右五人之者ハ
皇國之爲ニ御咎を蒙り候者ニ付此度
公儀ゟ　御赦免被　仰出候
○松平肥前守父隱居同氏閑叟正月六日川崎泊ゟ道中之形直ニ登　城
御目見蒙御懇之上意候
同七日登　城之処左之通
松平閑叟
公方樣文武御修業專要之御年比ニ而被爲在候間其方ヘ御相談可被遊旨
被　仰出候付以來時々罷出御世話可申上旨被
仰出候

右於御白書院黒鷺之杉戸際河内守申渡之
私云閑叟殿ハ春嶽殿容堂殿抔も一際勝れさる人之由風聞有之　品評
一閑叟　二容堂　三春嶽と申事ニ御座候
○正月町方ゟ御達有之候
清川八郎
外三人之者
去ル酉年八月中人相書相廻シ置候処今般尋ニ不及候趣御沙汰有之候
間左様御承知可被下候以上
正月
○正月十二日之夜新《アタラシ》橋外御用屋敷裏堀際ニ侍躰之死骸筵ニ包捨有之其上
ニ横三尺位竪壹尺程之板ニ左之通書し有之候
宇野八郎
此者儀東櫻ト号シ年來有志之徒ニ交リ事實探索致し姦吏共ニ内通せ

しめ數多誠忠之士を害ひさる段譎詐反覆天地不可容之大罪依之如斯
加天誅者也
正月
右八郎相應之大小帶罷在候由身分未承候
浪士取締役
參州長杉住居源七郎養子
松平主稅助
上總介ト同
○正月十三日
上京御用被　仰付
右ニ付十四日諸大夫被　仰付近々上京之由ニ候
○正月十一日夕七時比松平容堂殿蒸氣船ニ而出帆有之候松平春嶽殿ハ十
一日延引發途未分
○公方樣御發途

一橋様御參　内之上ならでハ御治定無之由

○安藤對馬守追々封書を以御尋之儀有之候由品ニより候ハヽ切腹被　仰付候義難計風聞ニ御座候尤塙次郎殺候節もいろ〱吟味致し候由風聞有之候

○井伊掃部頭家ハ藝州ト黑田ト両家ニ而京都を格別骨折少々ハゆるミ候よしの風聞も有之候久世安藤ハ此儘ニ而ハ不相濟候由風聞ニ候

右正月十七日出江戸状

○正月十五日和泉守殿御渡大目付御目付江

御軍艦ニ而　御上洛被遊候ニ付

御乘船御日限二月廿六日

右之通被　仰出候此段向々江

○癸亥正月五日於尾州御談之趣

來ル二月

御上洛之節陸地
御旅行ニ而も一同之疲弊も甚敷旨深く　御憂念被遊候ニ付御軍艦ニ
而
御上洛被遊候旨ホ之儀ニ付別紙御書付板倉周防守殿ゟ被相渡候由ニ
而御城附指出候此段可申聞旨御年寄衆被仰聞候依右寫貳通相渡候
正月
尾張殿御城附江
御軍艦ニ而來二月
御上洛被遊候付一旦大坂　御城江
御著座夫ゟ淀川通
御乘船ニ而伏見江　御泊翌日二条　御城江被爲　入候旨被
仰出候
右之通被

仰出候間此段
尾張殿前大納言殿に可申越候
十二月
近來御國人民品々御用途相勤宿驛疲弊不少趣被
尾張殿御城附に
聞召候就而も來二月
御上洛之節陸地
御旅行ニ而も一同之疲弊ハ甚敷と深く　御憂念被遊候付御軍艦ニ而
御上洛被遊旨被　仰出候依而も陸地通行御供之面々等も精々冗費相
省候樣可致旨仰出候故
思召之程銘々厚相心得可申候
右之通被　仰出候間以下如前文
十二月

○京飛脚三日限著狀曰

大坂　備前侯

堺并羽戸御臺場　土州

欠マヽ目　阿波侯

兵庫　長州

右守衛從

朝廷被　仰付

一小笠原圖書頭舊臘廿七日蒸氣船ニ而大坂ニ著相成候趣

一圖書頭大坂著之上廿七日學習院ニ

長州　阿州　徳山　毛利　土州　薩州

夜九ツ時迄評義之上何時

御立退可相成哉為難計旨內々公家衆ニ被仰出候由

正月

在京役辰巳弥五六郎江御渡

御書付之趣

尾張大納言儀自國政事追々變革守（令カ）復正儀（マヽ）候由達

叡聞

御滿足

思召候畿内

神宮ホ御守衛向前大納言江

御沙汰有之候通大納言ニ茂倶々上京可奉安

叡慮盡力有之樣可被申達旨被

仰出候ニ付自關東通達可有之候得共爲心得可申達旨

關白殿被命候事

正月二日

正月五日京ゟ著便曰
大坂沖江亞米利加船三拾余艘來泊之注進有之趣ニ候事
因云紀州熊野海邊ニ異船廿七八艘碇泊之趣注進有之正月三日於當表
國持衆江進達有之由ニ候事

○正月京便ニ申來ル
以別紙申上唯今六半時之別紙張紙之通承り候付不取敢寫取奉入御覽候十
三日も何れ茂鎗之鞘を外し堅固ニ致居候由然るニ昨夜四条通ニ出火
ニかこつけ乱入之程も難計与尙以旅宿嚴重ニ構へ罷在候由ニ承り申
候以上

正月十五日夜認

宇和嶋老賊酉年以來幽閉候処格別之蒙　《イニ朝》報恩再出ニ而相成此度國家
之御爲
御報恩を《も》可仕筈と有志之者何レも目注《註》シ相待候処上京後以之外回循

偸安之説を唱第一
朝命ニ違背シ就而も有志之列國を離間いたし
天下大乱之基を引起し候段言語絶し不束《イニ届》之至早々改心罪を謝し不申
候ハヽ旅館に討入攘夷之血祭ニ可致者也
　亥正月
右正月十三日夜寺町通大雲院隣伊達遠江守旅宿之寺の惣門ニ張候事

又正月十五日出
一橋様も去ル十二日歟
御参内之処少々不印と申事
前様ニ而今十五日一ト先近衛様に被為入右御館ニ而御装束被為　召
直ニ
御参内暫時刻も移り漸八時比御入込と申事于今

歸御之御左右不分何卒御首尾能奉祈候いつれの噂欤全下評ニハ可有御座候得共早々江戸ゟ御下り可相成も難量との評を申出し尤何故ら不相分候○昨十四日夜五ツ時比北野邊出火三四軒燒失又曉八時比ゟ四條寺町角妙見堂ゟ出火四条通両側貳丁余燒失右邊ニ長州下宿數軒有之當節柄別而騷キ申候又一昨夜宇和嶋旅館門ニ左之通張紙致し候由（原朱）前ニ見へされハ略ス

○當時上京諸侯

東本願寺御旅館　一橋樣

自分屋鋪幷妙滿寺旅館　長州父子

南禪寺旅館　細川父子

土州

阿州嫡子

南禪寺中　伊達遠江守

東三本木
高臺寺旅館
寺町今出川上ル
右之外御役人
黒谷
右十八日迄之分

中川修理大夫
龜井隱岐守
嶋津淡路守
毛利讃岐守
毛利右京亮
池田信濃守
加藤出羽守
會津侯
御老中始
小笠原圖書頭

○正月十八日出京便之状ニ

京地ニハ大名大勢滯留ニ而就中長州土州ハ大リキミ徒士三十人駕籠脇抔六十人位罷在申候隼人正様も此地ニ而ハ先箱之先を侍二人ホト徒士六人駕籠脇八人位ニ而あるき被申候　上之御供立ハ不相替叓ニ御座候私共著ゟももや六七人も殺され申候毎夜之様子六條でも殺され候やれ寺町でも殺され候と申誠ニおそろしき事ニ御座候一刻も早く歸府仕度与祈り居申候出火之晩ニも抜身をらざし両人程眞向ニらざし混雑の中を歩行申候皆々恐れ両側に寄り申候

○亥正月大坂ゟ之書状

坂表も指而相變儀無御座道頓堀芝居不殘看板差出し其内竹田大□不明此貳軒も㝡早興行致居跡も近日初日可出噂其外宮芝居上るり堀江且も難地見世物追々興行中ニも大虎又々參り是ハ昨年尊地ニ而見せ候由ニ而昨年當地ニ而見せ候虎とハ事替り形も余程大キ候由殊ニ種々藝才致し候由ニ

而見物評判宜敷其外所々遊參見物場所杯殊之外賑敷一向靜謐之躰ニ御
座候併市中爪長連ハ諸色高直噂杯金⊡相場日々荒高下之噂と
御洛之噂諸侯方京都ニ追々御上著之噂ニ而日を暮し候併何事も頓与治
定致候哉無慥ニ不相譯候
一一昨十九日夜半比ゟ出火
廿一日曉卯之刻鎭火
生玉宮社內
藥師堂
大師堂　惣槻造り
〆
右堂貳ケ所燒失仕候火元頓与不相譯全天火ニ而可有之抔と申唱居候右
藥師堂も
太閤秀吉公御造營の御堂之由ニ而別而結構殊ニ格好無双之堂宇ニ而後

年寺院堂宇造立之棟梁共右藥師堂を手本雛形ニ致圖を引候抔申唱誠ニ惜キ名物一時ニ相亡

正月廿四日出　〔原朱〕廿六日七ツ比著

鳥渡珍事御座候

今朝大川難波橋之上ニ首ヲ切落し則制札有之當地ニ而ハ初而之事故大變なる見物ニ御座候則制札之寫左ニ奉入御覽候可怪事ニ御座候右大學ト申ハ昨年京都ニ而取られ江戸表ゟさし出し候処反心いたし江戸表ニ而申開相濟京都ニ而拂ニ相成當地今橋もじ心齋橋邊ニ住宅いたし居候処此節土州様大坂御著ニ而昨夜土州様ゟ御招キ御馳走ニ相成夜ニ入歸宅之処ニ而切落され申候よし噂御座候何分奇代之事ニ御座候

池　内　大　學

此もの從來高貴之御方々之恩領〔顧カ〕を蒙り戊午之比正儀〔マヽ〕之士ニ随ひ種々周旋いたし居候処遂ニ反覆いたし姦吏ニ相通し諸藩誠忠之士抔數多

斃し苟も自ら免を其罪惡不容天地依之加誅戮令梟首もの也

亥正月

（以下二行原朱）
右池内大學ハ京都烏丸下長者町上ル町芳兵衛借屋ニ罷在候儒醫ニ而

安政六　未年八月　中追放ニ相成居候者也

○二月六日夜五時比大坂セタン木橋髮結床際ニ紀州之醫師花岡門人之由

切〔被脱カ〕殺居候此者池内大學弟ト申説藝州家士片岡某ゟ承之同人義死骸致見

分候旨

○正月紀聞

公方樣二月廿六日　御乘船ニ而

御上洛可被遊旨被　仰出

御供之輩塗笠相用候筈

一何方之湊より

御上□〔船カ〕可相成哉ニ難計候付人馬手當いたし置申候樣ニ与之事

一田安樣御事

御後見中御不都合之儀有之被對京都
御官位御辭退御願之通御隱居被
仰出田安料拾萬石被
召上候
一徳川壽千代樣江田安拾万石被進之候

○正月廿三日曉七ツ時比ゟ大川筋浪花橋欄干西手ニ青竹三四尺計三本立
生首刺貫キ其下ニ懸札如此

大坂尼崎町壹丁目
江戸屋嘉七支配借家
儒者　池内退藏　五十才

(原朱)大學ノ變名ナラン

建札之文略之

○正月廿八日夜五条通り下七条上ル宮川町遊女屋菊佐方ニ會津家の下郎相越人質ニ取ふを被殺候趣偽り申遣候由之処翌廿九日曉會津之家士七八人下部七八十人來り士ハ後ロ鉢巻竹鎗欠矢斧ホをもて菊佐宅へ押寄居所毀シ亭主ハ二條邊妾宅へ相越候由右方ニ目當罷越候跡ゟ見へ隠レニ参り見候者ゟ承り右家見物ニ相越候者も有散々ニ破損之由

○正月中旬之比北之新地邊料理屋ニ夜四ツ時比士壹人僕壹人召連來り酒壹升燗(マヽ)いふし候様申付かしわ壹羽(一説ニシヤモ一羽共いふ)為料理壹人ニ而酒無程呑喰又壹升燗をさせ鳥一羽喰畢而飯壹升焚せ是も給仕舞隨(終リ)而代金不持合ゆへ刀の鍔を外シ預置翌夕右僕小判貳枚持來り引替候と云亭主込り段々辭退し過當故右之内ニ而勘定請取度旨申候処更ニ不聞入歸り候由

右ハ細川侯家士之由寔ニ大酒食之評洛中ニ流布し在京中及聞しとㇾ

武州荏原郡若林村地内松平大膳大夫様扣屋敷有之由俗大夫山と唱候由此下屋敷には此度四間半ニ五間貳尺程之墓所補理貳尺程土盛いたし左右石之玉垣表には鳥居をも建正面石碑六ッ左右五ッ宛合拾六碑取建靈神ト唱祭候由當月十三日ゟ千住御仕置場其外同家菩提所愛宕下青松寺より（原註朱）御仕置場并青松寺骸骨有之故堀出集候而祀ル事ナリも追々堀穿持運候由此十六人ハ同家來ニ而先年も御仕置又ハ切腹致し相果候吉田寅次郎外拾五人之侍ニ而爲國家誠忠を盡し身命を拋候ニ付京都ゟ御沙汰有之靈神ニ祭候趣同家中ニ而取沙汰仕候右承りおよひ候間風評之趣密々申上候以上

亥正月廿三日　箕浦十兵衛

○正月十八日　御使　水野和泉守　井上河内守

田安大納言殿御事
御後見中御政事向御不都合之事共有之被對京都深く被恐入候ニ付御
官位一等御辭退且御隱居御願之趣都而無御據被
思召候ニ付京都ゟ被
仰進今度御願之通御官位一等御辭退之段被遊
御聞届御隱居之儀ハ御願之通被
仰出唯今迄被遣候拾万石徳川壽千代殿ゟ被遣候旨被
仰出候此段尾張殿ゟ可申越候

○正月十一日於御連哥之間
柳營之御會
朝何　京都隱居法眼　昌同
雲井迄ちほれ常盤の松の花

立まふ鶴のうらゝなる聲　内大臣殿
春の海波なこやかに汐とおく　昌存
嶋根のめくり雪解にけり　昌澄
影清し月のみ船や出ぬらん　信教
音こつまりぬ空の秋風　行阿
色とへく檜原の紅葉村々に　光魚
そゝきし雨も杉の下道　知匡
待かひの有てぞ聞る郭公　寂照
軒端に近くのそむ夏しけ　日空
釣殿はいとゝ涼しき瀧の音　豊秀
みやひ心を好む宮人　正富
物の音の調へや琴に妙ぬらん　通良
姿と流れし天津乙女子　其阿

咲花よ袂の・〔色の脱カ〕ふ〔まカ〕きめ・〔き脱カ〕て　　　昌春
ちきりりはふん桃の盃　　　照阿
右一巡

○正月
心得書付
今度
前大納言様御上京之儀ハ第一
天朝
御崇敬之筋ニ種々御配慮被爲
在
御三家之御格式をも被相掟專尊王之
思召ニ付銘々奉拜察

御崇敬之
御主意際立相顯
思召ニ不悖樣急度可心得事
一道中幷在京中他向も勿論自分旅宿より共禁酒可心得事
一在京中如何樣之儀有之候共私意恨ホ決而差挾申間敷無據子細於有之
其譯歸著之上可申達事
右之通被心得萬端相愼如何之儀無之樣可被致候若不行屆之次第於有
之ハ無御容赦急度可被
仰出候条被得其意家來末々之者ニ迄能々可被申付置候
正月

○正月
今般御供之輩ニ
前大納言樣別紙之通　御直ニ被　仰出候付右

御直命之趣篤と奉拜承候樣ことの御事

今般上京之儀も至而重キ勤筋之儀ニ付諸事取締相詰可申候何れ茂心得候者之儀ニ付尤如何之儀有之間敷候得共万一違背候而も對朝廷《延カ》恐入候次第ニ付無余儀嚴重之可及沙汰候間兼而相心得支配末々之者迄も屹度取示し置可申事

十二月

○正月十九日

振鉾　東儀河内守文靜皇仁庭東儀河内守文靜　　林左衛門尉廣繼

皇仁庭　林右兵衛尉廣守　東儀右兵衛尉文言

狛桙　東儀河内守文靜　林右兵衛尉廣守

多右近衛將監忠克　林左兵衛尉廣繼

童舞 納曾利　拾歲 東儀左兵衛尉文陳

退出　長慶子

笙

篳篥

音頭

林　肥後守廣治

薗　駿河守廣邑

薗　右兵衛權尉廣道

多　左近將曹忠功

周防守廣褒

多　參河守久顯

多　阿波守忠臣

東儀　美濃守彭清

音頭

東儀　播磨守後鷹

多　右近將監久腆

東儀　宮内丞季凞

東儀　薩摩守季芳

多　左近將曹節長

笛

三鼓

太鼓

鉦鼓

振鉾

感城楽

太平楽

辻　治部丞近陳

奥　左近將監行業

辻　治部丞近陳

上　左近將監直節

見　石見守葛高

東儀下野守季貞

東儀若狹守俊慰

音頭

山井伊豫守景典

多　備前守忠誠

東儀伊勢守賴玄

山井左近將監景順

岡左兵衛權尉昌次

東儀近江守文均

岡　壹岐守昌好

東儀右兵衛尉文礼

辻　大監物高範

窪　左近將監光張

窪　右近將監近顯

芝　右近將監葛忠

陵王　辻　治部丞近陳

退出　長慶子

笙

　　多　肥後守忠愛

音頭　東　左近将監友秋

　　辻　少監物高節

　　豊　左近衛権尉新秋

　　窪　越中守近繁

　　多　美作守忠惟

篳篥

音頭　窪　甲斐守近俊

　　安倍修理亮季資

　　多　左近将監節文

　　安倍右近将監季光

　　安倍右近将監季愛

奥　雅樂助好古
音頭
芝　筑後守葛房
奥　能登守好學
多　攝津守忠壽
多　右近將監久康
豐　右兵衞尉時鄰
芝　右近將曹直溫
上　右近將曹近礼
奥　豐後守好文
辻　相模守則賢
上　右近將曹眞行

笛

鞨鼓
太鼓
鉦鼓

○京ゟ來狀之内
于時上も弥明後日御京著之由誠ニ目の舞樣ニ御世話しく御座候御同
所樣も

明後々廿六日との噂直ニ御暇可被　仰出との說いつを當地ハ御逼〔逗〕留
御短ひと相見申候
前様　御當代樣ゟ
禁裏御初五攝家幷御家來衆江被下之金銀ハ大造之御入用ニ御座候幷
御両所様ゟ御内献之品左之通
前様より
禁裏江
師長公所持　白菊御琵琶
名物　大和丸御劔
親王様江
御短刀　岡山吉光
天神緣記
鶴御置物

准后様ゟ

粟田宮様ゟ

近衛
關白様ゟ

同
左大將様ゟ

大納言様ゟ

御文臺御硯箱

和琴 一面

御短刀 來國光

三幅對御軸

左 黄山谷

中 李白

右 杜牧 雪村

御短刀 備中國次吉

高帶御笙

御刀 備中國家助

文徵明卷物

禁裏江

親王江

准后様江

粟田宮様江

近衛関白様江

名物

御刀一期一振 吉光

印子御笙

御刀 粟田口久國

唐犬蒔繪御硯

御文臺

李龍眠七十二賢

御屛風一双

梅ニ鶴御置物

御短刀 延壽國時

御矢根屛風

御短刀 粟田口吉光

未央宮瓦御硯

同
左大將樣ニ　御短刀　延壽國資
　　　　　　友雪御小屏風

右之外傳奏衆議奏衆御初ニ而白鞘入御刀御短刀之内一腰ツヽ御國產物或ハ銀子等相添被遣候事

一今日近衛樣關白御辭退　內覽ニ被爲成鷹司樣關白宣下被爲蒙仰候右も御用繁ニ付詰り關白職二人ニ被爲成候筋一ト通關白之御勤ハ近衛樣之由

一當時在京之諸侯左之通

一橋殿　　　松平肥後守
松平大膳大夫　　松平長門守
細川越中守　　細川御連枝 長岡良之助
松平土佐守　　松平容堂
松平因幡守　　中川修理大夫

龜井隱岐守　　嶋津淡路守
松平淡路守　　伊達遠江守
池田信濃守　　加納出羽守
小笠原圖書頭　　水戸御家老 武田耕雲齋
筑前家老 杉山文左衞門　　備前家老 戸倉彈正
因州家老 鵜殿大隅　　大番頭 土肥典膳
紀州御家老 久野丹波守
渡邊主水正

一因州ハ御呼戻しニ而昨日京著ニ御座候當時名評
一公方樣來月廿六日江戸御發駕之筈所司代衆ゟ
禁裏奏聞ニ相成申候右之外申上度事共御座候得共以下略之

正月廿三日夜子刻書杉浦儀平ゟ

○水野正信俗三四郎直巨君臣大道寺筆記之内

正月廿二日出蟬居君雪簡及莒館叔子來簡

別紙之通品川ゟ申越候付是ハ案内状而已故略之久々ニ而可致對面と相樂候得共當日ハ當番ニ付若參り候ハヽ其譯申聞御府内逼（逗カ）留中も長屋ニ同居可致若又殊之外急キ候譯ニ候ハヽ致同道休所迄連來候樣申置候處則十九日八時比尋來候処前顯之次第故外用向辨候由ニ而歸り翌廿日朝來り候間則引取之上逢申候荒增左之通ニ御座候當人文通と御見合候樣存候嘸々御老夫婦御兄弟方も歡喜之事と存候足懸四年トハ申ものヽ正味一ケ年計の修業ニ而ケ樣被　仰渡候儀格別之手柄老拙おゐても大慶至極ニ御座候扨昨年唐太嶋ゟ相越候途中ニ而箱館表麻疹流行と申儀も粗承り七月ニ至箱館歸府之処大抵ハ麻疹流行後濟居候由之処思ひ之外ニ傳染いたし

（原註）次ニ相見候當人手紙唐太歸帆荷揚相濟翌日御目付小出修理殿送青森渡海其後麻疹再度青森渡海之小出和州迎之

（原註）三厩渡海ハ間違之又々青森ニ而糟谷筑州送之

其上唐太にて濕氣強く請候故欤中々發し兼手間取病氣肥立兼五十日程茂平臥罷在候由いかにも難澁之事と被存候漸平癒ニ趣候処鎮臺送りと爲ふん被申付候得共何分疲勞甚しく一旦ハ御斷申上候処測量心得候者出拂人別少ニ付強而被申付無據相勤猶又其後茂三厩渡海候由之処別紙之通今度蒙

仰元來出府致し候事ハ心願之処故別而難有奉存且結構蒙

仰候旁心もいさミ相越候由然ニ始終南風強く逆風故釜石港滯泊いたし廿九日除日ニ付水主共此所ニ越年致し度心故逆風申立七日迄滯泊之由一旦ハ強而出帆致し候処猶又乘戻し候由いはれ逆風故マキリ颿候樣申聞候へ共測量役故取用不申事之由運用方ニ而候ハヽ致方も可有之由申聞候七日同所出帆マキリにて乘行暫時金華山ニ碇泊乘組代ル々々參詣致し夫ゟ出帆浦賀ニ相越候処生憎北風と相成乘込兼候処漸乘入上陸改請候由此節

御上洛之御供船ニも相成可申哉之儀内意有之候由ニ而候若々其通ニ相成候ハヽ歸帆ハ彼是秋ニも可相成欤之由尤始終御船ニ罷在候筈之処夫ニ而も御用私用共辨し兼候付表向計ニ而内實ハ日本橋釘店伊勢屋平作方ニ逼《逗カ》留之由箱館ゟ誂之用向第一ハ英國ォールデンブック并航海暦之由此内ォールデンブックゟ手ニ入可申哉ニ候得共航海暦ハ甚拂底竹内下野守持歸候処是ハ

御上洛御用ニ相成候筈ニ而如何よも致方無之横濱ニも申遣置候へ共如何候半哉無覺束由ニ而候右之次第故老拙方ニ罷在候而も御用向を初不摸通ニ付平作方ニ罷在折々御船見廻り可申覺悟之由尤此後手透も候ハヽ追々可相越旨申聞昨夕七時罷歸申候健ニも見請候へ共病後故一旦ハ肥太相成候事と相見ふとり候義ニ御座候麻疹後の人ハいつをも同様故之義と被存候伊右衛門も無事其許ニ之傳言も手紙ニ有之今度壹人立在住被　仰付候義殊之外難有かり申越候例之讀メ兼候書面ニ御座候伊右

衞門ハ大の木村とやらん江引越候付右跡へ潑三郎住居之心得ニ候得共實ハ矢張武田之塾ニ寄宿之積之由申聞此外物語も種々有之候へ共追々ニ可申入と文略いたし候事立候義計二ヶ条左ニ申入候昨年ゟ噂有之候合衆國山物究理學者一人ハ千五百ドル壹人ハ千ドルまて雇入相成大統領ゟ日本永代之御爲ニ相成候樣一命を懸大利益相開候樣ニ申付ミニストルゟも呉々申聞候趣も有之候付格別ニ存込箱館江相越候事之由右逼《逗カ》留中山物講釋致し聽聞相越候輩有之候由夫より蝦夷地江相越經緯度相計圖面取調右圖面ニ大巖大樹相記し甚巨細之圖面之由或時ハ此足下三尺堀候へハ金礦有之此所何丈堀候へハ寶石有之など申聞候付堀候へハ每々其通之事之由たとひ神明佛陀之通力ニても此土中之義中々知れ候義ニハ有之間敷と驚愕いたし候次第右之通ニ候へ共何方を堀候へと申差圖も不致物事廣大の仕業なふてハ永久廣大之有益ハ得らさく狹少の業ニ而取懸り候へハ其益も少く費をつくのひらさたもの丶由ニ而中々

急々可終事とも不被存其上諸道具三四万両ニ而ハ中々以出來らさた樣子故奉行限ニ而ハ取計兼候ニ付關東ヘ伺ニ相成候処先見合候樣御下知相成是迄之失費ハ損毛ニ相成外國人も力を落し早々英船ヘ便船歸國の由咄之樣成事長大息此事ニ而候

唐太嶋之義寂初魯西亞人相越此嶋ハ支那ゟ貰候間引渡候樣申聞候処日本まても數十年來属嶋ニ相成居候事故難相渡旨申聞候処此義も尤ニ付日本人住居致居所ハ日本属嶋の心得其餘ハ魯西亞属嶋と心得可申旨ニ付段々懸合之上天度五十度迄ハ日本属嶋と相心得候筈其砌圖面相添御文通致し候覺ニ候然処今般澄三郎の話ニハ右之懸合未相濟内時候秋ニ相成歸帆可致比合ニ及ひ懸合半の歸府ニ而何才證據も取らハし不申候故魯西亞人は日本人之住居不致所ハ自國之属嶋の心得を以西濱海岸ヘ稼致し居候由日本人秋ニ至り引拂候ヘハ右跡ヘ相越仮屋取建致住居罷在終ニハ西浦ハ彼ら属嶋ニ相成候姿之由東浦之儀も右之術ニ而近寄候

処同所惣おとな配下共に申聞候ハ當時魯西亞人雇銀も宜く其外目を懸呉候へ共是ハ昨今之儀ニ而日本ゟハ數十年の御恩澤を蒙り候事故今更背き候事ハ筋合如何ニ候間いつく迄も忠節を盡し候樣申聞セ候故土人も屈伏致し候由魯西亞人の土人を取扱候ハ雇銀澤山遣し若法を背き候節も打擲抔とハ不致罰にハ髪毛をさミ候由又働き方宜候へハ賞として衣服冠り物抔と遣し此衣服にてハ寒氣凌きニよろしく候旨申渡し著用候へハおのつから寒氣を防き辨理ニ付自然と魯西亞人の風俗ニ相成候由日本ゟハ強く風俗改させ候儀ハ無之候付其段を悦ひ候由之処万事ニ付不行届儀も有之候付遠からず唐太嶋ハ日本の有ニあらずと被存候由箱館ニ罷在候ミニストル旅館も出來悠然と住居し強く交易致し候譯ニは無之候へ共常々軍艦三艘ツヽハ有之町方ニ出火有之候へハ類燒之輩へ救金遣し候由奉行所ゟハ御救も不行届由ニ而其外の國々ハミニストル下役罷在候而已ニ而常々軍艦碇泊いたし候義ハ無之折々軍艦又ハ商

船参り候ても薪水積入無程出帆之由ニ申聞候此外魯西亞心中何共難量由ニ而話説も有之候得共餘り長文相成候付文略いたし候以上

正月廿二日　蟬居

對青貴丈

猶々此表昨夜も甚暖ニ有之候故今日ハ曇り申候あられ雨ニ相成候容合ニ無之候下略

謹呈日增春暖相催申候処御平安奉恐悅候小生無異儀罷在昨夏書狀差出候後七月廿五日上陸御届致し候処翌廿六日御目付小出修理殿歸府渡海送りニ直樣龜田丸ニ乘組青森港江相越八月十日歸著其後唐太航海御用取調居候処同月廿三日ゟ痲疹ニ而隨分輕キ方之処唐太行の勞レ并脚氣

池田潑三郎

御父上樣

御両兄樣

痔疾差湊大難澁五十餘日平臥絶食同樣既ニ醫師も六ケ敷おと申居候処先以漸々快復其後鎮臺交代ニ付青森江両度送迎渡海仕候然処舊臘十八日龜田丸御船米國鯨漁船破損日々御買入相成居候品々江戸表江御廻ニ付爲測量役此度ハ私壹人江被　仰付既ニ廿二日乗込候積之処廿日召狀ニ而廿一日組頭河津三郎太郎殿左之通被仰渡候

尤前以在住願ハ
差出置申候

百人組
堀田伊勢守組同心□藏養祖父
在住伊右衛門厄介
池田潑三郎

其方洋學出精之趣一段之事候依之出格之譯を以壹人立在住被
仰付並之通御手當金拾五両被下之候猶出精可致候
右御老中方江申上之上大和守殿被仰渡候付申渡之
戌十二月
一躰厄介ニ而被召出候へハ七両貳分之振合之処出精之廉を以如此其上

一八立被　仰付候段實以難有仕合奉存候扨も十二月廿四日乗込廿五日出帆廿六日南部釜ヶ《マヽ》石入港此所ニ越年正月七日同港退帆十七日夜品川入港直様書中を以間瀬君江右之趣申上十八日日本橋釘店箱館方御用達伊勢屋平作方江上陸同十九日　御城江爲御屆罷出夫ゟ直様今村坂江參上仕候処折あしく両殿共御泊番ニ付鈴恒柳河江相越柳河ニ而一泊今廿日両殿江拝謁久々ニ而万端御礼申上猶彼地之御物語申上夕景ニ及候付早々日本橋江歸候間去年九月出之御請も今便は不差上只々無異出府之段而已申上候尤御船見廻りとして度々相越候は勿論ニ而此度屆物も數多有之其外御用向ニ而英書類穿鑿洋書調所江而度々相越候義ニ而存外繁多ニ御座候間瀬君不相替御懇ニ被仰下候得共表向船中ニ相詰候筋故手遠ニ而ハ差支無余義御用達方ニ泊り申候

御上洛而御船之由ニ付而も此龜田丸も御供船ニ加ハれ候哉之内噂も有之候左候得もいつ迄と申事も不相分候得共直様函府へ歸り候へハ花見

過之積御座候若
御上洛御供いたし直様大坂より北海廻り可相成も難計候尾州　御家へ近
比御買上相成候二本柱近々御廻し之由ニ付其内拝見いたし候心組ニ御
座候間瀬両君ニ而船中之様子種々御尋有之扠又蟬居君ニも舊冬結構被
蒙仰誠ニ以御同前奉恐悦候事ニ御座候書外重便可申上取急申上留候
頓首

正月廿二日

正月廿七日出

舊臘十八日官船龜田丸御船ニ米國より先年御買入之鯨漁船破損之・〔脱アルカ〕江戸表
ニ積送相成候付爲測量役乘組被
仰付同廿四日乘船廿五日開帆廿六日夜逆風ニ付南部領釜石港碇泊同所
ニ而越年候処兎角南風吹續候へ共沖合ニ而間切候積ニ而正月四日同港

退帆之処風死し潮路之為ニ船退終ニ無余儀同所ゟ再港之処弥逆風打續
正月七日朝同所退帆逆風を間切九日夕景仙臺領金華山沖投碇翌朝同山
ゟ參詣晝後同所開帆是より房州興津港迄九十九里之処碇泊所も無之漸
當十六日曉浦賀入港改濟翌十七日夜品川碇泊之処いまた積下荷物水揚
も不致内此度順動丸ニ而
御上洛相成候付役々荷物積込龜田丸健順丸共（此船香港御廻しの積ニ而昨冬箱館出帆之処此節ニ至り御仕入品賣拂候樣御談相成候而御上洛御供船被　仰付候箱館丸ハ昨冬ゟ浦賀碇泊來月中旬函港ゟ下り候筈御座候）御
供船　被仰付候旨今廿五日内達御座候付御船修復取懸り候積ニ而何角
繁雜久々ニ而之出府ならふ何方之樣子も更ニ相分り不申候扨も昨年ハ
いらおる惡年ニ哉一般痲疹流行ニ而御遁も不被為在由御難澁奉察候函
府も四千軒程之戸口ニ而日々貳百人ならし泉客と成私義も七月御文通
迄（已カ）後青森港ゟ（津輕領海路三十里余）御目付小出修理殿御送りとして龜田丸ニ而相越
八月十日箱館ゟ歸帆同廿三日ゟ痲疹北地之濕氣脚氣痔疾ニ而都合百日

も空しく消光仕獨身之大病殆當惑難澁仕候藥礼も身柄ニ而ハ一帖〔マヽ〕貳匁位之土地ニ候へ共輕輩無理無躰五分位ニ而極々輕少如此ニ而も壹両貳分も遣ひ候次第ニ而空嚢湯錢も差支候ニ至り候処十月末床揚致し未衰弱之処十一月上旬鎮臺小出和州迎ひとして龜田丸ニ而青森ゟ相越十一月廿七日歸帆引續糟谷筑州送りとしく猶又相越十二月十一日歸帆昨年中三度青森ゟ相越其節之御手當三両余ニ而相凌候処十二月十八日江戸行被　仰付候次第先便荒増申上候通ニ而同廿日組頭河津三郎太郎殿へ爲暇乞相越候処兼而在住之儀御評義中ニ候得共早速被　仰付候樣取持可申と噂被申呉候へ共出帆前ニも迚も行屆間敷樣子之処俄ニ御評議決し候由是ハ年内ニ五度も航海相勤候故と結構之後ニ承り重々難有仕合奉存候兼而も申上候通武田塾月俸代も六七両滯居候処此度之航海御用御手當前後を以皆濟仕只今ニ而ハ伊右衞門方ニ七八両有之在住御手當當年分半金振向候へハ事濟候樣相成候間此筋之事ハ御安慮被遊可被下

候殘半金江戸表ニ而繰越渡り相濟筈ニ致置候然処
御上洛御供船相勤候ニ付而も猶又船中御手當金も御渡可被下候由ニ付
而も猶更手強く乍然北蝦夷ゟ相越とハ大違ひニ而都下ゟ出候而ハ第一
衣服修復之儀ハ兼而出府を待設候事ニ付是ハ何事を差置候而も拾置候
義ハ難相成其上夏服ハ持參不仕候処不存寄御供ニ相成大坂京都ゟも出
候ヘハ其次第ニ寄四月五月ニ及候噂ニ付困入居候処間瀨君右ハ必求申
間敷占物ならゝ羽織袴ハ用立可遣と不相替懇ニ仰下され候同君ゟ蝦夷
彫の山刀南部名産の銕砲（瓶カ）貳百正　御土產ニ仕候未報志之進物シ（とカ）も至り兼申
候帆立貝拾五枚持參致し鈴木初へ二枚程ツヽ□申候何分未此度ハ何
事も不行届諸向ゟ耻入申候歸著之上は猶更相勵何卒諸術調所之出役被
仰付順を心懸申候左候ヘハ航海中之御手當金も一ヶ年三拾両之割ニ相
成候付唯今とハ又十金も違ひ外ニ出役筆墨料一ヶ年六両ツヽ被下候其
上ニ順ハ同心勤方被仰渡候ヘハ又拾金も相增候事ニ御座候（惣計一ヶ年六十金程之渡り）

物ニ相成何卒段々早行希望勉勵之心得ニ御座候右以下略之

○正月二日左之通御觸

先般物頭以上馬持之輩乘切之儀ニ付爲相觸候趣有之候処右も武備被相示候御趣意ニ付以來馬持之輩之外も御目見以上之輩子弟共一般平常乘切御免被仰出候間其旨相心得乘切之節ハ網代笠相用可申候尤馬術未熟ニおゐてハ乘切可爲無用小割之儀も左之通可相心得候

一乘切之節ハ鎗初相省キ候義可爲勝手次第候

一夜中丼寺社門前等賑ハ敷場所々々ハ尤可致遠慮候事

一御門々々御番所丼乘出り候辻々之儀も不差懸以前一旦足を緩メ通り可申事

一先立乘馬之輩有之候節跡ゟ乘越候義ハ致遠慮其内差急キ候義有之乘

越候節ハ礼譲正しく挨拶之上可乗通事

但細小路之義も尤乗越候義見合可申事

一双方乗切ニ而年寄中井同列ゟ被行逢候節馬扣笠ハ冠候儘會釈いゐし不苦候事

但年寄中同列共乗輿之節ハ馬扣笠取致會釈其内口附之者右後レ候欤又も馬相ニより笠取候儀難行届候節も笠冠り候儘致會釈候而茂不苦候事

一行逢候節乗切候義ハ双方遠慮可有之事

一諸大名才

御城下通行之節可成丈不行逢様臨時見計可申事

右之通

御目見以上之輩ゟ可被相達候

十二月

○正月二日左之通
前大納言樣御上京幷
御歸送《途カ》之節御家中之輩御送迎罷出場所之儀追々
御上下之節之通之筈候旨
正月二日
○正月三日左之通
前大納言樣御發駕御當日幷京都
御著座之御當日
御城幷
河原御殿衣服之義麻上下著用之筈候旨
○正月三日
羽織下ニ御紋服著用方之儀伏見御屋敷奉行以下之輩著用不相成筈候
処今般御變革ニ而平服之廉羽織小袴ォ著用之筈相成候付以來

御目見以上之輩羽織下ニ御紋服著用不苦旨
十二月

○正月四日巳之上刻

前大納言様御發駕

御泊　御晝　御小休　御黒門頭 御先騎 上野内膳資壽

同 水野惣左衛門

四日 桑名

小向村　御側御用人 渡邊半九郎壽綱

東富田村

四日市　御側御用人 田宮弥太郎

追分

石薬師　御年寄 成瀬隼人正正肥

庄野

龜山　　　　御目付　神谷數馬

　　　　　　　　　　小笠原辰藏

五日　關　　　　　　河村縫殿

はちの下

猪之鼻

土山

大野村

水口

田川

六日　石部

梅木

草津

鳥居川

七日 大津

山科

蹴上

八日 近衛様に

○正月十日左之通

前大納言様道中弥御機嫌能一昨八日蹴上御小休とり

近衛様に

御参著　御用濟之上酉中刻

河原御殿に

御著座被遊候此段向々に可相觸旨

正月十日

○正月十四日左之通御觸

大目付松平對馬守ゟ
御城附ニ被相渡候書付寫
萬石以上以下共軍艦之外手船ホを以武器類運送之節上下共品數并玉目ホ巨細ニ認月番之老中ニ可被相屆候且又浦賀表おゐてハ家來ゟ手形可差出候尤軍艦ニ而通行之儀ハ先達而相觸候通可被心得候
一万石以上之面々妻子ホ國許并在所ニ手船ニ而差送り候節ハ主人又ハ家來ゟ印鑑ニ人數書相添通行爲致候旨前以浦賀御番所ニ可相屆候
右之通向々ニ可被相觸候
十二月

○正月十四日左之通
大納言樣御上京之節御家中之輩御送罷出出〔衍カ〕場所之儀
前大納言樣御上京之節之通之筈候旨

○同十三日

御城衣服定之内
公邊ニ被准左之通被相改候
一十二月廿八日服紗半襠〔袴カ〕
右之通御家中之輩ゟ可被相觸候
○同十五日
京都ゟ　御發駕之當日　御城衣服并京都御著座之御當日河原
御殿妙顯寺共衣服之儀麻上下著用之筈候旨
　正月
○正月十五日左之通
軍中ゟ召連候ハ譜代又ハ恩顧之家來ハ勿論其余ハ中間小者ニ至迄知
行所百姓を召連可申候向後弥右之通心得右人別も兼而究置常々無油
斷其覺悟可有之事
一夫馬之儀都而

上より相渡候御定ニ有之候処向後別紙御定之通高ニ應し知行所百姓江兼而割當置差遣ひ可申事
但知行所遠方ニ而急軍之節手支可相成見込〆候ハヽ知行所五里以上之輩江も上ゟ夫馬可相渡候間其譯書付ニ取調御武備かヽり御用人江兼而可申達置事
一嗜次第
上ゟ夫馬不請取自分覺悟有之輩も其段可申達事
一御足高有之輩も御足高ニ當り候夫馬も
上ゟ可相渡候間其譯書付ニ取調御武備懸り御用人江兼・（而脱カ）可申達置事
嗜次第
上ゟ夫馬不請取自分覺悟有之輩も其段〆可申達事
一御藏米之輩も是迄通
上ゟ夫馬可相渡候間夫馬數書付ニ取調御武備懸り御用人江兼而可申

達置事

嗜次第夫馬不請取自分覺悟有之輩も其段も可申達事

一右御用人ニ可申達書付も頭支配有之分ハ頭支配ニ而取集可差出事

右之通相心得書面ニ而難相成儀ハ御武備懸り御用人ニ可承合事

右之趣両地おゐて

御目見以上之輩ニ可被相觸候

正月

御家中ニ渡ル夫馬之御定

高	百石	夫	貳人		
高	百五拾石	同	三人		
同	貳百石	同	四人		
同	貳百五・〔十脱カ〕石	同	三人	馬	壹疋
同	三百石	同	四人	同	壹疋

同三百五拾石	同五人	同壹疋
同四百石	同六人	同壹疋
同四百五拾石	同六人	同壹疋
同五百石	同六人	同壹疋
同五百五拾石	同七人	同壹疋
同六百石	同五人	同貳疋
同六百五拾石	同六人	同貳疋
同七百石	同七人	同貳疋
同七百五拾石	同八人	同貳疋
同八百石	同八人	同貳疋
同八百五拾石	同九人	同貳疋
同九百石	同八人	同三疋
同九百五拾石	同九人	同三疋

同　千石　　　　同　九人　　同　三疋
同　千百石　　　同　十人　　同　三疋
同　千貳百石　　同　十貳人　同　三疋
同　千三百石　　同　十壹人　同　四疋
同　千四百石　　同　十三人　同　四疋
同　千五百石　　同　十四人　同　四疋
同　千六百石　　同　十四人　同　五疋
同　千七百石　　同　十五人　同　五疋
同　千八百石　　同　十七人　同　五疋
同　千九百石　　同　十六人　同　六疋
同　貳千石　　　同　十八人　同　六疋
高　貳千百石　　夫　十九人　馬　六疋
同　貳千貳百石　同　廿壹人　同　六疋

此處ニ高、夫、馬等ト記シ、ハ原本別頁ナルニヨレリ、

以下同シ、校訂者識

同	貳千三百石	同	廿人	同	七疋
同	貳千四百石	同	廿貳人	同	七疋
同	貳千五百石	同	廿三人	同	七疋
同	貳千六百石	同	廿三人	同	八疋
同	貳千七百石	同	廿四人	同	八疋
同	貳千八百石	同	廿六人	同	八疋
同	貳千九百石	同	廿五人	同	九疋
同	三千石	同	廿七人	同	九疋
同	三千百石	同	廿八人	同	九疋
同	三千貳百石	同	三拾人	同	九疋
同	三千三百石	同	廿九人	同	十疋
同	三千四百石	同	三拾壹人	同	十疋
同	三千五百石	同	三拾貳人	同	十疋

同三千六百石
同三千七百石
同三千八百石
同三千九百石
同　四　千　石
高四千百石
同四千貳百石
同四千三百石
同四千四百石
同四千五百石
同四千六百石
同四千七百石
同四千八百石

同三拾貳人
同三拾三人
同三拾五人
同三拾四人
同三拾六人
夫三拾七人
同三拾九人
同三拾八人
同　四拾人
同四拾壹人
同四拾壹人
同四拾貳人
同四拾四人

同　十壹疋
同　十壹疋
同　十壹疋
同　十貳疋
同　十貳疋
馬　十貳疋
同　十三《貳カ》疋
同　十三疋
同　十三疋
同　十三疋
同　十四疋
同　十四疋
同　十四疋

同四千九百石	同四拾三人	同十五疋
同五千石	同四拾五人	同十五疋
同五千百石	同四十六人	同十五疋
同五千貳百石	同四十八人	同十五疋
同五千三百石	同四十七人	同十六疋
同五千四百石	同四十九人	同十六疋
同五千五百石	同五十人	同十六疋
同五千六百石	同五十人	同十七疋
同五千七百石	同五拾壹人	同十七疋
同五千八百石	同五拾三人	同十七疋
同五千九百石	同五拾貳人	同十八疋
同六千石	同五拾四人	同十八疋
高六千百石	夫五十五人	馬十八疋

同六千貳百石	同五十七人	同十八疋
同六千三百石	同五十六人	同十九疋
同六千四百石	同五十八人	同十九疋
同六千五百石	同五十九人	同十九疋
同六千六百石	同五十九人	同廿疋
同六千七百石	同六十人	同廿疋
同六千八百石	同六十貳人	同廿疋
同六千九百石	同六十壹人	同廿壹疋
同七千石	同六十三人	同廿壹疋
同七千百石	同六十四人	同廿壹疋
同七千貳百石	同六十六人	同廿壹疋
同七千三百石	同六十五人	同廿貳疋
同七千四百石	同六十七人	同廿貳疋

同七千五百石	同六十八人	同廿貳疋
同七千六百石	同六十八人	同廿三疋
同七千七百石	同六十九人	同廿三疋
同七千八百石	同七拾壹人	同廿三疋
同七千九百石	同七十人	同廿四疋
同八千石	同七拾貳人	同廿四疋
高八千百石	夫七十三人	馬廿四疋
同八千貳百石	同七十五人	同廿四疋
同八千三百石	同七十四人	同廿五疋
同八千四百石	同七十六人	同廿五疋
同八千五百石	同七十七人	同廿五疋
同八千六百石	同七十七人	同廿六疋
同八千七百石	同七十八人	同廿六疋

同　八千八百石	同　八十人	同　廿六疋
同　八千九百石	同　七十九人	同　廿七疋
同　九千石	同　八十壹人	同　廿七疋
同　九千百石	同　八十貳人	同　廿七疋
同　九千貳百石	同　八十四人	同　廿七疋
同　九千三百石	同　八十三人	同　廿八疋
同　九千四百石	同　八十五人	同　廿八疋
同　九千五百石	同　八十六人	同　廿八疋
同　九千六百石	同　八十六人	同　廿九疋
同　九千七百石	同　八十七人	同　廿九疋
同　九千八百石	同　八十九人	同　廿九疋
同　九千九百石	同　八十八人	同　三十疋
同　壹萬石	同　九十人	同　三十疋

高　壹萬千石	夫九十六人	馬　三十疋
同壹万貳千石	同　百貳人	同三十貳疋
同壹万三千石	同　百八人	同三十四疋
同壹万四千石	同百十四人	同三十六疋
同壹万五千石	同　百廿人	同三十八疋
同壹万六千石	同百廿六人	同　四十疋
同壹万七千石	同百三拾貳人	同四十貳疋
同壹万八千石	同百三拾八人	同四十四疋
同壹万九千石	同百四十四人	同四十八疋
同　貳萬石	同百五拾人	同　五十疋
同　貳万千石	同百五十六人	同五十貳疋
同貳万貳千石	同百六十貳人	同五十四疋
同貳万三千石	同百六十八人	同五十六疋

同貳万四千石　同百七十四人　同五十八疋
同貳万五千石　同百八十人　同六十疋
同貳万六千石　同百八十六人　同六十貳疋
同貳万七千石　同百九十貳人　同六十四疋
同貳万八千石　同百九十八人　同六十六人〔疋カ〕
同貳万九千石　同貳百四人　同六十八人〔疋カ〕
同三萬石　同貳百十人　同七十人〔疋カ〕
高三萬千石　夫貳百十六人　馬七十貳疋
同三萬貳千石　同貳百廿貳人　同七十四疋
同三萬三千石　同貳百廿八人　同七十六疋
同三萬四千石　同貳百三十四人　同七十八疋
同三萬五千石　同貳百四十人　同八十疋
高百石以下　御目見以上之輩　夫壹人

○正月十九日御觸

御軍艦ニ而

御上洛被遊候付　御通船相成候海岸ニ領分知行有之面々も　御通船之節海岸ゟ警衛人數差出置繁々見廻候樣可致候且又湊々ニ而も其場所限り別人數差出置風波之模樣ニ寄自然御碇泊ホ被遊候義も有之節ハ其邊陸地御警衛可相心得候尤海岸所々砲臺場ニ備置候大炮ホハ御警衛ニ付候事ニ付其儘据付置不苦候遠見番ゟ下り候ニ不及候右之趣御上洛御通船ニ相成候海岸ニ領分知行有之面々ゟ可被達候

正月

○正月

舊臘廿九日傳奏野宮宰相中將樣ゟ御達御座候付相模守儀去ル三日參内於小御所奉拜

龍顏殊ニ

天盃頂戴格別之蒙
勅命拜領物被　仰付難有仕合奉存候即日御暇被　仰出依之翌四日京
都表出立國元江罷歸候旨御屆申上候樣申付越候此段御屆申上候以上

正月十六日

松平相模守內
清水兵太郎

○正月

私家來ニ而出奔致候清河八郎義去ル酉年五月廿日他行先ゟ立歸候途中甚右衞門町往還ニ而名住居不存町人躰之者突當り候間相咎候へハ不作法候ニ付切殺候段ハ無餘義次第候へ共其節町役人共江申聞早速主人方江も可相屆候処其儘致歸宅翌日ニ相成不都合之義と心付致出奔候始末不埒ニ付急度可申付処先非致後悔浪士取扱候向江致自訴候ニ付令宥免急度叱置且鵜殿鳩翁松平上總介方引渡候旨昨日淺野備前守御役宅おゐて家來之者江申渡候此段御屆申上候以上

正月十九日　酒井繁之丞

○正月十五日

溶姫様火之番
寄合　近藤利三郎

晴光院様火之番
中奥御小姓　嶋津伊豫守

勤番被　仰付候間家來可被差出候尤其方泊り相勤候ニも不及候間繁々見廻り御取締筋行屆候樣可取計候且夜中取締之儀別而嚴重相心得候樣厚可被申付候御番請取方并可差出候家來之儀も京極能登守八木多三郎長井五右衛門ゟ可被承合候但五日目ニ家來代替候樣可被致候

松平丹波守

御留守中非常之節外櫻田松平大膳大夫屋敷前ゟ人數可被差出候委細之儀も松平對馬守酒井但馬守京極能登守八木多三郎長井五右衛門ゟ

可被承合候
一日比谷御門内
土井能登守前
一常盤橋御門内
一八代洲河岸
稲葉兵部少輔脇
一一橋御門外
三番明地
一田安御門外
明地前
一虎御門
一呉服橋御門内
水野肥前守前

大久保加賀守
松平遠江守
酒井繁之丞
松平稠松
松浦肥前守
稲葉右京亮
堀大和守

一半藏御門外
一幸橋御門外
一大名小路
松平阿波守前
一清水御門
一新道一番町
由良播磨守前
一神田橋御門外
本多伊豫守前
一半藏御門外
松平兵部大輔前
一外櫻田
井伊掃部頭前

佐竹壹岐守
細川若狹守
柳澤新太郎
青山大藏大輔
松浦豐後守
加藤山城守
井上筑後守
松平伊勢守

御城内
一三ノ御門

一品川

一板橋

一四谷大木戸

一千住

一両國

松平中務大輔
牧野遠江守

稻葉若狹守
高木主水正

阿部因幡守
有馬玄蕃頭

松平日向守
柳澤民部少輔

片桐主膳正
生駒德太郎

水野日向守
森川内膳正

一新大橋

一芝口

一淀（濱カ）大手

右勤番被　仰付

○正月十五日

末姫君様

誠順院様

精姫君様

三枝宗四郎
堀田彈正

青木孫太郎
小笠原五六郎

本多修理
牧野錠吉

中奥御小姓　蜷川左衛門尉

中奥御番　曾我忠三郎

同　本多邦之助

右火之番被　仰付

正月十五日

浪上之内有志之者取扱被

仰付

○正月十六日

浪士取締役被　仰付候

○正月廿一日

御先手本多左京組與力

芳賀榮之助

麻布谷町住之由

小十人格之舊冬被召出候

有馬家來

松岡重三郎

御目付

堀宮内

浪士之内有志之者御用取扱
地田修理申談取扱候様可被致候

○正月廿二日

松平阿波守

内願之趣ゟ有之候付陸軍惣裁海軍之方兼帯共
御免被成候以來繁々登　城心附候義も被申立諸事可及相談旨被
仰出候

○正月廿三日左之通

御供大押
松平隱岐守

御召之御羽織壹
右於御座間
御上洛之節御供ニ罷越候ニ付
御目見　御法令之旨をも可承旨
上意有之畢而拜領之

御召之御羽織二御袴　　御老中　水野和泉守

同　断　　同　板倉周防守

御羽織二　　若年寄　田沼玄蕃頭

同　断　　稲葉兵部少輔

右同斷ニ付

御目見

上意有之畢而拜領之

御羽織二　　榊原式部大輔

右

御上洛之節　御先ヒ罷越候ニ付

御目見御法令之趣可相守旨

上意有之相濟而　入御之節
御黑書院御勝手ゟ羽目之間山吹之間にらけ
御上洛　御先御供之面々並居
御目見　御法令之趣可相守旨
上意有之畢而　入御
入御以後御白書院御下段に老中出座松平隱岐守始　御先并御供且又
二条大坂伏見勤番之布衣以上之面々列居御法令表御右筆組頭讀聞之
御座之間ニ而
松　平　閑　叟
御手自
御召之御羽織被下
右京都に就御暇　御懇之蒙
上意於
御前拜領之
○正月廿三日

講武所奉行
赤松左衛門尉

御上洛之節御供
御供中御旗奉行御鎗奉行兼帯被　仰付

御軍艦奉行並
勝麟太郎

御軍艦ニ而
御上洛之節御供被　仰付

元民部少輔當時隱居
浪士取扱役
鵜殿鳩翁

○正月廿六日

奥醫師　蘭家
伊東長壽院法印

京都に被差遣候条用意可致候

○正月廿五日

思召有之奥醫師
御免小普請入差扣被　仰付候
○正月廿四日和泉守殿御渡　大目付
今度
御上洛之節下々不及難義様との厚キ
御趣意ニ付大坂伏見京都
御通行筋屋敷々々窓蓋ォニ不及町家其外都而平生之通相心得二条大
坂
御在城中も市中商賣ォ相休ミ候ニ不及御警衛筋之外も諸事常之通相
心得
但
御上洛ニ付屋敷々々町々ォ一切取締ヶ間敷義仕間敷候
御通行筋人留ォニ不及往來人片寄下座致し罷在不苦候

右之趣京大坂伏見ニおゐて相觸筈ニ付右宜寄御料私領に可被相觸候

正月

大目付

御軍艦ニ而

御上洛被遊候ニ付

御通船相成候海岸人留船留才ニ不及平生之通漁業才爲致不苦候

右之趣

御通船相成候海岸向御料ハ御代官私領ㄝ領主地頭に可被相觸候

正月

○正月

御上洛之節供奉之面々別紙之通献上物才有之候樣可被達候尤差上方

其外之義ㄝ所司代承合候樣可被致候

右之趣四品以上之面々に可被相觸候

正月

大目付

禁裏ゟ御太刀　御馬代黄（金脱カ）・三枚

親王ゟ御太刀　御馬代黄貳枚

准后ゟ白銀廿枚

太刀馬代　白銀三拾枚

同　白銀廿枚ツヽ

白銀拾枚ツヽ

同　五枚ツヽ

同　三枚ツヽ

同　拾枚

加賀中納言

三十万石以上之面々

關白殿ゟ

傳奏ゟ

議奏ゟ

攝家親王門跡方ゟ

公卿殿上人ゟ

勾當内侍

貳拾万石以上之面々

禁裏に御太刀　御馬代黄金貳枚

親王に御太刀　御馬代黄金壹枚

准后に白銀拾枚

　太刀馬代　白銀貳拾枚

同　　　　　同　拾枚ツヽ

關白殿

傳奏

議奏

白銀五枚ツヽ

同　三枚ツヽ

攝家親王門跡方

同　貳枚ツヽ

公卿殿上人

同　五枚

勾當內侍

貳拾万石以下之面々

松　平　容　堂

禁裏に御太刀　御馬代黄金壹枚

親王に御太刀　御馬代白銀廿枚
准后に白銀拾枚
太刀馬代　白銀拾枚　関白殿
同　同　拾枚　関白殿
同　同　五枚　傳奏
白銀三枚ッヽ　議奏
同　貳枚ッヽ　攝家親王門跡方
同　壹枚ッヽ　公卿殿上人
同　三枚　勾當内侍
以上

関白殿へ進献ノ品目員全ク同シキモノハ一行衍ナルベシ　校訂者識

○正月十八日左之通
前大納言様一昨十五日
御參

内被遊

龍顔　御拜

天盃　御頂戴被遊候首尾無殘所被爲濟候旨

正月

○正月廿一日卯之上刻

大納言樣御發駕被遊候

全躰御年寄ハ成瀨能登守殿去十一月廿八日

御上洛之節御供仕候樣ニと御直ニ被

仰含候処當正月十五日　御上洛

御供奉之節之御供ハ被許　御上

京井　御參府之節御供被　仰付

候処又々正月十五日　御上京御

供ハ被相解熱田驛ゟ御供相勤候

樣ニと被　仰付候

御年寄　石河佐渡守光晃

御側御用人　天野藤十郎宣重

御用人　佐藤弥平治忠泰

横井孫右衞門時足

御目付　飯尾助右衞門

奥田一郎右衛門
井之口久之丞
御先騎 御黒門頭 鈴木鎖太郎
御先手物頭 山口勝三郎
同 津金新兵衛
小瀬新太郎

右ハ能登守殿事去十二月廿二日敍爵被
仰付候付右之儀
禁裏江夫々御礼ᴺ不相濟故ニ俄ニ御操替ニ相成ト云
一御側御用人千賀與八郎殿當正月十五日御供被
仰付十六日又被相解天野藤十郎と相成
一御用人も織田織〔縫カ〕殿介殿兼而御供被
仰付有之候処是も俄ニ爲御模通横井孫右衛門江被
仰付
一御小納戸頭取小瀬新太郎殿去十二月十日御用人御側懸り相勤候樣ニ与之御事御小納戸頭取是迄

之通り可相勤候依而御用人之勤
向
御免被遊御用人御用所にも折々
罷出存付候義ハ申合候樣ニ与之
御事候旨
十二月十九日來二月
御上洛之節御小納戸頭取ニ而御
供被
仰付
正月十六日
御上洛之節御供被相解　御上京
井　御參府之節御供被
仰付
正月十八日今般
御上京之節御道中井
御在京中御側懸りニ付候　御用

松本竹之助
永田一郎右衛門
細井左近
野崎藤六
碓氷鉞次郎
吉田銕之丞
人見左衛門

向も相心得候様ニ与之御事候旨
被仰渡
御上京
御参府之節御側物頭之勤向なも
相勤組同心支配仕候様ニ与之御
事候旨於
御側被
仰出

岩本信太郎

柳生六助

○正月廿日
今般衣服御改革之儀ニて候得共
敕使并
御所之
御使請候節も矢張熨斗目長袴著用右ニ准し京都町奉行
禁裏附熨斗目半上下著用可致旨

傳奏衆被申聞候由牧野備前守より申越候付而ハ今般
御上洛ニ付御供等ニ而　上京之面々布衣迄ハ時寄ニ寄熨斗目ニ而長
袴半袴著用候儀も可有之其以下ハ都而服紗小袖半袴著用之筈候付右
之心得を以用意有之可然旨萬石以上以下御供之面々ﾟ寄々無急度相
咄候様可被致候事

正月

○正月廿日

今般

大納言様御上京相濟

御參府ニ而熱田

御發駕相成候迄御年寄衆ニも日々

御城ﾟ可致出座其余都而去巳年之振相成筈候旨御年寄衆被仰渡候旨

正月

○正月廿七日
大納言様道中益御機嫌能一昨廿五日蹴上御小休ゟ
近衛様ニ御参著夫ゟ
鷹司様ニ被爲入再
近衛様ニ被遊
御越御用濟之上亥中刻妙顯寺
御著〔本カ〕陣ニ被遊
御著候旨
正月

○正月
今般攘夷御一決被
仰出候付而も不慮之儀難計候間爲
御守衛

帝都四方山嶽之立木勝手ニ切拂候儀向後令停止併此〔本ノ〕間柴薪之憂も可
有之候間下草ホ切拂候義可爲勝手旨被
仰出此旨相心得可申候
右之趣山城國中不洩樣早々相觸可申者也
　亥正月

實父嶋津三郎儀修理大夫後見被
仰付度被相願候趣御座候処願之通後見被仰付候条國政向を始諸事厚
申談可取計旨舊冬ゟ
御封書を以被　仰渡難有承知仕候右ニ付而も修理大夫ゟ御礼勤向之
儀如何相心得可申哉此段奉伺候以上

松平修理大夫內
岩元太右衛門
正月廿三日

○正月八日

肥前守父隱居
松平閑叟

公方樣文武御修業專要之御年比ニ付被爲在候間其方御相談可被遊旨被仰出候付以來時々罷出御世話可申上旨被仰出之候

正月

松平兵部少輔

右井上河內守申渡之

○正月廿六日

大御番頭被仰付　津田越前守跡

講武所奉行
土岐下野守

御側衆被
仰付

御書院番
赤松左衛門尉

講武所奉行被
仰付

寺社奉行
有馬遠江守

若年寄被
仰付候

○正月十六日

小十人格ニ而舊冬被召出候
有馬家來
松岡重三郎

浪士取續（締カ）役被　仰付

御目付
堀宮内

○同月廿一日

浪士之内有志之者御用取扱池田修理申談取扱候樣可被致候

○正月三日獻上物

一金貳拾五両　建中寺

一同五両　右寺塔頭 辨空

一同三両　小田井村 長善寺

一同貳分　右寺隱居 善藏庵

一同貳両貳分　淀町 淨願寺

一同　断　　右寺隠居　大悟院

一同　断　　小櫻町　珉光院

一金五両　　駿河町　光蓮寺

一金拾四両壹分貳朱　　右寺懸り人　平松慶太郎

一慶長大判壹枚　　關戸哲太郎

一銀四拾枚　　内田鋼太郎

一銀貳拾枚　　岡谷總生

一同　断　　熊谷庄藏

一金三拾両　　名古屋新田頭　小塚理三郎

一同五両　　下中村　横地甚三郎

一銀貳枚　同村醫師　秋田泰玄

一金五両　御器所村　八木小市郎

一米貳拾石　山崎村　山崎徳左衛門

一同壹石　福徳村　長谷川佐源治

一文錢六貫文　押切村　山口屋佐太郎

一金貳両　玉屋町　平子屋徳右衛門

一小判壹枚　伏見町　丸輪屋ゆき

一金壹両　木挽町　丸本屋徳治

一同　斷　同町　濱田屋德藏

一同　斷　下材木町　小嶋屋太助

一同五兩　田町　泉屋三郎兵衛

一金壹兩貳分　廣井禰宜町　笹屋銕太郎

一同三兩　桑名町　平野屋藤三郎

一同拾兩　橘町　龜屋小左衛門

一同百兩　綿屋町　白木屋甚右衛門

一同五拾兩　下七間町　井筒屋甚右衛門

一同壹両　嶋田町　三井屋太兵衛
一同　斷　同町　三河屋増右衛門
一金貳分　同人父　同　玄
一同貳朱　同人妻　ふき
一錢貳百文　同人召仕　ゑり
一耳白錢五貫文　嶋田町　一色屋弥吉
一金壹両　同人父　弥四郎
一銅錢六貫文　上材木町　三浦屋喜助

一金壹両

一金弐両
　文銭拾五貫文

一金拾両

一白銀廿枚

一小判弐両

一耳白拾貫文

一銅銭七貫文

一金壹分弐朱

一耳白拾貫文

五条町
　野村屋新右衛門

傳馬町
　福田屋傳藏

中須賀町
　笹屋む川

　伊藤次郎左衛門

　花井八郎左衛門

船入町
　時田屋源七

　吹原九郎三郎
　　召仕共

本町
　駒屋源兵衛

桑名町
　大菱屋庄藏

一小判五拾両　　武山勘七
一金五両　　笹屋善七母 清光
一小判貳両　　石町 福徳屋市左衛門
一金貳両貳分　　上御園町 米屋米藏
一同壹両貳分　　本町 萬屋平八
一同 斷　　同町 鍵屋弥兵衛
一金壹両　　大曽根村 鍋屋源兵衛
一金貳拾両　　五条町 美濃屋かね
一金拾両壹分　　新町 成岩屋弥助

一金百両　袋町　萬屋茂助

一同百五拾両　吉田屋伊兵衛
京口屋八九郎
藤川屋九郎助

一百錢六貫文　青木新四郎召仕共

一金壹両　五条町　麻屋莊藏

一耳白五拾貫文　福井町　藤屋孫郎九

一金壹両　淀町　織田屋文助

一同斷　同町　藤屋ゑよ

一同斷　同町　美濃屋平七

一同　斷　　高倉屋儀兵衛

一金五両　　替地出來町　米屋善八

一四文錢貳拾貫文　　同町　井桁屋治右衛門

一同　斷　　同町　井桁屋銕太郎

一金七両　　同町　萬屋弥七

一保字壹分判壹分　　廣井戸田道　笹屋富藏

一くゞし壹箱　　嶋田町　桔梗屋丈四郎

一氷砂糖貳箱　　五條町　美濃屋かを

一草字小判壹両　　上七間町　近江屋直吉

一保字小判壹両
一同壹分判五両
一保字壹両判壹両
一慶長大吉小判貳両
一眞字大吉小判四両
一草字大吉小判四両
一眞綿拾把
一白龍門壹反
一くゑし壹箱
一扇子壹箱

傳馬町　京口屋新四郎
玉屋町　杉村屋太兵衛
福井町　井桁屋久助
本町　勘右衛門
同町　桔梗屋又兵衛
同町　玉屋六右衛門

慶長太閤壹分判壹両
同壹両判壹両
同片本字壹分判貳分
同両本字壹分判貳分
元祿壹両判壹両
一、同壹分判貳分
同貳朱判貳分
乾字壹両判壹両
同壹分判　壹両
享保壹両判壹両
同　壹分判貳分
一草字小判壹両
一くせし壹箱

釜屋町
錢屋喜兵衛

青木新四郎父
新治

宮町
杉山屋惣右衛門

一莨　壹箱

一白木綿五拾反

一袴地六卷

一保字壹両判貳拾両

一指小刀拾本

一提爐　壹ッ

一煎茶三拾斤

傳馬町　北山屋惣兵衛

中須賀町　笹屋勘助

大久保見町　同　小兵衛

同町　同　久兵衛

玉屋町　小出庄兵衛

五条町　麻屋直助

岡谷總生

玉屋町　かㇰ屋半助

一短冊廿葉　龜拾對

一白羽二重貳疋

一白砂糖貳箱

一白絹壹卷

一はぶし木綿拾五反

五条町
野村屋新次郎

藥種取締役
美濃屋治右衛門
井筒屋甚右衛門
川崎屋藤助
三河屋榮助
山口屋六兵衛
岡田屋理平
生田屋弥七

本町
両口屋喜十郎

伏見町
和泉屋祐助

同町
井桁屋勘兵衛

長嶋町
美濃屋善七

一手拭五拾筋
一白砂糖五樽
一白木綿百反
一御幕地五拾疋
一御幕串五百本
一同地五拾疋
一五色緞子御幕地五巻
一長刀壹振 銘相模守政常
一御手綱拾筋

同町 丁子屋小兵衛
同町 吉嶋屋勘兵衛
小牧町 扇屋半七
大久保見町 笹屋善七
材惣初
拾貳八
橘町 板屋與三治
伊藤次郎左衛門
九十軒町 佐野屋與一
榑屋町 美濃屋治右衛門

一白鹽硝四拾貫目
一酒貳樽但壹斗入
一玄米五俵
一白米壹俵
一玄米五石
一茶碗千
土瓶百
火鉢百
一石州半紙五拾束

練屋町
白木屋德右衞門
小牧町
山本屋甚兵衞
押切町通り
藤屋又兵衞
蛯屋町
信濃屋吉太郎
大船町
伊藤由三郎
平子屋德右衞門
笹屋町
井澤屋茂兵衞
大船町
知多屋與七

一杉原六帖

一切わかめ廿俵

一赤味噌壹樽 溜壹樽

一赤味噌五樽

一番茶三箇

一藥鑵大小廿八

一同大小拾八

一小菊拾束

石町 善吉

納屋町 清水屋太左衛門

廣井禰宜町 笹屋銕太郎

江川町 金澤屋兵左衛門

木挽町 久木屋久助

上材木町 川野屋太兵衛

葭町 船津屋七兵衛

銕砲町 笹屋幸藏

一蠟燭大小八千挺

一石州半紙五拾束

一杉原拾束

一杉原貳拾束

一草履　五千

一ひふじ五千

大船町　青木新四郎

正万寺町　知多屋庄次郎

赤塚町　熊野屋嘉助

船入町　時田屋金右衛門

戸田町　中嶋屋彥兵衛

下御園町　大屋彥兵衛

吉田伊兵衛初

人足問屋親父四人

吉田忠左衛門

春

九郎三郎

一土瓶　百

一麻苧　三把

一銅陳鍋貳枚

一大豆三俵

一同　五俵

一備後疊表百枚

正月十五日分

一金壹分

一同貳朱

大曾根村　山形屋庄三郎

京町　和泉屋太助

道具屋惣十郎

鐵砲塚町　佐野屋佐兵衛

船入町　大橋屋治郎左衛門

宮町　小西與三兵衛

御目見醫師　長尾左仲

同人悴　同姓謙良

一銀壹朱

一錢貳百文

一草字壹両判壹両

一若宮八幡宮御守札

一弓十手之内矢根七ッ

一御馬飼糠

但員數之儀ハ當三月迄京地
御滞府中御入用分丈ヶ

左仲妻
かむ

同召仕
喜介

浪人
林太郎

玉屋町
萬屋喜兵衛

本町
住吉屋又三郎

氷糠世話方肝煎
大鐘屋藤七

同世話方
美濃屋彥右衛門

江川屋與兵衛

萬屋兵助

大鐘屋弥七
船津屋喜兵衛
一白砂糖壹箱
　四文錢廿貫文　　下長者町　駒屋平兵衛
一百文錢五貫文　　船入町　天野屋吉太郎
御當代様ゟ
一御幕代金拾両　　橘町　高麗屋新三郎
前大納言様ゟ
一同　斷　　同人
　　同人悴　大次郎
一保字壹両判壹両　　同人召仕　理助
一金貳分　　榮助
一金三両　　傳馬町　小嶋屋忠助

一銅錢五貫文

一百錢三百貫文

一箸壹万膳

一美濃紙拾束

一文錢拾五貫文

一保字壹分判拾両 同壹両判拾両

一金百両

一御幕地五疋

同町 尾津屋勘七

中市場町 八木屋弥兵衛

上材木町 白谷屋藤右衛門

同町 成田屋正平

傳馬町 錢屋與三兵衛

新町 錢屋ゑう

飯田町 富士代屋又吉

門前町 小西理左衛門

住吉町 大野屋小兵衛

一金三拾両　橋町　駿河屋海妻

一蠟燭七箱　東田町　加藤屋善八

一大豆三拾俵　船入町　高木屋久兵衛

(以下一行原朱)獻上物之書付別ニ委細誌アレハ爰ニハ略ス

○正月十五日寺社在町献上之寫

愛知郡　大代官支配所

一大豆拾五石　山崎村　江崎與右衛門

一金貳拾両　又兵衛新田　加藤又兵衛

一金貳拾両　忠治新田　井上忠治

一金貳拾両　笠寺村　立松兵左衛門

一金拾両　本井戸田村　近藤松右衛門

一金拾両　稲葉地村　吉田喜右衛門

一金拾両　同　天野勝四郎

一金七両貳分　本地村　成田儀兵衛

一金五両　同　中村九左衛門

一金五両　熱田新田西組　久田久平

一金五両　同　高羽儀右衛門
一金五両　同東組　橋本忠八
一金三両　牛立村　鬼頭吉兵衛
一金壹両　笠寺村醫師　兼康春林
一金貳両　笠寺村　太郎藏
一金一両貳分　同　重吉
一金壹両　同　太兵衛
一金貳分　同　作右衛門

一金五両　稲葉地村　善右衛門
一金貳両　同　定三郎
一金壹両　同　弥八
一金貳両　熱田新田東組　桂助

春日井郡

一米五石　中小田井村　佐藤彦兵衛
一米五石　同　平手伊兵衛
一金拾両　兒玉村　大矢作左衛門
一金五両　比良村　今飯田甚八郎

一金五両　女意村　安藤勇吉
一金五両　下小田井村　矢橋吉右衛門
一金五両　同　兒嶋勘右衛門
一金五両　同　大木重次郎
一金五両　同　伊藤新兵衛
一金五両　同　石黒太吉
一金貳両　勝川村　水野傳八
一金三両　下飯田村　谷口伊兵衛

一金貳両　同　藤兵衛
一金拾両　山田村　久左衛門
一金三両　同　善兵衛
一金壹両　西志賀村　爲藏
一金壹両　同　長藏
一耳白三貫文　下小田井村　喜助
一金三両　安井村　五左衛門
一金三両　東志賀村　源四郎

海東郡

一金三拾両

一金貳拾両

一金拾両

大豆拾五石

〆米拾石

金貳百六拾九両貳分

耳白三貫文

一金貳千三百九拾九両貳分

戸田村
山田彈六

馬場村
小出定吉

富永村
安井甚左衛門

太田御代官所

地方御勘定所

一金四百五拾両

一金三枚

　此金貳拾貳両貳分

佐屋御代官

一金貳百五拾四両三分

一白金三拾枚

鳴海御代官

一金三千百九拾四両壹分貳朱

一錢五貫六百文

清須御代官

一金七百五拾三両貳分貳朱銀六匁三分六厘

一銀五枚

　代三両三分

一四文錢壹貫文
一錢五拾七貫文
一金三拾両
一金拾両
一金百両
一青銅三十貫文
金百四拾両
青銅三拾貫文

鵜多須御代官所

海西郡江西村
神野金平

同村
頭百姓

濃州横曾根村
安田哲二郎

同州大野村
澁谷代右衛門

中嶋郡小德中嶋村
吉田世郎

一金五拾両　上有知御代官

一金百両　武儀郡上有知村　鈴木市郎右衛門

一金百両　同郡長瀬村　武井源次郎

一金百両　同郡安見村　田中儀平

一金百両　同郡上生櫛村　西部慶吉

一金百両　同郡上有知村　須田万右衛門

一金百両　同村　田中治助

一金廿五両　同郡長瀬村　西村儀郎九

〆金五百七拾五両

一金子四百五拾七両貳分壹朱銀壹匁八分
一銀五枚
一錢貳貫三拾貳文
一金四百六拾両
一金百八拾三両
一金五百七拾五両
一金百拾八両貳分壹朱
〆金千三百三拾六両貳分壹朱
一外之新小判五拾両
右之金高素金ニ付於
御役所改包取計申候以上

横須賀御代官所
平田
鳴海村之分
寺社方之分
上有知方之分
町方之分
町方之分
上田喜兵衛支配

一金四千貳百九拾五両
一錢貳拾六貫九百文
一銀廿五枚
一金百両
一金五拾両
一金五拾両
一同貳拾両
〆金貳百貳拾両

村々献金
同斷
定水寺村 熊澤一郎右衛門
北方御代官
小熊村 湧川新兵衛
中河原新田 松井三四郎
同 桑原善吉
同 山田弥兵衛

○高松三位保實《カズミ》卿御詠年四十七

國家治平せしめ
公武御一和のため述懐のこゝろを
よみて贈り侍りし
皇のため邦のためなり我思ひ
人はくなふていふとしもらなし

尾張前亞相槐公
内裏の南大門前にて拜礼
せられしを感佩しはゝ
ぬかつきし心をくみて皇す
國道ありと我や奏せむ

名古屋の前相公に
九重のうちを通らせ侍りしに車を捨て鑓をぬせられしを感じて讀

く贈り侍りし

玉敷の御こしみ近き大路とく
車をいとふ本空母た玄もし

○二月十日朝被　仰出候書付寫

御軍艦ニ而
御上洛可被遊旨被
仰出候処御都合無有之候付來ル十三日
御發駕東海道筋
御上洛可被遊旨被
仰出候
右之通被
仰出候間
尾張殿前大納言殿江可申越候

二月

（原朱）
下立賣通千本一丁目東ニ入

千種殿御内雑掌香川肇方ニ正月廿八日夜戌之刻比何方共不相見帯刀之者八人（イニ廿人計）押入肇を召捕種々糺問いゑし姦賊ニ同腹せしめ舊惡之次第殘ふにに白狀爲致候上首と両腕を切取死骸ハ座敷庭ニ打捨立退座敷之壁ニ左之通大字ニ而認有之尤宅中大ニ荒刀二腰相曲り鑓貳本折有之翌廿九日東西町奉行所并千種家立會檢使ニ相成候事

一今般之儀ニ付町内ニ聊迷惑ヲ懸申間敷様所置可致候事（イニ此一条ニ付）

一献毒之事

一叡山僧ニ呪咀之吏

一若州引留候ニ付三浦七兵衛藤田權兵衛ホニ致示談候事

一両媚之事

一嶋田左近之事

一岡本肥後守之事

（原朱）一近浦老婆之事

一手先文吉之事香川罪狀も惣く白狀致し候旨を以詰問自白之事

一與力加納繁三郎渡邊金三郎始終申合之事

一正月十五日前兩媚三奸再出之内願書差出候処御下ヶニ相成候事

一戌十二月廿九日夜大炊御門殿千種殿同道ニ而高畠式部女宅ニ被參候事

右依罪狀肇事加誅戮者也

當家下女某成者以死主人之在所を隱し候段感之至也小兒有志操

右之通壁ニ記有之

二月朔日夜前件香川肇兩腕ニ書翰を添岩倉殿千種殿兩家ニ差出候事

同二日未刻比肇之首を白木之三方ニ居牛長持ニ納メ

一橋樣御旅館東本願寺ニ持參献上致し候旨

（原註）下女さけ上唇ニシハキ疵一ケ所太モヽニシハキ疵一ケ所左リ顔ニ疵一ケ所

（原註）首献上之板札

攘夷之血祭
奉御覧入候

巽ニ

○本マヽ有之

二月三日朝右首両腕共町奉行所に揃候よしニ而妻子御呼出爲見屆候上被下相成候由

二月朔日夜千種殿に賀川之腕ニ添差出候書付之寫

此手ハ國賊賀川肇之手ニ御座候肇儀其主人千種殿と久敷御姦謀有之別而御親敷御事故定而御慕敷可有之進上之仕候直ニ御屆可給候一昨夜踏込及詰問實情承屆候且又少將衞門両媚復位之事世間其沙汰有之万、左様之筋相立候様ニ而ハ不得止急度所置可仕候此旨両媚にも早々御通可給候

亥二月

千種殿雜掌中

右之通岩倉殿にも持參之由之誠ニ以希代之珍事萬々古來未曾有之事共之終ニ千種とのニも天誅天罰到來恐歟世与ハ相成候事

○一書ニ云

一昨七日朝土佐容堂殿旅館門前ニ首壹ツ奉書ニ包水引懸候て熨斗附有之由右も彼
主上去年七月十五日星下りえ節御毒差上方え連中兼而領分ニ而閉居罷在ふを候千種殿事右領分と申ハ東寺近邊唐橋村ニ而庄屋宅ニ居ふれ候処何方之者共不相分飛入首切候由右え首との趣ニ相聞申候併未慥ニ突留ハ難行届候得共先九分九厘ハ千種殿之由ニ御座候外ニ申上候事ハ無之候へ共折々夜中辻切有之趣相聞申候格別の人物ニ而無之今朝ハ五條之片脇ニ半死半生之者壹人有之右之腕千種殿屋敷へ堀込《マヽ》置候と申事ニ御座候

○一説

一昨日木屋町通二条下ル所ニ千種殿の首車《マヽ》車之紋之附候風呂敷ニ包捨有之板札も有之候処早天土佐ゟ固メ居右場所ハ土佐と薩州との屋敷境之板札ニ認有之候文言寫取度と種々手を盡し候へ共不相分候下略ス

二月十日

○下女死を以て主人の在宅を隠し候とハ浪人賀川肇の宅ニ相越候処下女壹人罷在候付肇の在所相尋候得共在宅不罷在由申候付在宅不罷在筈ハ無之いよ〳〵申明さぬら申明さねハ突殺ゐく申聞ケホウを少し突候処如何様なされ候而も居ふぬ而相違無之と答へ候付片耳そぎ是でもどふぶと申候得も是而ても前之通と答へ候付無余義二階を鎗而て突あけ候得も二階と天井ノ間ニ隠レ居申シ上升と中出候由直而討取候との事之小児志操とハ肇ノ子浪人肇ヲ討取候節父ヲ殺し給ハヽ先我より殺し給へと申ゐとの事之

香川肇の首

一橋様ニ差上候節添翰

先般以

勅使攘夷之儀被
仰出候付早々拒絶ゟ可有之処兎角偸苟《マヽ》御沙汰ニ而──不分──有志之
者共御許不申候間早疾御所置可然奉存候依之為血祭國賊之首呈之候
此分御披露可被下候

有志中

小笠原圖書頭殿
澤田傳七殿

○去ル七日朝剃髪之首風呂敷ニ包添翰入土佐之屋敷構高瀬川橋ニ懸ヶ有
之土佐之家中多人數嚴重ニ固メ罷在當日土佐侯早馬ニ而高務《マヽ》様ニ參上
致し候由是ハ一ト通りの首ニハ不有只人ニも有之間敷ト風評ヲ相待居
候処千種有文卿之首とも申又千種殿百姓之首とも申不相分されとも百姓
くふひの首ニハ土佐家之取扱手重シと噂罷在候処いよ〳〵有文卿の首

（原註朱）千種家ノ知行所唐橋村庄屋惣助の首ふりとも云異説有

ニ相違無之由之処曲テ百姓之首と申觸し候由有文卿も罪有之官位被召
上平人ニ而洛外住居今ハ百姓ニ等キ身の上ながら官職をも勤ゐる人耻
キ死を被致申候

二月十一日

國中浪士

千種有文卿首さし出候節添翰写

此御方先年より種々様々之奸謀之手傳被致其身高位ニ被有不義之榮花
被極嶋田左近其余之悪人心逆之家來加川肇を以高位高官之方々を悪
道に引入實ニ有間敷國賊之二位を乍憚首級を給り是迄持參仕候上ハ
可然御取計可有之候以上

右も敦(敲カ)雲殿首級ニ添(イニ自観)土州殿上京御旅館に指出候書付写
但千種殿御落飾後敦雲殿ト申候由

○三條西殿　正親町殿父子　滋野井殿　豐岡殿　東園殿　姉小路殿　橋本殿　壬生殿　澤主水正殿
右之外三方都合十二方去ル七日比各懷釼持之
陽明公ゟ參上御談判之上被歸猶又十日右九方同公ゟ參上直樣參内此夜
主上御寢なし同十一日公卿惣參　内ニ而左之方々爲
敕使　一橋樣ゟ參向同十二日曉御歸夫より關白樣御初
御前ニ御詰切ニ而勿論
主上御寐なく十二日夕方迄ニ三條西殿初十日參
内之儘御歸なし十二日夜
主上之御寢之有無不相分
四宮殿　三條西殿　阿野殿　豐岡殿　滋野井殿　姉小路殿　正親町
少將殿　橋本殿

一橋様ニおゐて御集會ハ會津侯諸司代両町奉行其外諸役人攘夷之　仰
出之期限も
公方様御歸府之上と申事之由なれとも夫でハ
御所ニ而も御納得無之哉十二日夕方迄も引ケ不申候
○此節洛中オシヤリコぬしと申哥流行乞食うたひ參り候を承り候ニ
〽もしも此子が男の子恥ふ尊王攘夷抔させませうオシヤリコ〳〵
乞食さへかゝる事を申觸し候世の中何をよも尊王攘夷無之候而も難相
叶義と奉存候云々
右京都姪之許ゟ申參り實說故書寫ト云々
○二月廿七日左之通御觸
松平豐前守殿ゟ御城附𛀙被相渡候書付寫
此度世上通用之ため銅四文錢吹方被
仰付候間右四文錢壹ツを以並錢四文之代りニ相用國々ニ至迄在來通

用錢ニ取交無差支可令通用者也

二月

○二月京師來簡ニ曰

島津三郎事花項《頂カ》山ニ宿陣洛中を眼下ニ見下し閑道を切開ふき粟田の御所ゟ通し其形勢ゟどあふぼ見請候旨且又長州ニも藩士若者財盡候あどの申立を以洛外ゟ引越ゟるよし尤薩州と一致あふも深慮ある事と聞へ候旨

又説松平大膳大夫殿嵐山麓大井川の東天龍寺ゟ移居

○洛中洛外もゑり唄

土佐ハぬし花ハ咲もる尾張さん

長州さつまぐとぐめさ〻チシヤレシヤレシヤレシヨ〳〵

○二月四日左之通

大目付酒井但馬守より水野和泉守殿被申渡

諸向ゟ相觸候由ニ而御城附ゟ相達候書付寫

此度

御上洛ニ付而も御用物を初御供之面々人馬繼莫太之儀ニ有之候処此節諸家家族國邑ゟ引越候向不少双方差湊候而ハ宿助郷難儀之趣相聞候間諸家家族東海道中山道旅行之向ハ

御上洛相濟候迄出立之儀可被見合候

右之趣可被相觸候

正月

大目付竹中甲斐守ゟ水野和泉守殿申渡諸向ゟ相觸候由ニ而御城附

ゟ相達候書付寫

此度

御上洛ニ付宿々繼人馬多之処諸家家族國許引越ホ双方差湊ニ而ハ宿
驛難儀ニ付
御上洛相濟候迄東海道中山道旅行見合候樣相觸置候得共
還御被爲濟候迄見合ニ不及
御乘船後五六日相立候ハヽ
還御御日限被仰出候迄ハ申合不口合旅行勝手次第たるへく候尤諸
家家來家族ニも東海道中山道旅行之儀も同樣可被心得候
一御上洛御供并　御先之面々両街道ニ割合來ル廿八日ゟ二月十一日迄
之間出立致候ニ而右日限中諸家家來ホ通行之儀急用向并自己之從者
而已召連旅行之儀ハ格別其余平常之通通行ニ而ハ人馬不足ニ相成宿
驛混雜茂不少候ニ付右日割出立相濟候後致旅行候樣可被心得候
右之趣向々ニ可被相觸候
正月

○二月八日

來ル九日

御參內被爲濟直ニ御暇被

仰出候ハヽ同十一日京都

御發駕伊勢路五日振

御旅行一旦

御城ニ被爲

入木曾路十二日振

御旅行可被遊旨被

仰出候旨

二月

○二月十日出京師ゟ之書狀之內

当時京師出張諸侯左之通

一東六條　　　一橋
一河原町屋敷　萩
一三條養福寺　毛利讃岐守
一妙傳寺　　　長岡良之助
一三本木　　　中川修理大夫
一南禪寺中　　松平阿波守
一妙心寺　　　池田信濃守
一東六条　　　小笠原圖書頭
一妙覺寺　　　備前守家老 戸倉彈正
一松梅院　　　因幡守家老 鵜殿大隅
一双林寺　　　稻田九郎兵衛

一木辻町
一建仁寺
一黑谷
一寺町妙滿寺
一大德寺中
一河原町屋敷
一高臺寺
一寺町四条
一十念寺
一雲林院
一寂光寺

毛利安房守
加州家老
前田土佐守
會津
萩嫡子
毛利右京大夫
土州
龜井隱岐守
宇和嶋
加納遠江守
筑州家老
松山文左衞門
備前岡山
土紀典膳

一松梅院　　　久野丹波守
紀州
一北ノ松梅院　　　因州
一智恩院　　　土佐容堂
一妙必寺中　　　佐竹右京大夫
一南禪寺　　　細川越中守
一米澤侯今日著相成旅宿未承候
一去ル六日夜河原町土州屋敷裏門ニ首壹ツ風呂敷ニ包つるし有之此首程種々説有之候得共全くハ千種少々《マヽ》之首ニ相違無之由右少將并肇兩人肝《奸カ》計之一件ハ前顯廿八日夜香川討取其節書類殘らす穿鑿之処恐多くも献毒之連判帳抔有之見出し悉密計露顯ニ付右之始末ニ及ひ候由
又一説
此義ニ付種々説有之候へ共事長〳〵れハ餘程後日ニ申殘候

二月九日迄上京之名前

一近衛様河原御殿
一寺町之内妙顕寺
一六条東門跡
一建仁寺
一
一東山之内黒谷
一二条御城邊
一北野天神松福屋
一東山南禪寺
一同寺之内
一河原町屋敷
一御室仁和寺内

尾張前大納言様
同　大納言様
一橋中納言殿
加賀中納言殿
松　平　春嶽殿
同　肥後守殿
同　出羽守殿
同　因幡守殿
細川越中守殿
同　誠マヽ之助殿
松平土佐守殿
佐竹右京大夫殿

一東山南禪寺
一右境內
一
一寺町マ、明寺
一紫野大德寺中
一繩手三條入ル
一紫野大德寺寺家
一寺町大運寺
一東山高臺寺
一三本木ゐしき
一十念寺
〆
○京師ゟ來翰之內

松平阿波守殿
越中守嫡子
松平長門守殿
伊達遠江守殿
毛利右京亮殿
同　讃岐守殿
有馬中務大輔殿
嶋津淡路守殿
龜井隱岐守殿
中川修理大夫殿
加藤遠江守殿

廿五日

大納言様御入京直様陽明御門ニ而御遙拜被

遊夫ゟ

近衞様ヘ被爲入夜九ツ時ニ

歸御ニ相成申候御酒等被爲在御供之者ヘも同様被下候當地評判も

尾張様よ珍しく諸侯之儀も未不聞乍去士ハ薩長土の風よ珍しく被存

候八九人も出合申候ニ貳尺七八寸柄ハ壹尺余ニ而平卷刀ハ各吟味致

し候へ共衣類至てきたなし（下略）

古《イニシ》へニかへり〳〵てもの〵ふの

雲井をまもる春は來よけり

ものゝふの空ても及ハぬ雲井なれハ

まもらぬ御代ゐなか夢よしも哉

○二月十日出或人ゟ來簡之寫
去ル五日二條御城邊ぃ罷出申候処御普請最中ニ御座候
一五日發足ニ而大坂表兵庫之船見ニ參り候者只今歸り候得共異船ニ而
無之英國船薪水乞之爲兵庫ニ一泊致し翌朝出帆仕候由ニ而見分ニ參
り候者歸り候旨又土州屋敷ニ今朝首壹ツ有之趣咄候付歸り見物ニ參
り候処三條木屋町ゐく高瀨川ぃ付候上州山内土佐守屋敷裏門右高瀨
川ニ橋ヲ架ス右橋之上ニ首壹ツ風呂敷ニ包ミ書付相添有之由ニ候得
共晝前ハ不管（本ノマヽ）由なれ共八ッ過ハ同心四人程立番ニ而見セ不申私七ッ
時比通行仕候付見へ不申候
一九日　兩君樣御參
內濟御祝として御酒壹合鯉御吸物大サ右之通御座候蒲鉾貳切ッ、頂

戴酔申候

御書付左之通

大納言様

前大納言様御參

内無御滯被爲濟候爲御祝儀御自分達初大砲打方之輩に明九日御酒吸物ホ被下筈候間難有頂戴可有之候右之趣打方之輩にも申通可被有之候依申入候

二月八日　　渡邊半九郎

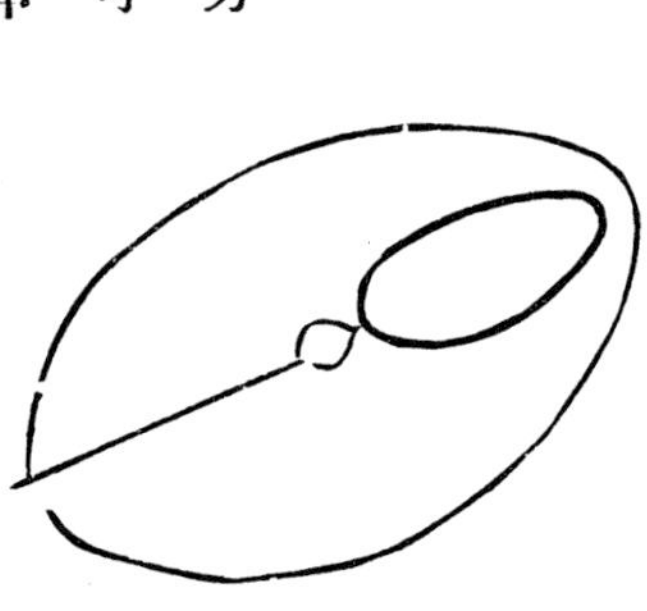

四宮喜左衛門様

別紙本文御酒御吸物ホ之儀明九日東福寺に爲相廻御自分達に引合候間可被得其意候

追啓別紙之通被　仰出候付難有頂戴仕候ニ付上下著用愼而難有頂戴

可有之候尤有之間敷儀ニも候得共口論高聲ホ之儀無之樣御心得御頂戴可有之事候以上

東福寺涅槃會ニ付例年之通來ル十二日ゟ十六日迄諸人參詣方之儀ニ付右寺ゟ達之趣有之相濟候右參詣人群集いゐし候事ニ付通天橋邊ハ床臺ホ差出辨當ホ相開酒興を相催候義も可有之候間各初塔頭々々住居之輩其心得有之輕卒猥之儀無之樣精々申聞可被置候依申入候

二月七日　神谷數馬

四宮喜左衛門樣

二月十五日出或人ゟ之來簡之内

十三日祇園ニ而江戸より具足店出申候付見物ニ參り申候処宗介之具足見事ニ御座候其外程々有之

味噌六樽各方初大砲方一統其內御徒格以上之輩も家來ニ而御側御內々ゟ被下置候間請取人役所ニ向御指出可有之候以上

二月十二日　　　　　　　　　　間嶋萬次郎

大筒役衆樣

藤村四郎兵衞樣

猶々本文壹樽之重サ大凡廿二三貫目程ツヽニ有之候以上

大筒役ニ

時務講論之爲今度

前大納言樣御供相願御跡ゟ罷登候輩繰合日々五六人ツヽ朝五ツ半時ゟ四ツ半時過迄河原

御殿ニ相詰右節御徒頭格長谷川惣藏御手筒頭格澤田庫之進儀ハ罷出候樣申談候就夫御自分達幷差添罷登居候輩之儀ハ此節詰中前顯御跡ゟ罷登り候輩同樣御用向之都合ニより存慮次第繰合日々四五人ツヽ

罷出候様可被心得候

右之通可申渡旨年寄衆被仰聞候

二月

○二月十一日

尾張前大納言様

一橋中納言様

松平春嶽

細川越中守

松平肥後守

松平出羽守

松平相模守

松平安藝守

松平阿波守

松平淡路守
上杉彈正少弼
松平容堂
佐竹右京大夫
松平主殿頭
池田信濃守
中川修理大夫
遠江守父隠居
伊達伊豫守
松平三河守
毛利左京亮
松平閑叟

右之衆中参

内之事

○二月十五日於
禁裏始ゟ國事參政職被置候由

橋本宰相中將
豐岡大藏卿
東久世少將
姉小路少將

右之通京都ゟハ不承

○二月十三日左之通御觸
大納言樣當月九日
御參　内被遊
龍顏御拜

天盃御頂戴御暇被
仰出候付明後十五日
大納言様御著城之上當日登
城御祝儀可申上旨右御役柄夫々巨細有略之
○二月十五日朝ゟ少し曇り未之半刻比
大納言様御機嫌克御著
城相成候事
　御渡海之筈候処
　昨日之大雨風ニ而
　候哉佐屋御廻り相
　成
　　御供之御衆中大略左之通

　石河佐渡守

御側御用人　天野藤十郎
御用人　佐藤弥平二
同　横井孫右衛門
小瀬新太郎
御目付　飯尾助右衛門
同　井ノ口久之丞
同　奥田一郎左衛門
御先騎御黒門頭　鈴木鎖太郎
御先手物頭　津金新兵衛
近松彦之丞
野崎藤六
松本竹之助

碓氷鉞次郎
細井左近
永田一左衛門
吉田甚左衛門

賀嶋東周
田中宗芝
櫻井養益

○此ヨリ以下連名ノ上ニ記シアレ𪜈名前ノ末ニ記セリ

予渡船之積ニて
熱田ニ罷越候処佐屋御廻りに相成至而淋しく然共森田新五左衛門ニも
伊達某泊有之神戸町より赤本陣前迄長持様之品々御小納戸御目付抔ゟるし有之
數限りもなく并へありて所々ニ人足共屯しあへり察するニ是も佐屋廻

りの筈相成候処
大納言様御通行よく見合ニ決而相成しとミへたり
傳馬町ニハ左之通泊

松山少將泊

予ら行らけよ尾頭佐屋海道角之処ニ而見請しが御馬三拾疋計も佐屋の方へ行しを一見

○二月十八日朝比辰刻大御番頭壹番石川内藏允殿御道具御預として江戸表ゟ發途尤木曾路
但組も廿日廿一日と貳ツニ別を出立

○二月十八日左之通御觸
大納言様去ル九日
御參
內被遊
龍顏御拜
天盃御頂戴之上御懇之
敕諚を以御暇被
仰出猶
前大納言様と被仰合可有
御盡力と別紙之通
御沙汰被爲在候間右之趣御家中之輩末々迄不洩様爲奉承候様ニ与之
御事候間向々ニは早々可被相觸候
二月

右之通淡路守殿被仰渡候付相達候下略

寫

尾張大納言

就
御沙汰早速登京
御滿足　思召大樹上洛ニ付出府可有之由難被默止候間賜
御暇候猶与前大納言申合可有盡力
御沙汰候事
二月

○同日壹役壹人御呼出
大納言樣暫御風氣ニ付淡路守殿を以御讀聲有之候
今度上京拜
天顏萬端無滯相濟別紙之通厚蒙
叡慮共々盡力可致旨被

仰出誠ニ以當家之面目武門之冥加難有次第深心腑ニ徹候斯ニ至候儀者全衆力故之儀と喜悦之至ニ候兼而も

前大納言樣ゟ被

仰出候通一國之四民一和ならてハ難成事ニ有之方今時情弥切迫不慮之節も

公武ハ忠節以死奉報候より外無之候間面々弥奮激せしめ心肝を練置事臨輕躁之擧動決而無之嚴然自若之士氣相顯候樣心懸但支配之者ハ者精々申談一和盡力之程相賴候事

御別紙前文之通故爰ニ略ス

○二月十九日快晴辰之上刻之筈之処巳之刻及《比カ》ニ相成

大納言樣木曾路御發駕

御供之衆中大略

石河佐渡守

横井孫右衛門
佐藤弥平二
小瀬新太郎
鈴木鎖太郎
津金新兵衛
恒河行馬
碓氷鉞次郎
永田一左衛門
近松彦之丞
山中金吾
松本竹之助
吉田甚左衛門
人見左衛門

野村寅吉
細井左近
飯尾助右衛門
中川勝藏
奥田一郎右衛門
田中宗芝
三村玄澄

○二月廿三日左之通御觸
公方樣御上洛ニ付來ル廿六日熱田
御泊翌廿七日佐屋
御晝休ニ付御家中之輩爲心得方左之通
一御領分
御通行中鉄砲放候義不相成都而騷敷儀ハ遠慮可致事

一火之元守り之爲要用之外他行不致可成丈在宅可被致事
一普請之儀も
御通行道ゟ十町内不相成木遣哥之儀ハ
御城下幷近在共遠慮可致筈候事
一御家中末々迄
御行列拜見罷出候儀不相成候尤家來共ニ而心得違無之樣精々可申付
事
但四ヶ条共
還御之節ニ而同樣可被相心得候御日限も追而可相達候旨
○二月廿四日左之通御觸
公方樣明後廿六日熱田
御旅館御發駕後十日之日數相立候迄ハ江戸表ニ罷下京都ニ罷登候儀
共東海道旅行之儀も見合候筈候旨

○二月廿五日左之通御觸

公方樣明廿六日熱田

御泊翌廿七日佐屋

御晝休ミ筈ニ付御家中之輩心得方并東海道旅行之儀ホ相達置候処明

後廿七日熱田御泊翌廿八日佐屋

御晝休ミ筈相成候旨

○二月廿四日熱田社參之序其樣子を見聞およひ候儘を左ニ志るにし

一榊の森暫下東側なる工ミの家よや表よそ高サ三尺余り巾壹間余り長

サ貳間計もあふん哉と思ふ屋根の有之底のなき四方よ戸の立明ケな

る物をいくつも大勢懸り急即ニさしらへ居しが大方佐屋の方は廻し

ニ相成屋形舟よなる物なふんと思へり

ちる花や志ハしとゝ渡る端反笠

乘切尓付く乙鳥の飛行ら乖

一尾頭佐屋海道角東側借屋南に六七軒も有欲風呂屋北隣迄表店殘らずほ
取拂式臺出來引兩の御幕張有之屏風の箱なとなふへ有之奥よハいま
ふ綿打音なとせる内もありて家内殘らずせからきしといふ事あらず
まふ表ニ三ッ道具もらさり有之

一是より下左右共細小路をり共葭簀みて圍ひ又ハ喰違ひとなし有之

一是より下ハ土臺ゟ少し上之所ニ何屋何兵衛と其あるしの名を志るし
又誰の扣明家なと志るせしも有寺も門の□寺号志るし有所もへふ
り

一清メの茶所口休ミ居し所壹人來りて只今御役人衆ら御出と志らせる
や否同心躰之者從者召連來りて布團ハ幾つ有哉と尋ぬるニ四ッ御座
候と家内ゟ答へると從者之者書付て直ニ隣へいざりしまゝ予此家の
女房ニ問ねるハ爰ふも宿當り候哉答へ宿ハ當り不申若宿内御とめり
多く布團不足之節の御手當ニ殘らず御尋ね成し由御馬ら多くて中

々家内へ止る事ハ難出來よしみて濱むさニ馬屋がい・つ・く《くつカ》も出來候由
承り候ともあせり
一八釼宮前戸を以て両方ゟ喰違ひ出來之
一傳馬町問屋むらへ馬つなき入口之所ニ新ニ宿駕籠出來みて數千共い
ふゑき程山ニ積有之
一壹里塚西角北側ニ表軒ニ左之通提灯をはるしらふんし山の如く積有
之

御國恩トゑるし
不二道志
紋ハ丸之内ニ点を打
さる形之

御上洛

御包ふんじとら紙ニ去るし張出有之
一出もかれ北側十軒余も借家殘ふゞ開らせ一ぱいきニかし金屏風を建引両の御幕を張式臺を付尤三ッ道具表之方ニ餝有之
　子供等よ爪引らけか三ッ道具
一是より本陣□の方を通り加藤圖書介殿前を通り御茶屋　御殿□に通り候処　御殿少シ東之方ニ木戸出來しく番所も出來之　御殿入口橋の上とも糸杉丸太を建横ニ竹を結付有之是ハ全く御幕を張下地と見ハ壱り又山田屋神戸町南とづれ東側角南に付何ら至而奇麗余程永キ小屋出來夫ゟ御濱御殿御門前南に附新ニ番所北向出來御門開ふき有之
一燈明場東に附　御召御船欤貳艘朱の御紋の御幕を張左之如くの吹□を建候御船繫掃除かし夫々雜巾ホ懸居し樣子御船の中の御座所の所ら御紋ちふしホ見ゆるよ今の御紋とハ相違よく至而古雅之御紋ニ而軸長く左り廻り之

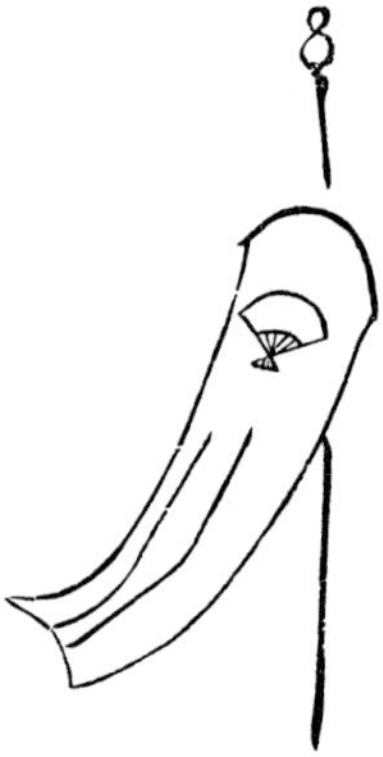

掃除しく居るや御船の春の風

一是より西濱もこの方に至りしよ新田に渡し場之直ニ西に附新タニ木戸出來ニ而右木戸内ニ北向ニ番所出來之又志ハふく西ニ小屋懸よく大そうある馬繋両側ニ出來る是より太子之町筋を須賀町赤本陣筋なり筋に出しみ赤本陣前少し西之方よ戸みく見切出來よく更ニ向ふ見へぬ然る所車引來りく車力是ハ困入申候アレデ行ぬらと尋ぬるみゆあるとも〳〵といへるよ溢らせ予も新五左衛門前へ至りしみ何さぬ車も樂々と引る見切之神戸町へ出北を見れハ貝屋權左衛門家切みく北之

方ゟ木戸出來ゟく東向ニ番所是又出來之晝前ゟ遊ぶ客ありとミへて新桔梗屋より藝ㇵ躰の婦人三味線箱持セ出行者三四人

一府下ゟ夜著布團を車ゟて當所へ引車むきもきふほ

一古渡近邊ゟ宮驛ニ至るまて提灯屋といふ提灯屋店ニ熱田方と云るし

候提灯大ニ干有之大そうよ御入用ある事と思ふる

本ノマヽ右二行別而不可讀ト

○松浦大人再翰乱筆不詳ト云 正信子隨筆

正月十五日御認芳翰昨二日伊藤志臺ゟ御届被成下候先以新春之御慶千里同風愈々御平安珍重之御儀奉存候當方無異罷在候乍憚御放慮可被成候扨先生御三男池田伊右衛門𛂋被遣候由伊右衛門ゟ間瀬ニ頼まれ申候由ハ私𛂋も話ハ御座候処先生御三男ト申事初而承知仕候此般北蝦夷行之御書状寫拝見仕候シント《レカ》コ岬御廻之儀實ニ大慶仕候右新場見立ハ辰年春越後國鳥居權之助を連私共ニ茂大込り私共東岸マーヌイよりヲロ

ツコタライカに獨行鳥居ハ直ニ西岸へ越させ候事瀬先有之　ニ成候然
ニ鳥居松川小林ホ思ひもよふぬゐましニ而
公義之御損毛致し方あし實ニ奸商ハ油斷のあふぬ物ニ御座候
○御藏書目錄拜見仕重々難有奉存候右之內餘程見及不申物御座候何卒
追々寫相願度別而本多利明著述老《考カ》豐饒策實ニめつふしく存候何卒寫さ
せ被成下候樣奉願候
○先便割圖三本口差上候猶又十一二冊さし上候追々摺立候節差上候積
ニ御座候外ニ當年玉ニおしふへ候双六壹枚去年大小一枚蝦夷沿革圖此
外あつし形短冊書筒御座候へ共摺合無御座候間摺ふせ候ハヽ差上可申
候
○蝦夷地名考あるへし是も近日摺候間出來次第指上可申候右樣俗ある
品如何敷候へ共婦女を諭し候ニハ是あふて參り不申候間如此物拵候呉
々ゟ利明著述考豐饒策御寫させ奉願上候御むつらしく候ハヽ暫時拜借

早々返璧仕候而も宜御座候蝦夷地之物新らしき物何之用ニも立不申候古たる物ならて有用之物無之文政以來之物見るへき事柄一切無之候利明常矩守重邊之物宜蝦夷之風を存し候ハ古キ書物ニ御座候
扨御藩ハ御大家之事ニ御座候間何卒蝦夷地少々御手出し被成候共宜御座候貴地ニ御有志ハ無御座哉何卒地所御願受御開被成候樣仕度奉存候當節阿波樣東地を三十餘里御願立ニ相成居候南海之諸侯としく北地を御望被成候事實ニ感服仕候又越前大野土井能登守樣ニも北蝦夷島ライチシカより五十度のホロコタン迄凡三十七八里之処御願受ニ相成取開居候此小諸侯ニ而右之如く成事感心仕候今之世迄も
水戸老侯御在世ニ候ハヽ如此むさ〳〵魯夷の爲ニ蠶食せらるを候事も有之間敷哉此分ニ候ハヽ今五六年之間ニハカラフト一島ハ魯夷の有と成可申候種々議論も有之候得共忌諱之儀故不申上候
○私所持之藏書目錄差上度候得共別段ニ編輯いたし無御座候間近々取

集候而目録ニいたし差上可申候一宵話印本を先年尾張人安食代太郎と申人之宅ニ而見申候惣而近藤重藏の話ニ御座候其後秦壽太郎ニ承候処當時其本無御座と申候實ニ殘念ニ御座候若御見當り候ハヽ御求奉願候壽太郎之話ニ鼎老人重藏を贈(送カ)りし候文有之由被申候得共是ハ一度も見不申壽太郎私を贈候文出來之由被申候付其後御屋形ゟ參り尋候時最早同人出立歸國跡ニ而もつれ又其後承候得も物故被致候由申候

○近世蝦夷人物志と申物三冊ツヽ三篇おしらへ官へ上木願立候処相叶不申候實ニ殘念ニ御座候是ハ少々私共之慷慨を書込置候近内壹本寫させ可差上候兎角蝦夷を外國同様之心ニ取扱候事實ニ遺憾ニ御座候蝦夷人も内地之人ももとより分隔すへき筈無之内地之人ハ猖獗候得共蝦夷人ハ實ニ淳朴ニして愛すべきものに御座候五常の道も其實ハ内地人ニ増居候其餘種々下略

二月四日

松浦弘拜

水野三四郎様

癸亥東西紀聞

貳

小石川傳通院山内
學寮

大信寮

右大信寮ゟ二月四日五日両日浪士取扱鵜殿鳩翁殿上京御用ニ付彼地ゟ召連候浪士ゟ御用談之由ニ而浪士共人數集會有之候処弥今日上京出立爲勢揃明六ッ時ゟ追々三百人余同寮ゟ集會致し惣髪野郎坊主老若打交右出立も銘々思々木綿無地割羽織小袴伊賀襠野袴又半天股引割羽織著用中之著込著用白木綿筋鉢入鉢巻致居候人も有之金無垢太刀拵大小其外拵ォ聢とも不相分大小ハ何をも長刀を帯居夫々得物手鑓半弓太刀陣刀ォ所持致し陣笠網代笠簑蓙ォ脊負ヒ銘々腰兵粮虎之皮引敷居候者も有之凡壹斗も這入瓢簞を脊負候者両人有之是ハ用意之焼酎ニ而可有之哉之由中ニ鹿革紋付割羽織著用致し候者凡二十人程是ハ水戸天狗連之由右浪士一同勇敷有様ニ御座候浪士三百人餘十組程ッヽ行列を立前後重立候者計添罷在一同同朝五半時比操出し鵜殿鳩翁殿ゟ出向夫ゟ御同人

(原註朱)鳩翁元御目付勤民部少輔ト云當時隠居之由

(原註朱)上京人數木曾路御領分宿驛ゟ所屆曰鵜殿鳩翁頭立候者七人外ニ二百四十人〆二百四十八人御朱印御渡ノ由ニテ持行候叓

（原註朱）本文浪士四条通西壬生寺ニ二百人程著致候由

一同御召連中山道筋御出立相成蕨宿泊りﾆ之由右ﾆて京都ニ一旦著致し夫ゟ大坂表ニ罷越候趣ニ御座候

一浪士三百人餘一ト組凡三拾人餘内三人程重立進退致シ外ニ壹人ツヽ世話役付右浪士其外名前ホ不相分候得共世話役之内相分り候分

（原朱）清川八郎ハ先達而以來御尋之者之今度菊川と替候而上京ト云

清　川　八　郎
山　岡　鉄　太　部
石　原　宗　順
池　田　德　太　郎
河　野　彥　次　郎

右五人ハ世話役之内ニ而清川八郎儀万端一人ニ而差配致居候由浪士一ト組ニ本馬壹疋ツヽ、且爲御手當人數壹人前金五両ツヽ被下其外道中入用ハ別段被下候樣子ニ御座候右再應取調申上候

傳通院前金橋水反町
鈴木半平

亥二月八日

浪士姓名覺

石坂垣氏宗循　三拾四五才

右ハ北御奉行淺野備前守様御懸りニ而去十一月中私方江御預ヶ相成候尤宗循儀所々醫師ニ而歩行折柄下總國神崎宿眞壁屋彦兵衞と申者懇意ニ相成同所眞言宗高照寺江右彦兵衞世話を以宗循妻子共指置醫師相營罷在佐原宿病氣先江罷越候砌去々酉年中御召捕相成直様江戸表江御差立之上入牢被　仰付御吟味中彦兵衞江御預去十二月廿六日御呼出右備前守様おゐて御預ヶ

御免勝手次第徘徊可致旨被仰渡候義ニ御座候

但浪士清川八郎行衞不相分故を以御召捕之由

越前國出生　池田德三郎　四十才位

右石垣宗循同様入牢其後身寄之者江御吟味中御預ヶ去十二月廿六日右同斷

出羽國出生　清川八郎　三拾七八才

右ハ

水府公一条之砌所々御探鑿（マヽ）之処行衛不相知今般入牢之者

御免相成候後自訴いたし御尋

御免之趣ニ御座候

但酒井左衛門尉様御領分羽州村山郡清川村出生相應ニ相暮候者之由

當時ニ而も母親存生浪士中ニ而重立候者之由

元阿劦藩中　村上俊五郎　三拾一二才

右ハ

水府公一条之砌所々御探鑿（マヽ）之処終ニ御召捕ニ不相成今般入牢之者

清川八郎ハ羽州田川郡清川村（後東田川郡）ノ産ニシテ村山郡ニアラズ、但シ諱ムク所アリテ此ク云ヘルモノカ　校訂者識

御免相成候後何を之ニ罷在候哉顯を出申候

齋藤熊三郎 廿七八才

右ハ清川八郎弟ニ而同人行衞不相知ため去々酉年中より入牢被　仰付

去十月中酒井左衞門尉樣ニ御預ヶ相成同十二月廿六日御呼出之上備中

守樣おゐて

御免被　仰付

右之外重立候浪士六七人も有之趣ニ候得共入牢中病死之者両三人有之存

命之者名前聢と不承候

浪人三百人余當二月八日小石川傳通院ニ集會夫ゟ發足致し候趣ニ候得共

(原朱)落字　○印之分達人之趣ニ御座候

○山本健之助組　○石垣宗循組　○芹澤鴨組

○内田佐太郎　○藤井昇　○内藤矢三郎

千野榮三郎
○大森濱治
石原新作
○若林登之助
△原田儀助
關口三千之助
谷右京
數田義守

○村上俊五郎組
○椿左一郎
邊見米三郎
○相尾左馬之助

鎌田瑑
○古渡喜一郎
小倉善左衛門
○寺田忠左衛門
羽賀忠次
酒井壽作
小倉宗伯
勝田宗達

○新見錦組
○沖田林太郎
○中村左吉
○馬場太助

河野弥熊太
田邊富之助
雨宮仁一郎
○沖田總司
○山本敢助
土方歳三
藤堂平助
永倉新八

○森出鉞四郎組
○山本左九馬
○三村伊賀右衛門
玉城伊織

清水隼之助
長尾(岡)源平
○田中範也
横山明平
小島狙太郎

○村上常右衛門組
平岡雄太郎
○嶋内和太郎
友山(原朱)不知
戸谷浦次郎
○田村新藏
熱田當吾

佐藤房八郎
井上源三郎
小林助春
小山喜一郎
本田新八郎

○西村河白組
○今井吉郎
○小林登之助
川崎渡
狛野鎖五郎
○岡田林兵衛
吉田源四郎

中川一
伊藤瀧三郎
○大橋一學
鈴木榮之助
佐々木同作

道中世話役
○河野音四郎
○齋藤熊三郎
○白井了意
岡部小平太
加藤健三
○木村久之丞

吉田庄助　井上忠太郎　近藤勇
中追太助　山川建三
新井式部　山本正道
山川竹三

（原朱）〆九拾八

謹而奉言上候今般私共上京仕候儀相願
大樹公
御上洛之節
皇命を尊戴し夷狄を攘打をる〔本ノマヽ〕之大儀御雄行被遊候事ニ付草芥〔拵カ〕中此迄國事周旋之面々も不及申盡忠報國之志有之もの既往々忌諱ニ不拘廣く天下之人材御募其心力を御任用
尊攘之道御主張被遊候御主意ニ付私共初御尋ニ相成其内周旋可有之与

之儀ニ付夷變以來累年國事ニ身命を抛候者之旨意ハ全く
征夷大將軍之御職掌御主張相成
尊攘之道可相達との赤心ニ御座候得共右之如く言語洞通人材御任撰被
遊候ハヽ赤心報國之志此より可相徹与存則其召ニ應し罷出然候る上
ハ
大將軍おゐても斷然攘夷之大命御尊戴奉補佐
朝廷ハ勿論之事万一因循姑息
皇武離隔之姿ニ而相成候ハヽ私共儀幾重ニ而回挽し周旋可仕猶其上ニ
而御取用無之是非ニ不及銘々請献之所置御座候其節ハ寒微之私共誠
ニ以奉恐入候得共固より盡忠報國抛身命勤
皇仕候志之士ニ付何卒於
朝廷御憐邊（ママ）被成下何方成共
尊攘之赤心相遂候様御差向相成候ハヽ難有仕合奉存候右ニ付

幕府之御世話ニ而上京仕候得共一滴之祿相受不申候而
尊攘之大儀奉相願候間万一
皇命を妨け私意を企候輩有之おゐてハ縱令有志之人なり共聊無用捨譴
責仕度一統之決心ニ御座候此段不顧
威嚴言上仕候間御聞置被成下微心徹底仕候樣誓天地偏ニ奉懇願候誠恐
頓首再拜白

文久三年癸亥二月　　　　　　一同連名

右鵜殿鳩翁附屬

○此比薩州家來洛中刀屋ニ而刀鈎屋買上度と尋候処五十両の鈎爲見候へ
ハ可なりの物ニ候得共樣し候ハヽハ難上如何と被問亭主無苦御樣候樣
申樣得ㇳ左候ハヽ、せ〻く四文錢を十二文積重ね切之手際能十一文眞二ッ
ニ切レ一文不切殘ル刀及少シ損ス於爰家士十分之物ニ無之併樣シ候而

及損シ候得も可買上候拙者帶刀ハ是より少シ宜物なふん様シ候間見候様亭主へ云拟又四文錢を十二文出し種重ゟ誠ニ拔手も見せず其手早キ事絶言語心持能十二文眞二ッニ切レ板之間ニ而如右いゐし候処板ニハ少しも疵不付錢丈ヶ切レ割レ刀及少しも不疵付由亭主甚仰天し能々欽法を手練せし人と感心し且名作の刀成を賞譽し右損候錢賣候儀厚く辭退しけれども士不承引速ニ五十兩を出し致之損錢從者ニ爲持歸る是等ハ眞之武者成へしと高評賞せぬ者無之候

御老中方　　若年寄衆　　御幕御長持二棹

御玉藥拾荷　　講武所頭取壹人騎馬

講武所支配　御銕砲七拾貳挺　隔日代り

講武所支配　御銕砲七拾貳挺　隔日代り

御旗十三本　御使番壹騎　御小人目付

御旗長持貳棹　御徒目付壹人　小荷駄拂御徒頭壹人

御旗十三本　御使番壹騎　御小人目付

御徒目付　御小人目付　講武所方御鉄砲七拾貳挺　隔日代り

御側衆壹人　御目付壹人　講武所奉行馬騎

御徒目付　御小人目付　講武所方御鉄砲七拾貳挺　隔日代り

御召替馬三疋　御挾箱　御具足　御徒目付

御徒方一組一頭

御徒方一組一頭

御徒方一組一頭

鎗術方二拾五人　隔日代り
鎗術方二拾五人　隔日代り

講武所頭取一人

劔術方廿五人　隔日代り
劔術方廿五人　隔日代り

御長刀

御腰物筒
御腰物筒

御

歩行御供　御小納戸
同　御小性
同　御小性
同　御小納戸

御手筒
御手筒

御召替　御駕籠
歩行御供　御目付壹人
御徒目付二人
御小人目付二人

御小道具
御持鑓　五本
御簑箱
御日覆
御雨覆
御杖
御笠
御茶辨當

御水筆筒
御挾箱
御丸辨當
御床机

御徒目付

御小人目付
御小人目付

御召馬　御供二疋ツヽ

御馬方
御馬預

御貝　御小性壹組　番頭壹騎　ミコシ流 御鉄砲三拾六挺
小馬印　同竿
御太鼓　御小性壹組　番頭壹騎　ミコシ流 御鉄砲三拾六挺

歩行御供 御使番 壹人　御小人目付　奥醫師
同 大目付 壹人　御徒目付　並御馬五疋　御側衆　同　同
同 御目付 壹人　御中間目付　奥醫師

御中間押
御小納戸追越長持壹棹　若年寄衆　御徒押　同勢
御中間押

御老中方
溜詰衆
御跡押

大津ゟ御入京御供建
小笠原大膳大夫　榊原式部大輔　御老中方

若年寄衆　御幕御長持貳棹　御玉薬箱拾荷　講武所頭取壹騎
講武所方
御銕砲七拾貳挺
同
御銕砲七拾貳挺

講武所方
御銕砲七拾貳挺　　御旗竿三本　　御目付壹騎

同斷
御旗長持貳棹　　御徒目付

同
御銕砲七拾貳挺　　御旗竿三本　　御目付壹騎

御小人目付　　小荷駄拂
御徒方　　御徒目付　　御小人目付

御徒頭壹騎　　御側衆　　御目付

御小人目付　　同
御徒方　　御徒目付　　御中間目付

講武所方
御銕砲七拾貳挺　　講武所方
御銕砲七拾貳挺

講武所頭取壹騎　　講武所奉行騎馬

同
御銕砲七拾貳挺　　同
御銕砲七拾貳挺

虎皮
御抛鞘鎗廿五本
千人頭壹騎　御召替馬三疋　御挾箱四走　御具足　御徒目付
同
御抛鞘鎗廿五本

御徒方壹騎　鎗術方廿五人
御臺傘　御立傘　御床机　御曲籙　御徒方壹騎
御徒方壹騎　鎗術方廿五人

歩行御供
御小納戸　御手筒
同　断　鉞術方廿五人　御腰物筒
同
御小性
御長刀　御
同
御小性　御手筒　歩行御供 御目付一人
同　断　鉞術方廿五人　御腰物筒
同
御小納戸

御小道具
御徒目付貳人　御持鑓五本　御茶辨當
御簑箱　御水箪笥
御召替御駕籠　御日覆　御挟箱　御徒目付
御雨覆　御丸辨當
御徒目付貳人　御杖　御床机
御笠

御小人目付　御馬方御供貳疋　御具　歩行御供 御小性組
御召御馬　御馬印　同竿
同
御小人目付　御馬預　御太鼓　御書院番

番頭騎壹　歩行御供 御小性組一組　番頭壹騎　御小人押
御徒押　御徒目付
同
番頭騎壹　御小性組一組　番頭壹騎　御中間押

御小人目付　　　　　　　奥外科　ミコシ流御鉄砲三拾六挺
　　並御馬五疋　御側衆　同　同
御小人日付　　　　　　　奥醫師　ミコシ流御鉄砲三拾六挺

同　斷　　御使番壹騎
　大目付壹騎　　御小納戸追越長持四棹　　若年寄衆

同　斷　　御使番壹騎

同　勢　　御老中方　　御跡押　溜詰衆

御畫
（原朱）巳上刻
御發駕晴天

（日付原朱以下同）
十三日品　川　　川　崎
十四日程ヶ谷　　戸　塚
十五日藤　澤　　大　磯
　御晝御泊共
十六日小田原
十七日箱　根　　三　嶋
（原朱）山御越晴
十八日原　　　　吉　原
十九日由　比　　興　津
　御休御泊共
廿　日
廿一日　駿府御城
（原朱）久野山御社参再御城御泊ニ振替

廿二日岡部　藤枝
廿三日金谷　懸川
廿四日見附　濱松
(原朱)新居御船越風波
廿五日新居　吉田
(原朱)烈風〻氣
廿六日赤坂　岡崎
廿七日池鯉鮒　宮
(原朱)晴和氣
廿八日佐屋　桑名
廿九日四日市
晦日石藥師　龜山

三月朔日　坂下　土山

二日　水口　石部

三日　草津　大津

四日　著　二條御城

○二月九日

大納言様御　内御行列書

河原御殿より陽明御殿迄　陽明御殿ゟ御唐門迄之御行列左之通

御唐門より内ニ入候輩も布衣著用之輩計之筈

御附武家同心　立場不定　御附武家與力　近衛様仕丁頭　素袍言上方　小十八組

御附武家同心　立場不定　御附武家與力　近衛様仕丁頭　素袍言上方　小十八組

御使之者　白張 御挾箱　素袍 小十八組　同 言上方 同 同
素袍御道具支配新御番　素袍 小十八組與頭
同 同 同 同
同 同 同 同
言上方
御使之者　白張 御挾箱　素袍 小十八組
同 同 同 同

御使之者　素袍 新御番　同　同　大紋 御同朋　布衣 御使番　同 中奥詰
御使之者　布衣カ 素袍 新御番頭　素袍 新御番　同　同　大紋 御同朋　布衣 御使番　同 中奥詰

布衣 同 中奥詰　素袍 新御番
布衣 奥向之輩 奥醫師　素袍 言上方小十八組　布衣 御目付
布衣 中奥詰
同 在京役　素袍 新御番
御

（素袍）新御番　御小人頭　（退紅）御草履持　御使之者　同
（素袍）新御番　御徒目付組頭　（退紅）御従卒
御沓持（同）
御使之者　同

御小人目付　（白張）御挾箱
（白張）御替傘　（白張）御草履取　御小人目付　御徒目付組頭格式（御徒目付）
御小人目付　（白張）御挾箱

御小人押　御徒目付
御年寄　以上
御小人押　御小人目付

（原註朱）芝錢ニ長大小チ帯美江寺宿ニテ休支度酒呑代錢拂外ニ茶代三百文出シ亭主ニ請取□事ニテ御アテ名ハ何ト認ムベシト問ハ浪士五番組ト認ベシト云ヒシトゾ十人計

○二月十七日出江戸來簡

上様ニ而去ル十三日巳上刻俄ニ去ル十日被仰出陸地御上洛相成申候同日川崎驛ニ御泊實ハ右驛本陣修復いまた不落成故平間村大師別當所ニ御泊之由ニ而候御供中何れ而腰兵粮先ハ歩行ニ而大身ニ而も駕籠爲釣候而已ニ而候

上様も高輪ゟ御歩行之由道中筋御制止而至而薄く何等之障りもなく壹人旅之者なとも安々旅行致し問屋場も至く靜なる由ニ而候

一去八日鵜殿鳩翁義浪士共三百人程召連中山道を登り申候異類異形の出立之由此中ニ廿人計麻之割羽織著用致し候ハ水戸天狗連之由浪士之内有志之輩と御書付ニも出候へ共上州邊博徒も交り居る事之由ニ御座候

一當四文銅錢出申候文久永寶と有之方春嶽殿筆ニ而文久永宝と略字之

ヅヽチ一組トセシモノナルベシ濃州本巣郡十七條村彦藏役ニ出テ眼前ニミタリトイヘリ

方和泉守殿筆之由申候
一紀州様ニも
大納言様御參府之上ニ而御歸國之筈ニ而御座候無御據儀と申譯ハ更ニ相分り兼申候
二月十七日

○

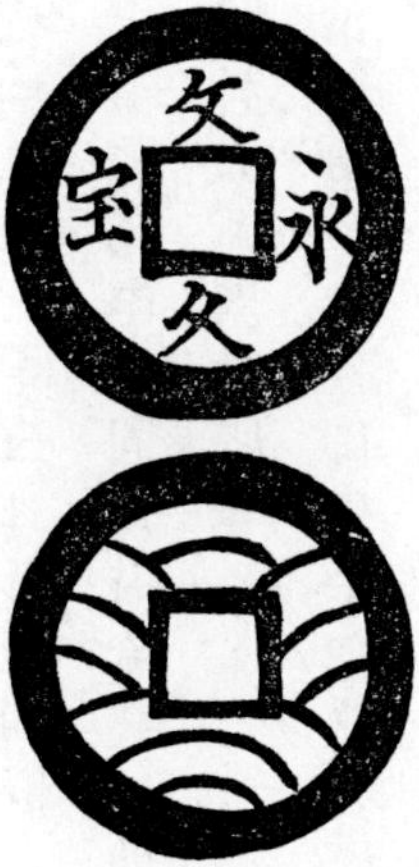

松平前中將春嶽書

板倉周防守書

松平豊前守書

江戸狀ニ云宝ノ字ハ當地ニも少く候
攵寳ハ澤山ニ御座候
文寳（寶カ）(原朱)　江戸狀不言之多少未聞

松山豊前守殿筆
（原朱）さし上切

○公方様弥廿六日岡崎御泊廿七日熱田御泊廿八日佐屋御晝休桑名御泊

熱田御所用伺　　加判　山澄淡路守（諱原朱以下同）龍宜

境川　　列　横井伊折介時宜

佐屋御所用伺　　加判　遠山大膳景道

同所御馳走　　列　瀧川又左衛門忠貫

桑名ニ　　同　渡邊半十郎在綱

右之外諸役人所々ニ數多出驛有之

(原註朱)大御番頭六番横井雅樂殿出張
(原註朱)熱田驛出元ゟ同十番五味織江出張

一尾頭佐屋海道角東側借屋一棟打貫新番所出來両番衆相詰八之字挑灯五張釣丸八幕打三ッ道具餝

一同所曲角際本町通高サ松板貳枚ニ而二間余之板圍喰違ひ出來其外其通横道閑道口板圍あるひハ戸を打付又も葭簀二重なと取締り付候処公義御觸到著之上廿七日晝後皆々取拂

一通行道熱田地両側家表口柱土臺少上ニ住居人亭主名前札張之寺院ハ門外ニ板ニ而山号寺号認青竹ニ而建之

一七時過

著御御先榊原式部大輔殿ハ昨日通行大押松平隱岐守殿ハ翌日通行

○公方様御供立ハ御先騎二人歩行銃陣方ケヘル六十挺一隊七十挺一隊御先之御跡ニ而七十挺一隊之御具足ひくおし黑皮御紋付御馬三疋御旗竿六袋御挾箱四ッ御簑箱壹ッ御打物御鎗ハ平生御持之御由緒之五筋之但御尻籠御伊達道具御臺笠御爪折之類もしめ見たし等の御鑓類更ニ

無之
御老中水野和泉守殿板倉周防守殿若年寄田沼玄蕃頭殿稲葉兵部少輔殿
貳本道具對箱簑箱有之其外之人挾箱更ニ無之鎗ハ皆一本之
一御歩行ニ而濱
御殿ゟ著　御民之父母なる
御形體万民十分ニ奉拜禮歡喜之聲滿巷
一尾州御調ハ前記之通ニ候処御道中ゟ御觸來り
公義ゟ前記ニ大坂
御上陸後之御觸之通萬事　御寛大之御儀ニ付前顯板圍ぉも俄ニ取拂候
事之
一傳馬町向表口圍外雨落まて拜見人出候而不苦との事ニ而圍外ニ三尺ッ
ゝ敷物しき子供老人等を出ス婦人も床上ハ不相成よしみて土間へ下る
其外都而中腰ハ不相成ヒッタリと居《スワ》り候樣ニとの事之

一下ニ居らふ〳〵とハ一聲も無之尾州方役々所役人制スル而已なり
一廿八日朝
大宮　御參詣被遊御米御備と云（原朱）是ハ間違御參詣無之
一人足ハ五千八位ニ而相濟候よし一昨年の奥様とハ大違ひ結構なる
旦那様なりといふ
一宿數貳百軒御入用之由尤旅籠屋もらりよくハ足り不申依外商賣の手廣
のむきへも下宿當り社家等ニ而手近のむきへハ當り候よし旅籠代上下
之差別なく貳百五拾文ツヽの御拂ニて一汁一菜の外不可出との事なく
都而御觸より手厚なくせ
御主意ニ相觸不都合之旨段々丁寧反復申渡之由
一御本陣
御座向襖唐紙もりらへ無用破レハソヽクイ可申壁ハ穴埋候迄ニ而上ぬ
り無用疊惣替無用障子惣張無用御兩便所ハ持歩行故構ニ不及との事

一二月廿八日休日之処山澄淡路守殿俄ニ評定所出席御用人衆初役々出被申候処遠山大膳殿瀧川又左衛門殿明曉江戸表ゟ發足いたしをゐく中山道五日振ニ而來月三日下著ニ可心得旨右御両人共佐屋ゟいまた歸り不被申候付家老呼出御談有之石黒丹下殿ニ而明曉發足両番組ハ跡ゟ下り候筈御用人織田織(縫カ)殿介殿ニも四五日之内發足江戸表ゟ相詰候様ニとの御事之

右ハ江戸物(マ)志、ニヤ

三御簾中様元千代様御子様方ニ而一時よもや　御登りといふ

(以下七行原朱)
〇廿七日

公方様山崎ニテ拝見仕候者モ熱田源太夫宮前ニテ拝見仕候者モ御歩行ニテ紺ノ割御羽織黄ナル地ノ錦野御袴ニテ靑竹ノ御杖ヲ突セラレシト云廿八日朝佐屋街道ニテ拝見仕候者モ同様ト云

木ニ登リ居シ者有シヲ御家ヨリ制シ候所公邊ヨリノ附人來リテクル

(原註朱)御ワラヅニテ紺ムラサキト云

(原註朱)四子村ヨリ御駕籠ニ被爲召

シカラズ元ノ通リ登リ居ヨト又木ニ登ラセシト云夫故堤ノ上等ニ有
之者猶更制シナシト云

○二月晦日熱田問屋聞繕書

一去ル廿六七日異國船十七八艘も品川港ニ著船仕無程上陸いたし所々
放火いたし燒立乱妨相働其上　御城ニ向ひ五放程も鉄砲打候由乍然
御別条ハ無之由町中ハ三ケ一程ハ燒失右場所ニ連り居候御大名屋敷
多分燒失之由
水府樣御家中之噂無急度取沙汰風聞承り申候
水府樣御當所御出立も右ニ付而
御滯留被遊候由七八分通りも江戸表ニ御引戻シ可被遊哉之由乍去
上樣御旅館ニ早打御使を以御伺相成居申候間右御否次第御模樣相極
り候由然ニ過刻

水府様ゟ御老中水野和泉守様板倉周防守様御宛之刻付御狀箱御差立被遊候又ハ御家老中山備中守様御宿割ニも竹挾被遣候猶委細之儀相分候ハヽ直様御注進可申上候先ハ聞取候儘御注進申上候以上

二月晦日　　問屋林　林右衛門

二百五十二頁ニ林林左衛門ニ作ル、共ニ原形ヲ存ス、其一何レカ誤ナラン　校訂者識

○茶屋手代達書

一青蓮院宮還俗之
御内慮正月廿七日被　仰出候由

一二月十一日夜

一橋様御旅館ゟ左之御方々被行向翌朝御歸

傳奏　野宮宰相中將殿
　　　三條中納言殿

議奏　阿野宰相中將殿

橋本宰相中將殿
豐岡大藏卿殿
正親町中將殿
滋野井中將殿
姉小路少將殿

國事懸り

右ハ諸浪人多人數集り攘夷之儀ニ付申立候儀有之候趣ニ而被行向候由付而ハ
鷹司樣ニ而浪人共參
殿いたし連日引取不申候由ニ御座候

一右衞門內侍殿御儀薙髮之上南都中宮寺宮江御預相成御扶持方ハ被召上中宮寺宮江右御預御手當被附候由
右之通御座候由承合申候以上
二月十三日

一青蓮院宮自今被稱中川宮旨去ル十八日被仰出候
一敏宮樣御儀桂御所ヘ來ル四月廿二日御移御治定被　仰出候
一和州畝火山
神武帝山陵ヘ
山陵使長官　德大寺中納言殿
同　次官　萬里小路權右中辨殿
勅使參向被　仰付來ル廿三日當地御發駕之筈
庭田中納言殿
議奏加勢被　仰付候
橋本宰相中將殿
豐岡大藏卿殿
東久世少將殿
姉小路少將殿

此度參政と唱格別國事重立候方
仰出
二月廿日
一昨廿五日御達申上候大原左衛門督殿裏辻侍從殿御咎之儀左之通ニ
御座候旨承合候付猶又御達申上候
大原左衛門督殿
去年爲
敕使關東ゟ下向之節不容易事件有之其罪不輕依之辭官落飾蟄居被
仰付候事
但被除近習小番　御免之列候事
裏辻侍從殿
攘夷之事件ニ付殿下一己御趣意未決之儀妄ニ諸藩ゟ流布いゑし候条
不容易儀ニ候依之差扣閉門被　仰付候事

但被除近臣候事

右ハ去ル廿三日之分廿四日朝被　仰渡候旨

○二月廿七日

京都おゐて牧野備前守殿被達候寫

御上洛ニ付上京之由　　　　加賀中納言

此度横濱湊江英吉利軍艦渡來三ヶ条之儀申立何れ之難聞屆筋ニ付其趣を以可及應接依而も速ニ兵端を開候事ニ付御暇被　仰出候間藩屛之任不失様可盡粉骨候

右同斷

敕命有之上京之由　　　　松平美濃守

此度横濱湊江英吉利軍艦渡來昨年嶋津三郎江戸出立懸ヶ生麥おゐて三郎家來英吉利・（人脱カ）を及殺害候儀ニ付三ヶ条之儀申立何れ之難聞屆筋ニ

付其趣を以可及應接候間速ニ兵端を開候哉ニ難計依而も銘々藩屛之任ニ有之候ニ付夫々備向手當ニ可有之候間爲心得相達候事

二月廿七日

御所學習院ニ而御渡

　　　　　　　　　　　　　　　　松平美濃守

今度英吉〔利脱カ〕・船渡來ニ付夫々防禦之次第可有之就而も歸國可相成哉若歸國ニおゐてハ精選之士應在京之人數多少

朝廷爲御警衞當地滯在有之候樣

關白殿被命候事

　　　　　　　　　　　　出席

　　　　　　　　　　　　滋野井中將

　　　　　　　　　　　　川鰭少將

　　　　　　　　　　　　正親町少將

右之外

參役

姉小路少將

中山侍從

松平越前守

松平兵部大輔

松平淡路守

松平隱岐守

松平越中守

溝口主膳正

榊原式部大輔

青山因幡守

松平出羽守

加賀中納言同文言ニ而御暇被
仰出候由

○京都ゟ文通之寫

然も此度混雜一条左ニ申上候二月上旬嶋津三郎樣國許ゟ御上京之途中ニ而英吉利乱妨仕懸其上横濱ニ軍艦拾五艘差向三ヶ条申立候付不得止事打拂決定ニ相成可申趣ニ御座候

右ニ付二月廿七日

一橋樣ゟ在京大名衆ニ御渡相成候付右大名衆殘らず國許ニ御引取相成申候右三ヶ条と申ハ去年於途中英吉利・二人〔人脱カ〕打果候ニ付嶋津三郎樣首を相渡候哉

御上洛之御供爲致度〔マヽ〕候哉洋銀貳万万〔マヽ〕枚差出候哉之段申出候処何れ之難聞届候付打拂被

仰出候との風聞ニ御座候

一彦根様儀神奈川ゟ川崎迄御箇[固カ]被

仰付候趣ニ御座候

御書付

昨戌八月嶋津三郎儀江戸出立之節於途中英吉利人打果候付同國ゟ此

度横濱ㇸ軍艦差向三ヶ条申立候処右ハ難聞届筋ニ付其旨應接およひ

候間速ニ戰爭ニ可相成此段相達置候

二月廿七日

○二月町觸

攘夷御一決之儀此節御改革被

仰出候ニ付而も舊弊一新人心協和候様無之候而も不相成儀ニ候処近

來

輦轂之下私ニ殺害等之儀有之畢竟言語壅蔽諸有司不行屆之所致と深
恐入候次第ニ付上下之情意貫達致し
皇國之御爲御不爲ニ係候儀も勿論內外大小事とかく善惡とも隱匿致
居候事共聊無憚筋ニ候可申出候
但憚忌諱候義ハ有之候ハヽ封書ニ而直樣差出可申又自身聞取候儀
も可有之候
右之通松平肥後守殿御沙汰ニ付洛中洛外江不洩樣可相觸者也
亥二月

○二月廿七日所司代牧野備前守殿ゟ御達有之候左之通
此度橫濱港江英吉利軍艦渡來昨年嶋津三郎江戶出立掛生麥ニおゐて
三郎家來英吉利人を殺害及候儀ニ付三ヶ条之儀申立何れ之難聞屆ニ
付其趣を以可及應接候間速ニ兵端ヲ開候哉之難計仍而ハ銘々藩屏手

當方ゟ可有之候間爲心得相達候事

二月廿七日

○同夜學習院御用懸り滋野井中將殿川鰭少將殿正親町少將殿參政姉小路殿中山侍從殿御列座ニ而御渡

今度英吉利船渡來ニ付夫々防禦之次第ゟ可有之就而も歸國ニ可相成分若於歸國も精選之士應在京之人數多少

朝廷爲御警衛當地滯在有之候樣　關白殿被　命候事

○同夜傳奏野宮殿ゟ御呼出しニ而御渡因州ニ之仰渡かり

比日横濱港英夷軍艦渡來不容易形勢不日開兵端候哉之旨攝海邊ニ渡來ゟ難計趣非常急務之御時節ニ付賜御暇候間早々持場ニ罷越防禦盡力可有之

御沙汰候事

○二月廿九日出京都ゟ之狀平野神社門前旅宿

一御所おゐくも近來御用多之由ニ而當二月中旬比左之通御役各相㠯〔本ノマヽ〕申候由

參政《サンセイ》四人　議奏之介役之由

寄人《ヨリント》拾人程

一長州若殿兵庫ニ御暇

一池田信濃守殿大坂ニ御暇

一其外茂御暇有之由ニ候へ共いまた不承候

一京地おゐく會津侯見廻り方ニ而浪人御召捕ニ相成候由姓名左之通

諸　岡　節　齋　　建　部　建　一　郎　　宮　笛　雄　太　郎

高　橋　十　輔　　仙　石　左　太　雄　　三　輪　綱　一　郎

靑　柳　達　丸　　長　澤　眞　平　　長　尾　郁　三　郎

他出中御召捕相洩

中島榮吉　西川善六　石川一

小室利喜藏　小野口久左衛門　岡本太郎

一京地夜分ハ一向人通り無之辻切同様之儀有之候由誠ニ人氣立往來も成丈氣を付通行仕候

一京地好時氣花盛ニ御座候嵐山一見仕候計よく鬧敷候ニ付一向見物ハ不仕候

○二月廿九日出

一二月廿三日朝三条河原ニ足利尊氏義詮義滿三人之木像首梟首ニかけ罪狀棄札有之候委細追而可申上候

一尾張前様大ニ評判よ﹅しく申候其次ニ（因州之）私方ゟ能キよしニ候

一（因州）主人も前条之一条ニ而廿八日公卿衆廻勤廿九日ハ尾張様ニ參上滯座其外公卿衆廻勤晦日伏見泊三月朔日大坂表ニ著之筈候

二月廿九日出京都ゟ之狀河原御殿近侍の吏

御攘夷之事も弥迫〻切ニ相成

輦轂之下列藩輻湊物議籍々人情も騷然ニ御座候海岸有之列侯も就國被　命藝長中川家ハ遂ニ歸國被致候由ニ御座候右之形勢を以ハ

前君御就國不遠乎ニ付云々

○二月廿八日在京御家中ゟ御觸

去ル廿八日(原朱)今日歟(原朱)又十八日歟

前大納言様御參

内之節別紙御書付傳

奏衆ゟ被差上候由ニ而御家中之輩ゟ申聞候様ニと

御沙汰被爲在右御書付御下ケ被遊候間則拜見之上至當之論申上度輩ㇵ其論一應被申聞候上差圖次第申上候積可被心得候仍右寫壹通相渡候尤承知之上早々順達河原御殿ゟ可被相返候以上

二月廿八日

攘夷拒絶之期限於一定も闔國之人民勠《戮カ》心可勵忠誠ハ勿論之事《イ儀》ニ候先

年來有志之輩以誠忠報國之純忠致周旋候儀

叡感不斜候依之猶又被洞開言路雖艸莽微賤之言達

叡聞忠告至當之論不淪沒壅塞樣ニと深重之

思食候間右不韜忠言學習院に參上御用懸之人々に可揚言被

仰出候間乱雜之儀無之樣相心得可申出候事

連日從巳刻限申刻

於九之日廿六日も自午刻限申刻

二月

○二月晦日出

去ル廿七日曉天ニ新町通二條下ル所ニ浪士の巣窟に會津藩中四十八

程楷子カケヤ拔身之鎗才ニ而仕懸屋根に上り内之小庭に下り戸をカ

ヤニ而叩破り屋根をめくり抔して寐込ニ仕懸五六人召捕候よし尤手強キ者も有之首を打其首計持參候も有之手負ニ而駕籠ニ而召連候も有之此外所々ニ而絹問屋之忰或ハ法躰之者も召捕ふ𛀁二条新地ニ而女郎と寐〻居候所を捕へ候も二人有之由都合十六人とり承申候餘り驕慢超過よ𛁈氣味ニ御座候いつ𛀁嚴敷拷問可有之委細相分り狩盡しニ相成可申候丸々吉良の屋敷ニ義士之夜討之形勢ニ御座候

一前公御歸國も大ニ御早キ御様子ニ而御座候在京大名追々致歸國既ニ因州抔も今晩發足之由御座候三月中ニハ拜顔と奉存候以上

二月晦日

○二月

右も先月廿八日川崎大師河原邊ニ六七騎よく御懸ニ而御越歸り途中

(原朱)一万二千石羽州松山城主
三味線堀
酒井大學頭

通り壹丁目同貳丁目横町往還ニ狠藉者出大學頭樣手疵爲負迯去候由
ニ御座候

右ハ去月廿九日暮六ッ半時比見世濟り戸明両替致呉候樣乍申小袴著
致し候浪人躰之者四人内貳人ハ店ニ上り抜及を持壹人ハ奥通路之口
ニ立塞り居壹人ハ庄次郎方重手代ニ今般
御上洛ニ付金子入用有之候間借呉候樣强談申懸濟ミ戸懸鋏を懸扣居
候間店ニ有之金子取交九拾両餘奪取立去候由疵人才ハ無之候由

神田旅籠町壹丁目
両替渡世
石川屋庄次郎

右風聞之趣申上候事
二月三日

○二月
當地

御發駕

御上洛後も見附々々御締りニ相成何となく淋敷櫻華咲候得共遊観一向無之夜分六時打候へハ通行人絶甚不景氣之躰ニ成申候諸矦屋敷々々明キ家之様ニ相成只今迄之江府繁花變して武藏野ニ成候半實よ江都の繁壯ハ昔ニ成申候

英船軍艦三艘來舶先何事なく候へ共嶋津三郎之首取ニ參り候由風説去年三郎出立之節喧嘩無躰ニ美人を殺害候遺恨不散襲來と申候何レハ六ヶ敷成候半与專ら下評ニ候

二月十七日

○二月十三日

公方様御座之間御上段御著座

水戸中納言様

右御出席

御對顔御下段御敷居内に
御著座今日　御發駕目出度被
思召候旨松平豐前守言上之
上意有之御老中御取合申上御退去
酒井雅樂頭
右出席
御目見豐前守披露
上意有之豐前守井上河内守及御取合退去
本多美濃守
右同様
豐前守
河内守
右一同

御目見今日
御發駕被遊恐悅之旨申上之
上意有之退去畢

有馬遠江守
諏訪周防守
平岩丹波守

右　御目見
御意有之

一公方樣
御駕臺ゟ巳上刻
出御　御羽織御襠
但水野和泉守ニも大手外ゟ罷出有之御行列操出申付御左右申上之
御先立豐前守相勤

一水戸様ニも大廣間拭縁迄被爲入候
一塀重御門内白洲溜詰同所向松平左兵衛督下乗橋前御普マ、代大名同嫡子御玄關前詰衆御門内ゟ中之口御門内迄菊之間御椽頰詰同嫡子共寺社奉行學問所奉行駿府御城代諸番頭物頭諸役人中
御目見
一板倉周防守稲葉兵部少輔ハ
出御已前　御先ニ相越
御跡ゟ御供田沼玄蕃頭夜
出御已前大手迄罷出
御行列ホマ、合差圖
御目見御跡ゟ御供相勤申候
一豊前守河内守御玄關前塀重御門之外迄罷出有馬遠江守諏訪因幡守平岡丹波守下乗橋外迄罷出

一姫君樣方ゟ爲御見送り御附御用人品川より被遣候
一御留守豐前守河内守毎日登
城夜中迄相泊り中候且又御側衆ニも泊番代ル〻〻相勤申候

○二月廿二日出武江來簡
一水戸樣御旅中銕砲之儀尤數多之由申候得共員數難相分候殊ニ御駕邊挺數多く四人駕籠之樣ニ有之候ゟと道中筋ニ而嘲り候由ニ而候其上御取締不宜賃錢旅籠ゟと不相拂罷通候者も不少候付宿〻ゟ御代官ゟ可願出由取調罷在候由夫ニ引替
上樣御通行甚溫順御順路之由噂有之候
一千賀竹三郎儀神力丸船持として去月廿八日乘組大坂より尾張ゟ廻り候筈ニ而致出帆候処此節之噂ニ豆州沖合ニ而暗礁ゟ乘懸進退不相成困窮罷在候由ニ付御側御用人取扱ニ而見せニ遣し候調候処一昨日朝

夕尾州之船々著ニ而相屆候ニも神力丸風順惡敷無據豆州妻良湊ニ滯船罷在候噂ニ付右安否相尋其段相屆候付弥迎船差遣江戸ニ呼戻し候筈之由承候得共弥歸帆候哉否未承候此儀ニ付風說有之候も測量方大脇虎之助義築地御屋敷出帆之砌往過之腮を叩候付水主共甚憎ミ候由此躰故元船水夫もやもり立腹いゐし洋中をまきり飄候義不致妻良湊ニ碇泊之事哉ニ及申候尤両人共大洋を乘渡り候事ハ無之故無餘義水夫申旨ニ任候事欲元來不案內之上役故威ハ水夫ニ有之事ニ相聞申候
一此節横濱英軍艦八艘蘭船二艘其外共十三艘罷在既ニ右軍艦之內品川ゟ見へ候も有之其上英人申立候ハ女王之命ありとて島津三郎義昨年生麥おゐて不法之所爲言語道斷依之同人之首來月八日迄ニ御渡可有之候若御不納得ニ候ハヽ兵力を以申請候樣ニとの旨ニ候由申出甚むつかしく候間既ニ大目付御目付三島宿迄
上樣之御跡を慕ひ參り伺之上一昨廿日當地ニ罷歸候由ニ而候又一說

ニ薩州にも英船貳艘相越居候と相聞猶又兵庫表にも同貳艘相越候由も申候是ハ確說ハ承不申候下略

二月廿二日

○京都ゟ來簡

二月廿七日曉旅宿の二階連子の下何るふん騷敷物音致し候付障子を開ふき候処拔身の鎗を紙ニ包ゐ望致し同勢五六十人とや〳〵通行其中ニ侍躰之者四人召捕此內壹人ハ深手ニやモッコみて釣行三人ハ縄付ニゐ連行大小十本縄かふゐみて持行靑竹ニゐ風呂敷包を釣行是ハ生首之由申候申候是ハ抑何事ぞと聞合候処旅宿亭主立出承來候ニハ會津之人數ニゐ衣棚と申所ニ浪人假宅罷在候処へ未明ニ押込浪人五人之內四人ハ召捕壹人ハ切殺候由尤何レも切合候上ニゐ召捕ふ些候由其切候首則前文風呂敷包ニゐ候よし此日所々手分いゐし此外ニ都合十人計召捕候由

此浪人共過日等持院に押入三將軍之木像を梟首いたし候輩欲又ㇾ
島田を初追々殺し候輩欲夫々之次第ハいまた承り不申候

三月朔日

奉安藤對州閣下書

外國尹堀織部正謹白、語云鳥之將死、其鳴也哀、人之將死其言也善、臣知之矣、嚮不顧微軀、激論妄答、不服於閣下高議、其罪當萬死、乃碎肝腦絞膓血、聊述鄙言、以奉閣下、々々請少容焉、抑外虜航海以來、公議百方、不決於戰守、而決於和親、是時務之變、不可防也、唯〔イ惟〕切齒扼腕而已矣、臣深憂之、嘗奉縷々之鄙言、頗有所容、而東馳西奔預其事、固臣之職不可不竭、然均是人也、豈無慷慨義烈之志哉、是時務之變、誰不可止也、彼溺於公義之海涵、恣意妄行、無所顧忌、以犯大義者不可算也、就中、墨夷都督、米理弩留、竊微行於貴邸、而論我政務、閣下共被〔彼カ〕同餐、尊之如師父、遂許刑典數部、是可怪一也、彼與閣下、結伯中之義、贈衣帛珠玉

巨萬、閣下酬之、以慶長正保金一萬鎰、是可怪二也、彼醉倒之際、戲於閣下之侍
妾某、閣下許與之、是可怪三也、彼唱請築居館于御殿山、一月以八百鎰贖之、閣
下遂許之、是可怪四也、此四事、旣犯大義者、無甚於此矣、然天下未可知也、倘竊
聞彼專論廢
帝之事、閣下慫慂、使國學人探索我舊典、私議其事、豈謂之何哉、至此血淚如雨
膓如裂、誰不イ無哭慟仆地者、實天下之賊、天誅固不容也、其顚末已於彥根老閣下
而可見矣、是臣深爲閣下所以憂也、然道路之流言、雖有所不信、天以人擧知其
罪則果明矣、是誓所以不服於閣下之高議也閣下若不忘我邦之大義、則奉忠
於
天朝致躬
幕府、施仁政於民、是臣伏所祈也、臣今屠死、其言也必善、閣下請少容焉、臨表不
堪流涕、

○三條大橋西札之辻ニ懸有之建札之寫

逆賊足代《利カ》拾《三カ》五代

此者共ノ悪逆ハ已ニ先哲ノ所辨駁萬人ノ能知所ニシテ今更申ニ不及ト雖今度此影像共ヲ令斬戮ニ付テハ贅言ナカラ聊其罪狀ヲ可示ス抑此大皇國ノ大道タルヤ只々忠義ノ二字ヲ以其大本トスル神代以來ノ御風習ナルヲ賊魁鎌倉頼朝世ニ出テ奉惱朝廷不臣ノ手始ヲ致尋テ北條足利ニ至テハ其罪悪ノ實不可容天地神人與ニ誅スル所也雖然當時天下之錯乱名分紛擾之世也朝廷御微力ニシテ其罪紉《マヽ》給フ叓不能遺感《マヽ》豈可不悲泣哉今彼等カ遺物等ヲ見ルニ至リテモ眞ニ奮徵《マヽ》堪ス我々不敏ナリト雖五百歳昔《マヽ》昔ノ世ニ出タランニハ生首引抜ンモノヲト握拳切歯片時モ止叓不能今哉萬事復古舊弊一新之時運區々不臣ノ奴原ノ罪科ヲ正スヘキノ機會也故ニ我々申合先其巨賊ノ大罪ヲ罸シ大義名分ヲ明センガ為メ昨夜等持院ニ有所ノ

尊氏初メ其子孫ノ奴等ノ影像ヲ取出シ首ヲ切リテ是ヲ梟首シ聊散舊來ノ蓄憤者ナリ

亥二月廿三日

大將軍織田公ニ至リ右ノ賊ヲ斷滅ス些愉快ト言ヘシ然ルニ夫ヨリ爾來今ノ世ニ至リ此奸賊ニ猶超過シ候者有其黨許多ニシテ其罪惡足利等ノ右ニ出ス若シ其等之輩舊惡ヲ悔忠節ヲ抽テ鎌倉以來惡弊ヲ掃除シ朝廷ヲ奉補佐テ古昔ニ復シ積罪ヲ購フ所置ナクンハ滿天下ノ有志追々大擧シテ可糺罪科者也

右ハ三日之間サラシ置物也若取捨候者ハ急度可行罪科モノナリ

等持院足利尊氏
院足利義詮
鹿苑院足利義満

正名分之今日ニ當り鎌倉以來之逆臣一々遂吟味可處誅戮之処此三賊
巨魁ゟるニ依て先其醜像ニ加天誅者也

文久三年

癸亥二月廿三日

右三條四條之間之河原ニ晒し有之首之下之札ハ等持院之飾碑《牌カ》ニ而黑塗ニ而金ゟて認有之上をもりごの[illegible]ゟて下ケ有之尤廿三日夕刻取拂相成申候等持院御靈屋番人六人有之を拔身ニ而追拂役僧壹人ニ案内爲致候由等持院ハ御室御所南ニ當足利十三代之像貳百廿四銅ッヽよて望人ハ開帳致し爲拜候由

○京都町觸

當月廿二日夜尊王之名義を假り私意を以横行ゟ及足利三將軍木像之首を拔取梟首いゟし種々雜言を書顯候聞在之者共召捕候畢竟

朝廷官位之重を不憚奉輕蔑

天朝之至宥免難相成猶以吟味之上罪科可所輩ニ候乍去精心正義實ニ

尊

王攘《イニナシ》夷を志候者ハ於

朝廷素より被遊　御満足

幕府ニ而も御採用相成候事ニ候へとも一統ニ急度可申聞事

二月

右之通松平肥後守殿御沙汰ニ付洛中洛外ニ不洩様可相觸者也

二月廿七日拂曉

三條通西洞院北角　七文字屋九兵衛

烏丸三條下北側　北森屋吉兵衛

衣棚二条上ル東側

平田某

右三ヶ所ニ而召取候浪人如左

建部建一郎（イ敬）（イ又原朱以下同）　三輪田綱太郎（イ馬又一ニ作又綱之助）　宮輪田雄太郎（イ重）

諸岡養齋（イ節）（スミ）　長澤眞平（イ岡又崎）（スミ）（イニ誠）　高松十輔（イ岡）（スミ）（イ長之助）

青柳健丸（イニ一郎）（イ藏）（スミ）（イニ毛丸）　仙石左太雄（イ男）　長尾郁太郎

大場恭平

右之内二人ハ祇園新地一力之向ヘニ而召捕候由

一右衣棚二条上ル三和田（マヽ）宅に押懸候節欠ヶ矢大階子ホ持参屋根をめくり這入申候由右之内貳人ハ首ニ致し會津家來翌朝寺町通り丸太町に懸り珠數繋ニいゐし壹人ハもつたふこのせ右首と一所ニ引取尤十七八人程ニ而警固夫々鎗を持セ居申候首ハ同役并其餘寺町通之旅宿之

（原註朱）
異ニ仙石首被
刎高松深手
異ニテ相果
異ニ仙石高松
三輪田諸岡
長沢青柳建
部
右七人因州
大場宮輪田
長尾
右三人會津

分ハ何レも見受申候

○京都來簡

二月廿七日朝七時比士三四人程鎗持参走り松屋卯兵衛邊ニ而皆々拔身ニいゑし同家表雨戸を懸矢ゐて打碎き散々ニ乱入し楷子ニ而屋根に上り瓦をめくり外庭へ雨の降ごとく投入申候処右卯兵衛罷出もし人違ひニ而も無之哉と申聞候へハ何とら申出行苧屋に行申候

三条通西洞院西に入南側

苧屋
息　子（原朱）イニ亭主

并
召仕　四人（原朱）イナシ（原朱）五人ト云

右被召捕

烏丸通り三条下ル所
小室屋
支配人重藏

是もめしとらを候よしまり屋卯兵衛ハ小室屋之隣のよし

一衣棚二条上ル所ニ士二人切殺有之

衣棚二条上ル
松平越後守用達
年寄平田作次郎店ニ罷在候
松平越後守家來
儒者
宮（マ）田幸一郎、
上下貳人
門人貳人
〆四人

右も町奉行所同心案内ニ而會中（津カ）家中召捕候よし

右も所年寄ニ而相尋候書付ありり

二月廿七日

○三月

前大納言殿
一橋中納言殿
越前前中將
松平肥後守
同　相模守
同　阿波守
同　淡路守
同　美濃守
不出　肥前々中將
上杉彈正大弼
土佐前侍從
細川越中守

松平出羽守
同　長門守
佐竹右京大夫
松平安藝守
中川修理大夫
池田信濃守
松平主殿頭
毛利左京亮
松平三河守
伊達伊豫守

〆廿貳人

右二月十八日御參
內有之右ヽ攘夷比合御治定

叡慮不斜右ニ付御一同盡力被成候樣ニ与之御書付

天顏中關白殿御渡御座候由

二月廿七日曉生首三ツ鎗ニ貫或ハ風呂敷包之由外ニ乱髮之男壹人簀釣ニいゐし凡五六十人之士鎗差股ホ持取圍警固いゐし寺町カ三条通東に通行致し候よし右も會津家中浪人を召捕候趣一旦旅宿に引取直ニ町奉行所に差出相成候趣又三条通西洞院邊おゐて浪士召捕騷動のよし是ハ會津薩劦長州一ツ橋尾張入交多人數ニ而浪士五六人捕候趣說

一三条通り西之洞院筋西に入綿屋小平宅に浪士差置候よし此浪士召捕小平井悴番頭とも三人町奉行より召捕候よし候処當日小平番頭ハ御戾し相成候よし

一御裝束師三上越前介申聞候ハ召捕候者都合七ケ所ニ而浪人三人其內衣棚二条上ル町越前介實方隱居所を借請罷在候浪士ヲ百人程之人數ニ而

押懸ヶ屋根抔へあがり戸を破り內に入浪士七人之內壹人ハ二階ニ而切腹いたし壹人ハ深手請貳人召捕二人祇園新地に行候よし而同所ニ而壹人召捕候よし右浪士之者共ハ當時所々ニ而首を切取張紙抔といたし候者のよし右家之內吟味有之候処白鞘の刀壹腰具足一領金子拾七両歌書軍書ハ多分有之手紙類之內正親町殿中山殿其外堂上方所々之名當澤山ニ有之机ニハ赤心報國之者と認有之候由

一切腹いたし候者之首計持行候よし深手之者ハ會津に捕行途中ニ而相果候よし

○二月十七日

禁庭ゟ出候御書付

攘夷之期限大樹上洛之上言上之趣昨夜

敕使に

敕答有之候処方今段々不容易時節差迫候ニ付過日以
御使内々一橋中納言ニ
御尋ニ相成候処別紙之通申上候間一同爲心得爲見被下候事

別紙

大樹上洛滯在日數十日と御治定相成候間二月廿一日出帆ゟ海上復反〔往カ〕風波之障ホ無御座候得とも四月中旬之内攘夷期限と相成申候尤歸著日ゟ廿日御猶豫被下度儀とも先夜も奉申上候通之儀ニ而右日積ニ相成候事

松平容堂
松平肥後守
松平春嶽
一橋中納言

三條西中納言殿

橋本宰相中將殿
野宮宰相中將殿
阿野宰相中將殿
豐岡大藏卿殿
正親町少將殿
姉小路少將殿

二月十七日

○三月二日出京都ゟ之狀
此度英夷船渡來ニ付二月廿七日夜十一大名に
禁中ゟ御暇賜三月二日迄ニ八九人國許に出立相成申候因州侯も晦日夕
方ニ大坂表に御出夫より國許に御歸り相成申候云々

○二月廿八日

御所ゟ左之通

松平相模守

此比英夷攝海江渡來も難計ニ付大坂海軍當分總督之心得を以凡軍政ニ預諸事致差圖候樣猶又手配行屆候上も國元防禦隱《本ノマヽ》岐應接才之儀ニ而可心得且一先致歸國候樣被仰出候事

二月

○異國船渡來ニ付京都東六條東門前ニ相越居被申候大目付岡部駿河守上下三人御目付澤勘七郎上下三人右両人二月廿八日上下共早駕籠ニ而異人應接御用として出立右も渡來之英吉利人御返答之儀ハ三月八日迄ニ三ヶ条共有無御返事之筈ニ相成居申候付夫迄ニ江戸表江歸府之由此義ハ内々御目付杉浦正一郎殿之家來ニ承り申候

○因州侯二月廿九日四ッ半時之供揃ニ而

所司代玄關ニ而申置
春嶽様同斷
一橋様被通候処御登　城留守ニ付直様
尾張前様ニ八ツ時過參上七ツ半時迄滯座家來晝弁當仕候事
有栖川宮様ニ被通手間取
近衞様ニ夕方參上夜五ツ時前迄滯在
三条中納言様夜五ツ前ゟ滯在九ツ時比迄
歸殿九ツ半時ゟり
雨天ニ而家來共難義仕候
晦日出立之処晝前見合ニ成晝比俄ニ被　仰出八時二条
御城ニ
一橋様御登　城ニ付同登　城いゐし夕方乗切ニ而大坂ニ出立

○水戸中納言慶篤卿御上京二月廿九日熱田御泊之処江戸ゟ一日半の早打來りし故江戸に御引返しニ可相成哉之風聞ニ候処御滞留ニ付ゐて御見舞御使御用人佐枝新十郎殿を以御蒸菓子被進之朔日曉ニ至右御伺之趣不及其儀　御上京可被成との御差圖と相見朔日朝六半時赤本陣御發途佐屋路御登り之御先騎岡田新太郎とらいふ人銕砲組三拾挺程袋入御長柄

鎗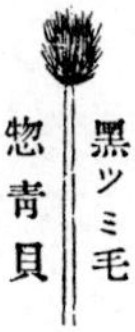黒ツミ毛惣青貝　十筋計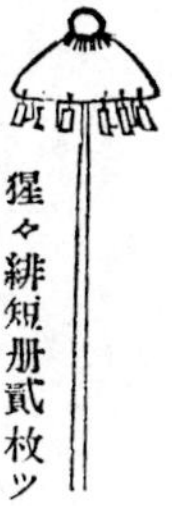猩々緋短冊貳枚ツヽ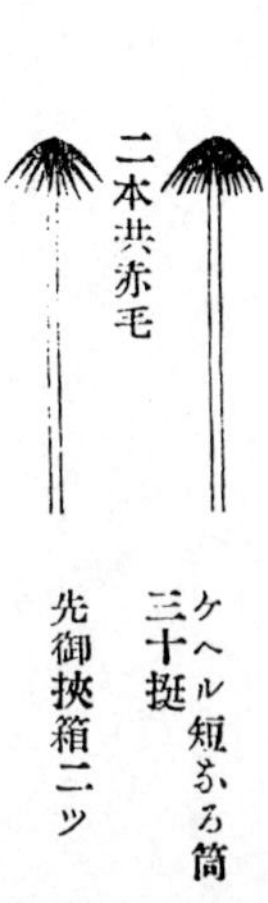二本共赤毛　ケヘル短かる筒三十挺　先御挟箱二ツ

御簑箱壹御同朋歩士　一纏

御先乘三騎　御馬上金表ウルミ色御笠付御野羽織御野襠金芝スリ黒御紋御後乘若年•寄脱カ三騎御持添御道具御跡挟箱二又鉄砲數十挺大押ハ中山備中守殿駕籠ニゐ御供是ハ釣具足鉄砲三拾挺袋入火縄も交りえ由伊達道具一本對箱簑箱持鑓添鑓駕籠之内ニ表白裏紅之端反笠爲持之中間共黒看板已前のとし岡田信濃守釣具足貳本道具駕籠ニゐ両懸戸田銀次郎駕籠ニゐ道具壹本脊負櫃両懸其外ニも興津藏人大場弥右衛門

なといふ荷物ハ見へて其隊ハなし朝とく出立しまや非番方ハ多分七里
渡海せしも有し由惣勢不殘小袴羽織ハ各サイミ紋付御紋付多分有陪臣ハ家の
紋所麻野羽織を著笠ハ菅ハなく塗笠或ハ調練笠之○御番役又ハ郡方郷
士抔之由兵士三十人程も一纒番頭ニ副て歩行ス必鎗壹本ツヽ爲持侍草
履とり躰之者ハ更ニ不見傳馬町旅籠屋ニ遊擊隊何々宿或ハ郡方郷士な
ど云札も見ゆるハ是らの內ゑやあるらん後ニ聞ハ銕砲の員數二百五拾
挺の御達之由なれ共夫程まもミへも尤熱田な江戶へ引返し候者ありし
と聞ユ○荷物ハ惣て人足馬車ニ而足附ハミへぬ○尻籠ハ勿論弓矢更ニ
不見ぬり笠小袴なと都而端出なる模樣の出立之○御轅ゑてもやあらん
外箱桦上包して大造成物十三人持の木札有御參內の御道具ゑや○晦日
ハ御滯留故非番方御城下見物徘徊夥敷新馬場邊へも
御城見物多かりし由　當君の御舍弟樣の內數人御附添來ませし由是も
新馬場へ御徘徊有し由○旅籠人數ハ　上なも多く人馬數も多く抔も云

ひしり誠歟○問屋聞繕の達書面林左衛門林達し　廿七八日の江戸の事を晦日夜中ょ玄れしハいふりしと思ふ内日數經く後聞ハ　御城ょ向ひ銕砲放せしかと云も跡方かた事ニ而町々焼立し事ょも聞へも英人六ッケ敷申出せしハさる事かれと士商ともニ常ニ替ふぬと聞ゆれハ　水戸様御滯留もいりかる事ょや有るむ若くハ早便りの似セ注進みくハあらむや尤解しりふき事ょ去於

○二月英國軍艦ゟ差出候書簡之寫
英國之士官を於生麥殺害いゑし候嶋津三郎幷一類之者共不殘召捕英國立合之上ニ而首級を刎候様致度此度日本政府之御威勢薄くして御所置難被成候ハヽ價金として五十万ポントステルリンク日本三拾五万両ニ當ル政府ゟ鹿兒島ぃ廻り嶋津家ゟ殺害ニ逢候英人妻子養育料として三万ドルラルを請取可申候若相拒候ハヽ戰爭可及候間日本政

府ゟ重キ役壹人檢使として是非共英國軍艦ニ御乘組之儀相願度存候

今十九日より廿日廿四時（此二十四時ハ日本政府之命無之全船將手限り猶豫之由）之間ニ御返答被下度

猶豫刻限（此刻限三月九日ニ當ル）相過候ハヽ、即刻軍艦を廻し大坂始長崎箱館其外之

諸湊ニ至るまて出入之船を奪ひ且江戸表を燒拂ひ候趣是ハ英國之於（旗カ）

章并條約ニ對し日本政府之越度有之候故無據此事件ニ及ひ申候

○三月

諸大名旗本寄合之面々罷出於席々御老中列座左之通演達仕候

此程相達候通英國軍艦渡來申立候趣實以不容易儀ニ候素ゟ御兵備御（マヽ）

實ヽニ而無之御留守中之儀ニ付

還御以後御決答可有之筈ニ候得共寂前申立候趣ニ而有之候間此上應接

之次第ニ寄速ニ開兵端候義無之とも難計自然右樣之時變ニ至候時も

縱令御兵備御手薄御勝算無之候共不得止事盡死力防禦之覺悟可有之

旨此度
御旅館より厚被
仰付越候趣も有之候間尙銘々報國之赤心を不失候樣厚心懸忠節を盡
し候樣可致候事

○三月十一日晩
紀州中納言（茂承）樣熱田驛御止宿（翌十二日御發駕御行列之記佐屋廻り）

御走り之者　　ゲール筒十挺
ケトル《ーカ》筒十挺
玉藥箱
御先騎　阿部榮之進

警衛躰（侍カ）數十人　ゲール筒十二挺

御旗竿二　御具足　同　同　同　同

同斷　同斷

玉薬五荷　御簔箱　御箱　同　同

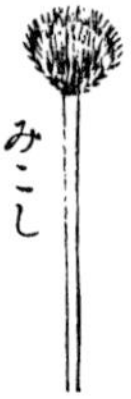

みこし

らしや

御鉄砲十挺　御弓五張　御徒

火縄付　玉薬二荷　矢箱三荷

同斷　御弓五張　御小人

衆之内欲數人　御打物

御刀筒　御同朋　御近習數十人

御刀筒　御同朋　御

御刀筒　御近習數十人

黒ラシヤ

御長柄
御草履取　御茶辨當
御袋笠
御杖

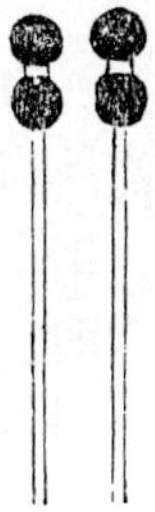

青貝柄

御供鎗數十本　　御駕

御小道具類　數不知　御馬　同　同　同　同　同　同

沓籠　騎士　三浦文左衛門

五荷

同
岡田甚太夫　御醫師　同　御供馬五疋　同勢　御用人喜田三郎左衛門 銕砲三挺

道具貳本　黑ラシヤ袋入 銕砲　同　同　金紋覆

御用人　江川左金吾　御家老　玉藥箱　両掛

ゲール筒三挺　同斷

徒 同　侍 同 同 同　陸尺
尻籠　打物　カラベイン小筒壹挺　鈴木三之右衛門
徒 同　侍 同 同 同　七人

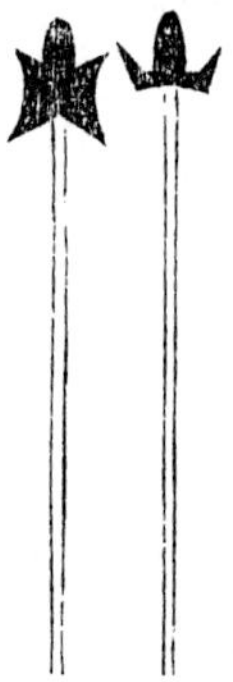

袋笠　箱
立笠　箱　馬　沓籠　供鎗 五本一ちうげ
草履　箱

合羽籠三荷　竹馬三　灯燈《提カ》壹荷　押 押　供駕四挺 引戸

非番方　三郎右衛門嫡子　銕砲ハ五挺
御番頭　鈴木主膳　二本共鎗父ニ同但 花色らしやえ
供連父ト同

㊂附袋入　鉄砲
鉄砲　玉薬　釣具足　同　尻籠　同中結紫　黒袋入鉄砲五挺
鉄砲
黒ラシヤ

同同同同同

玉薬　猩々緋袋入鉄砲五挺　打物　徒

同同同同同

侍同同同　立笠　箱
三浦長門守

長柄　茶辨當
侍同同同同　草履取　箱

供鎗十七本　馬　同　同　沓籠三荷　同勢　供駕數挺

長棒貳挺　家老躰

御年寄列　渡邊半十郎綱在殿

熱田驛御使

御用人　鏡嶋小兵衛鶴正殿

○三月四日　伊勢大神宮に臨時

勅使被　仰付右ハ御攘夷被決定且此節東海に英船來寇ニ仍而爲御祈云

云

(原註)伊勢大納言殿
柳原少將殿
橋本參使
藤波三位殿

附

大樹公四日　御入京之處右

勅使發途故大津宿　御泊寅刻御出立被遊三条通卯中刻比　通御室町通

二条通二条　御城ニ著御于時辰刻過

○三月七日熱田宮ニ從

内俄ニ御祈被

仰付翌日ゟ御祈禱開闢右御敎書

近來外夷追日跋扈深被腦（惱カ）

宸衷將蠻夷拒絕之期限被決定之處此比既英夷之軍艦來横濱請求之旨

趣心（必カ）可開兵端之情態顯然實天下安危在於是時矣庶幾依神明之冥助以

奮起

皇國之勇威國内一和上下齋（齊カ）志攘醜夷于沉海之遠永令絕於覬覦之意念

不汚

神洲不損人民寶祚延長武運悠久御祈一社一同可抽丹誠可令下知于尾

張國熱田宮者依

天氣上啓如件

三月四日　　　　　　左少辨俊政

謹上

左宰相中將殿

（原朱）私謹白橋本宰相殿國事參政職也

○三月八日左之通御觸

禁裏ゟ熱田大宮おゐて今日より十四日まて一七日之間御祈被仰付候付而も御祈中火之元別而入念候樣可致候

右御祈中火葬之儀庄内おゐてハ夜中ニより共遠慮いたし程遠場所ニ而取計候儀も不苦候事

右之通向々ニ可被相觸候

三月八日

○三月九日左之通御觸

公義ゟ出候別紙書付壹通相渡候右書面御軍役兵賦差出方於

御家ニも不被
仰出候得共御家中儉約筋之儀も追々被
仰出候趣有之候付別紙之趣於
御家ニ而同様相心得候様御家中在府在京之輩ニ而可被相觸候

三月

此度御軍役兵賦兼而差出候様被
仰出候上ニも銘々收納高之內ゟ差出候事ニ付家作を初日用之諸雜費相減惣而自己之奢侈致間敷事

一家來共平常間ニ合候程ニ相減下女下者ホ猶更餘計ニ差置申間敷御役相勤候者も仕來ニ不拘懸り役々人數減少致し可申候右ニ付而も諸事格別ニ簡易ニ申合候様可致事

一冠婚喪礼も人事之大礼ニ候得共惣而實意を主とし萬事手輕ニ虛飾無益之費致間敷事

一御役ニ付同役并組支配之もの才寄合候節時刻ニ相成候ハヽ手輕ニ湯漬差出候義も格別酒肴差出候義も勿論譬有合なり共聊馳走ヶ間敷義是迄之仕來ニ不拘急度相止可申事

一轉役被
仰付候節同役傳達之者家來共迄江之贈物前々之仕來ニ不拘一切相止可申且吉凶年始暑寒近親も格別其他も以來贈物相止可申候事

一新規御役被
仰付候節取持之坊主共外江祝儀差遣候儀是迄之半減と可被心得候事

一御役ニ付二季附屆贈物惣而是迄之半減なるへき事

一養子并娵之土產金是迄度々御沙汰有之候得共已來堅不相成右も請候者も贈り候者も於有之も屹度御沙汰之品も可有之事

一妻女衣服之儀も夫々分限ニ應候義ニも候得共兎角奢侈ニ流以之外之儀ニ付以來規式之節縫摸樣著用ニ不及麁抹之品相用ひ平日之衣類才

ハ猶更質素之品著用可爲致事
右之趣万石以下之面々ヘ可被相觸候
　但万石以上之面々にて万石以下ヘ相觸候段爲心得可被達候
　正月

○三月十四日左之通御觸
　井上河内守殿方御城附ヘ被相渡候書付寫
此度神奈川表ヘ英國軍艦渡來重大之事件書簡を以申立來ル八日迄ニ
御決答無之候ハヽ、船將之職掌を盡可申旨申立候右も不容易儀故應接
之模様ニ寄可開兵端て難計候間差圖次第出張之心得を以人數ホ手當
可被致候御固場所之儀も猶相達ニ而可有之候尤
御留守中之儀ニて有之候間猥ニ動搖無之樣末々迄精々可被申付置候
右之趣万石以上之面々ヘ可被相觸候
　三月

右之通相觸候間可存其趣

三月四日

○三月廿六日左之通御觸

大目付伊澤美作守ゟ水野和泉守殿

被申渡候由ニ而御城附ゟ相達候書付寫

攘夷之

詔御奉戴ニ付早々拒絶之應接ニ及ひ外夷承伏不致節も速ニ打拂候樣

被

仰出候間一同厚相心得御國辱不相成樣可被抽忠勤候

右之通万石以上以下之面々ゟ可被相達候

三月

○三月廿六日左の通御觸

公方樣當月七日
御參
內被爲濟候付
大納言樣
前大納言樣ゟ明後廿八日附を以便狀御祝義申上
元千代樣ゟ右同日五半時登
城御祝儀申上筈且衣服服紗麻上下著用之筈候旨

○江戸御勝手御用達石橋榮藏御國住居相願江戸ハ出店ニ致し度旨依之御
爲金七万両献納願候よし其外ニ而三人計此表ゟ引越江戸ハ出店ニ致度
願ひえよし

品川沖ゟ夷國軍鑑（マヽ）數十艘ニ大筒貳百挺ツヽ仕懸參り嶋津三郎一類之大

名を召捕首を打眼前ニ御渡被下度若
公邊之御力ニ不行屆候ハヽ、三拾万両御差出可有之左候ハヽ、直ニ薩摩ニ
駈向ひ詫金三万両爲出右を以先比切殺候夷人之妻子を爲養可申右才之
趣來ル九日迄ニ御返答被下度若御承引無之候ハヽ、速ニ一戰可及旨申立
候付今度ハいつれニ者御討拂之御治定相成九日應接有之其模様ニ而御
打拂之御用意　御家ニ者御(マヽ)　被成前々日被　仰出ニ而
貞愼院様御初御五方様今朝御發駕御登
御臺様者明日甲府へ御披キ大騒動ニ御座候いつれ近日兵端を開き可申
与一同人心地無御座候

三月四日

井伊掃部頭

此度江戸表ニ英國軍艘(マヽ)差向三月八日迄相待御答無之候ハヽ、戰爭可及

旨申立候右も御承引可相成筋ニ無之候間御一戰之御覺悟ニ有之候付
其方横濱ゟ川崎迄之邊御警衞被
仰付早々人數取止〻防禦方粉骨可致旨被　仰出候
下ヶ札　井伊掃部頭家來

○三月十二日著
支配勘定箕浦小源次ゟ同役勝川松三郎に手紙之寫
嶋津三郎入京智恩院宿陣
敢死之士四千人英夷与戰二艘生捕之者召連三艘ハ負て迯去候由薩摩
ハ勿論嶋々迄備相附再歸國も不仕
帝都守護仕度旨　奏聞相成候由誠ニ立派なる事ニ御座候

○三月
御達申上候事

細川越中守様御飛脚

池田万吉殿
大塚辨之助殿

當月八日午上刻
江戸御屋敷出立　早追

右早追御繼立仕候付御用向承り候処當月七日異國船御打拂と御治定
同八日異人共ハ御應接御模様ニ寄
上様還御ニ不抱直様御打拂之由又品ニ寄還御迄御差延之由此度應接
場ても毎と違ひ御城ゟ余程奥の方ハ御取建之由
一右ニ付横濱北之方ハ御固人數凡貳万人程品川邊ゟ東之方凡壹萬人余
何れ茂異人ハ不目立様御固人數出張有之旨
一江戸表町中ハ今度應接之御模様ニ付而も何事差發り候共必騒驚間敷
旨兼々申諭置候様町役之者共ハ茂被　仰渡候旨
一細川様濱手御屋敷ハ兵粮夥敷持運候旨此段右御國表并京地ハ御參著
之面々ハ注進之由聞取申候付此段不取敢御注進申上候以上

三月十日酉上刻　熱田宿問屋 林 林左衛門

御役所

○京便

去ル五日深以

叡慮永御在京被遊候様

前大納言様ニ被

仰出候

御同所様永御在京ニ成候へも大坂町人共如何様之御儀ニ而も御用途

ニ可相立旨申出

帝　両加茂ニ

行幸格別之御祈念ニ付四民之障ニ不相成様ニとの

御沙汰之由春嶽殿去ル朔日越前ニ御發駕之由

三月七日夜著

○三月江戸状

一昨日一文字便ニ申上候英國之軍艦數艘(マヽ)海上斷切日本船通路難成既ニ昨日下知次第軍勢召連出府可致旨關八州之大名ヘ
公邊ゟ御觸有之八日ハ武役之面々築地御固として出張今日夫々具足御貸渡相成申候夷國ハ八日日本ゟ返答次第ニ而手始も江戸幷近國を燒討可致迚大砲之筒先を當地之方ヘ向構へ罷在御家兵粮米ハ築地御藏ゟ當屋敷ヘ今明日中ニ曳屆之筈軍用金として石橋榮藏ゟ爲致調達諸渡金差留相成御年寄衆夜更迄出　殿上を下へと難澁市中之町人才ハ遠國之親類才ヘ迯退キ老若男女之愁傷不大方候

一貞愼院樣御初而御落涙ニ而御發駕誠ニ平家西海ニ迯行御有樣も斯ヤト奉存候御駕籠脇ニ漸小十八兩人ニ而御附添申上女中ハ駕籠なしみく歩行之分多分有之候何れも落涙之次第ニ御座候寂早八日九日ハ江戸中も火原と相成可申哉と當御屋敷内御中間迄足留相成ゝなく／＼歎

息之爲躰中ニも若黨中間ホ暇取歸國之者多く市中ハ强盗夥敷薄氷之上ニ居候心地ニ御座候

一英國之大筒ハ五六里遠方迄打抜城御臺場ぐふひハ速ニ打崩し可申趣ニ付中々日本之火術も敵對難成

公邊御家も御金も少く海上通船不爲致被喰留候而も速ニ兵粮ニ盡キ勝軍ハ無覺束事ニ御座候

一次第ニ中國ㇸ討入可申哉大小名之早打ホ楯の歯を引ら如く大騒動ニ御座候

一今日芝增上寺御位牌類日光ㇸ御取除相成誠ニ存しよふぬ事ニ御座候

一今日諸大名御旗本末々迄惣出仕當

御殿ゟ火事場之如く騒動築地住居之役々も皆々外山ㇸ今晩引越之筈

三月六日

（原朱）京師印行寫

御供奉公卿方

鷹司關白輔熙公 五十七

一條左大臣忠香公 五十二

廣幡大納言忠礼卿 四十

飛鳥井中納言雅典卿 三十九

橋本宰相中將實麗卿 三十五

滋野井左中將實在朝臣 三十八

正親町左少將公董卿 二十五

東久世左少將通禧卿

高辻少納言修長卿

四辻侍從隆經卿

議奏三條中納言實美卿

二條右大臣齊敬公 四十

徳大寺内大臣公純公 四十三

日野大納言資宗卿 四十九

徳大寺中納言實則卿 二十五

清水谷宰相中將公正卿 五十五

油小路左中將隆晃卿

三條西左少將基敬卿

四辻右少將公賀卿 二十四

中山侍從忠光卿

中御門左中辨經之卿

職事 清閑寺頭右中辨實房朝臣 四十二

前著堂上方

傳奏 坊城大納言俊克卿 六十二

冷泉中納言爲理卿 四十

三室戸新二位雄光卿 四十二

石山右兵衞權佐基正朝臣

三室戸新二位雄光卿 四十二

澤　主水正宣嘉

北小路左近將監俊堅

阿野新宰相中將公誠卿 四十六

御武家方

尾張前大納言慶勝卿

水戸中納言慶篤卿

松平修理大夫茂久朝臣

坊城右少辨俊政朝臣 三十八

野宮宰相中將定功卿 四十九

豐岡大藏卿隨資卿 五十

倉橋右（左カ）馬頭秦（泰カ）顯朝臣 二十九

勘解由小路中務權大輔資正

北小路右近將監俊昌

一橋中納言慶喜卿

松平春嶽慶永朝臣

松平陸奥守慶邦朝臣

松平大膳大夫慶親朝臣　細川越中守慶順朝臣
松平相模守慶徳朝臣　松平安藝守茂長朝臣
松平隠岐守勝成朝臣　榊原式部大輔政敬朝臣
上杉彈正大弼齊憲朝臣　松平容堂豊信朝臣
御老中 水野和泉守忠精朝臣　板倉周防守勝成朝臣
小笠原圖書頭長行朝臣
禁裏附 小栗長門守　松平伊賀守
京町奉行 瀧川播磨守具擧　永井主水正

三月十一日加茂下上
行幸官武列
御出門卯刻

水滸全傳

華榮射雁

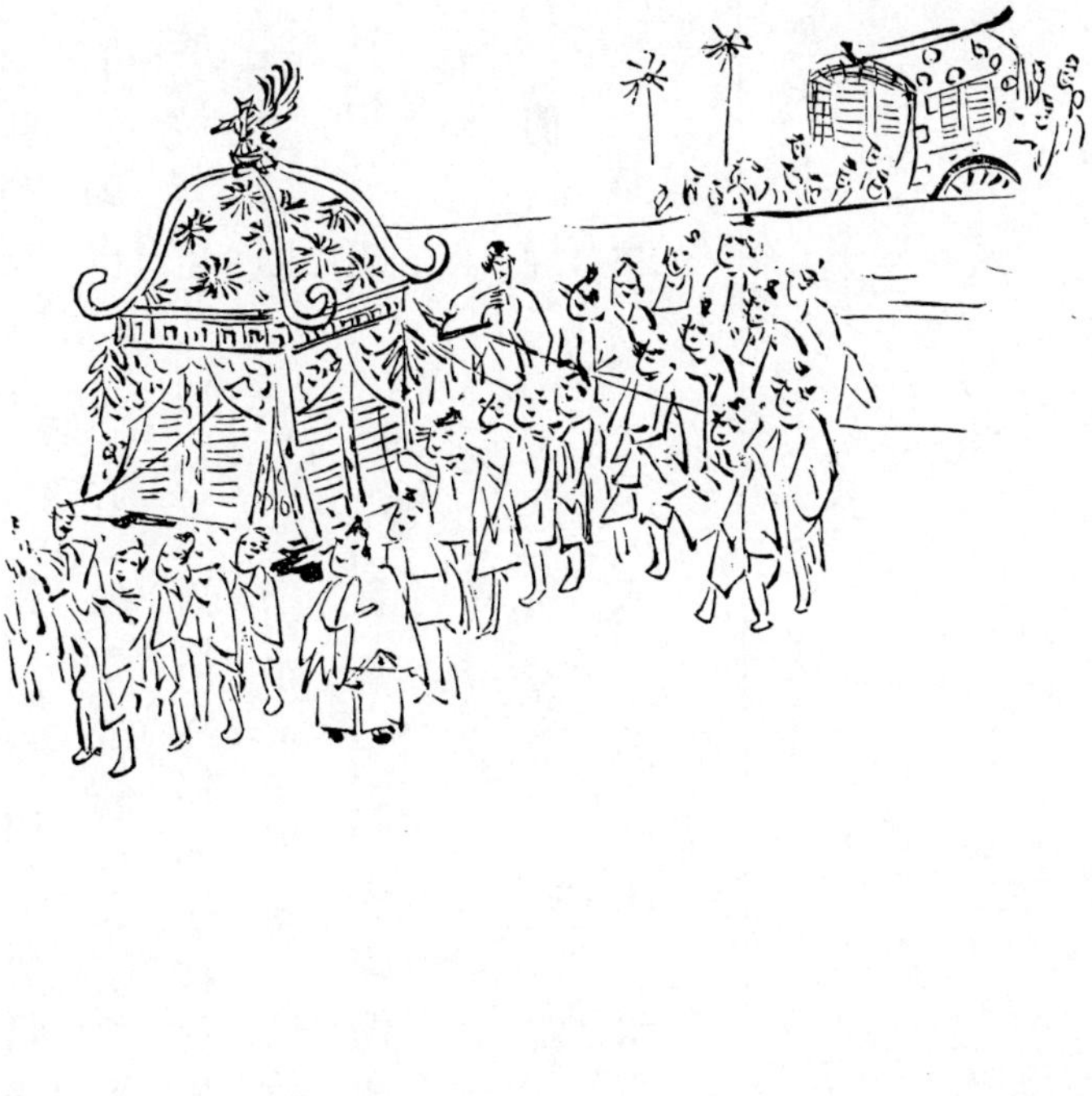

素襖著　衣布　同　白丁舎人

先陣町奉行御附　長刀　松平備前守

素襖著　布衣　同　白丁舎人

布衣　同　布衣　素袍著　退紅木柄　白丁雨具

騎馬　水干居飼　素襖著　退紅傘

布衣　同　布衣　素袍著　退紅沓　白丁床机

素袍　布衣　同　白丁口取　布衣　素袍

先立　宗對馬守　騎馬

素袍　布衣　同　白丁口取　布衣　素袍

退紅沓持　白丁參內傘　白丁手傘　白丁同　白丁押

素袍同同　白丁櫳　布衣馬副同同

小素袍長刀　龜井隱岐守騎馬

素袍同同　白丁櫳　布衣馬副同同

退紅沓持　白丁胡床持

水干舍人　白丁沓籠

退紅沓持　白丁手傘持

上下著 先立　白丁 長刀　佐竹右京大夫 騎馬

布衣 供頭　同 同　馬ノ口　素袍 馬脇士　同

布衣 供頭　同 同　馬ノ口　素袍 馬脇士　同

布衣 用人　退紅 沓持

同 参内傘　白丁 手傘持　白丁 箕 簑カ 箱　白丁 沓箱持　押

布衣 用人　同 草履持

先拂　舎人　沓役　衣紋役　側役

寮御馬　長刀　供頭　松平長門守 騎馬

先拂　舎人　太刀役　衣紋役　側役

馬廻士
馬廻士　沓持　胡床持
居飼　沓籠持
傘役　傘持　手傘持
馬廻士

素袍　素袍　布衣　白丁口取　布衣　同
長刀持白丁　細川越中守騎馬　同
同
素袍　素袍　布衣　白丁口取　布衣　同
同

同　同　參內傘　白丁持人手代共　素袍
同　沓持　白丁持人　笠籠持人
水持　白丁持人　素袍
同　同　柄杪　白丁持人

素袍　布衣　口附　同　素袍　退紅沓持
先立上下著　上杉彈正大弼騎馬　上下著馬役
素袍　布衣　口附　同　素袍　退紅沓持

白丁長柄傘　上下押

素袍　同　同　布衣著　同　同　沓持
長持　白丁口附伊達伊豫守騎馬　手傘持上下著
素袍　同　同　布衣著　同　同　參內傘

素袍著　同　布衣　同　舍人　布衣　同
素袍著薙刀　同　松平相模守騎馬　居飼
素袍著　同　布衣　同　舍人　布衣　同

布衣　素袍　傘　雨具持

沓

布衣　素袍　木柄　床

道具持　素袍　同　素袍　同　（白丁）馬取

傘（白丁）　長刀（素袍）　仙臺中將（騎馬）

道具持　素袍　同　素袍　同　（白丁）馬取

布衣　同　（白丁）手鎗

（退紅）沓持　（白丁）緋　（白丁）沓箱　押

布衣　同　（白丁）添鎗

素袍　布衣　同　白丁口附　布衣　同　同　雨衣

朱傘

白丁打物　阿波中將騎馬

素袍　布衣　同　白丁口附　布衣　同　同　沓持

敷皮

素袍　沓持　笠持上下

素袍

雜色　前拂　退紅持楷

山城國介貞彝隱岐　傘　內藏寮御

雜色　前拂　退紅持楷

藤井伊賀掾　　　　　　　　　雑色
藤井孫慶
衛士　　　御幣櫃一合　史生奥田　正一位下藤原輔里
松井織部
藤井保久　　　　　　　　　　雑色

雑色
左衛門府姉小路　大尉弘隆宿禰　傘　左兵衛府岡田　大尉源知綱
雑色

雑色　　　　　　　雑色
傘　陰陽寮幸徳井　助保源朝臣　傘　内舎人神保　信董
雑色　　　　　　　雑色

雜色　　　雜色　同

傘　辨　中御門左中辨經之朝臣騎馬　　　傘

雜色　　　雜色　同

雜色　舍人

高辻少納言修長朝臣騎馬　傘　公卿　清水谷新右宰相中將騎馬

雜色　舍人

隨身　同　雜色　舍人　雜色　同　同

居飼　傘　德大寺中納言騎馬　居飼　傘

隨身　同　雜色　舍人　雜色　同　同

舍人　雜色　同　同　雜色　同　同
飛鳥井中納言騎馬　居飼　傘　日野新大納言騎馬　居飼　傘
舍人　雜色　同　同　雜色　同　同

舍人　雜色　同　同　右番長
廣幡源大納言騎馬　居飼衛府長　傘
舍人　雜色　同　同　左番長

舍人　馬副　舍人長　近衛　同　同　雜色　同
二條右大臣　傘
舍人　馬副　居飼　近衛　同　同　雜色　同

右近衛　近衛代土山　源武邦　雜色　番長進藤　藤原定明　雜色
左近衛　近衛代田中　平盛忠　雜色　番長進藤　藤原光武　雜色

府生土山ヽ泰武貲　雜色　將曹三澤源爲質　雜色　將監粟津職敬
府生水口身人部清久　雜色　將曹水口身人部清俊　雜色　將監富嶋源元賢

舍人　隨身　右番長　近衛
雜色　御綱少將河鰭公述朝臣騎馬　隨身　右番長　近衛
御綱少將三條西公允朝臣騎馬　隨身　左府生　左番長
雜色　舍人　隨身

舍人　大將騎馬　居飼　馬副　近衛　同　雜色　同
舍人　舍人長　馬副　近衛　同　雜色　同
榻舍人　馬副　大將騎馬　舍人長　近衛　同　同　雜色　同　同
榻舍人　馬副　居飼　近衛　同　同　雜色　同　同

少將　舍人　姉小路公知朝臣　騎馬
随身　随身
中將舍人　櫛笥隆韶朝臣　騎馬
随身　随身

少將　舍人　正親町公董朝臣　騎馬
随身　随身
中將舍人　油小路隆晃朝臣　騎馬
随身　随身

随身　随身
御綱駕輿丁　同　同
御輿長　同　同
舍人　中將　東園基敬朝臣　騎馬

鳳輦
加輿丁五拾余人　御輿長

随身　随身
御綱駕輿丁　同　同
御輿長　同　同
舍人　中將　滋野井實在朝臣　騎馬

随身　同
随身　同
舍人　少將　四辻公賀朝臣　騎馬
随身
随身　島田越前大掾

御綱輿丁　同　同
執翳　殿部代
源雅喬

御綱輿丁　同　同
執翳　殿部代
藤井上野大掾

随身　同
随身　同
舍人　少將　東久世通禧朝臣　騎馬
随身
随身　藤井明憲

御雨皮

吳床　舍人　隨身　同　雜色

吳床　舍人　隨身　同　雜色

右宰相中將（橋本）騎馬

傘

東豎子（水口）紀季明

雜色　同　雜色

雜色　同　雜色

職事（舍人）清閑寺頭右中辨豐房朝臣　騎馬

傘

（舍人）坊城右少辨俊政　騎馬

雜色　同　隨身

雜色　同　隨身

傘

（舍人）北小路極﨟大江俊堅　騎馬

傘

舍人
北小路差次藏
大江俊昌騎馬　　隨身　　傘　　侍臣　　雑色同
舍人
中山侍從
忠光朝臣騎馬　　傘
隨身　　雑色同

舍人
四條侍從
隆詞朝臣騎馬　　雑色同　　雑色
傘御藥陪從
高階
典藥少允經由朝臣　　傘
雑色同　　雑色

典藥寮醫師
伊亘子
陸奥守光順　　雑色　　雑色
傘　　所衆
結城
主税助秀行　　傘
雑色　　雑色

雑色　　雑色

主殿寮（小野）助重安　　傘　　掃部寮（押小路）頭師親　　傘

雑色　　雑色

雑色　　雑色

右兵衛府（時岡）大尉忌部茂承　　傘　　右衛門府（堀川）権大尉治弘　　傘

雑色　　雑色

右府生　右番長　舍人　馬副　　近衛　同　同　雑色　同

關白（騎馬）　居飼　　傘

左府生　左番長　舍人　馬副　　近衛　同　同　雑色　同

先拂　素袍著　同　同　同　平礼　布衣　同　素袍

老中騎馬　傘　沓持

先拂　素袍著　同　同　同　平礼　布衣　同　素袍

右番長　舍人　馬副　同　御側　近衛　同　同

將軍騎馬　居飼

左番長　舍人　馬副　同　若年寄　近衛　同　同

傘持　雜色　同　同　同　下品　雜色　同　同　同　素袍　同　同

雨皮持　列奉行

沓持　雜色　同　同　同　下品　雜色　同　同　同　素袍　同　同

布衣　素袍　同　舍人　馬副

前駈傘白丁　前駈諸大夫騎馬　水戸中納言騎馬

布衣　素袍　同　舍人　馬副

傘持　雜色　同　同　下品　雜色　同　同　素袍　同　同　舍人

居飼

沓持　雜色　同　同　下品　雜色　同　同　素袍　同　同　舍人

馬副　傘持　雜色　下品　雜色　同　同

一橋中納言騎馬　居飼

馬副　沓持　雜色　下品　雜色　同　同

列外雜夫八人

素袍　舎人　雑色　素袍　布衣　素袍

（病氣不出）松平春嶽（騎馬）　傘持　沓持

白丁　白丁　横瀬山城守（騎馬）　傘持　沓持

素袍　舎人　（列外雑夫八人）雑色　素袍　（列外雑夫八人）布衣　素袍

素袍　白丁　白丁　高家（騎馬）　布衣　素袍　傘持　沓持　素袍　白丁　白丁　高家（騎馬）　布衣　素袍　傘持　沓持

素袍　（列外雑夫八人）布衣　素袍　素袍　布衣　素袍

素袍　白丁　白丁　高家（騎馬）　布衣　素袍　傘持　沓持　大目付

素袍　（列外雑夫七人）布衣　素袍

○京都ゟ之状

三月十一日嘉茂（マヽ）ニ
行幸ニ而拜見ニ罷出候処御制止ハ無御座候付不隔五六間を拜伏致し
候
公方様御初諸大名何も衣騎馬ニ而御供奉ニ御座候御供之面々雨天ニ
而難澁之事ニ御座候
御歸りハ夜ニ入御松明ニ而御座候
鳳輦ハ三方御簾懸り居御後ハ黒塗之開之御戸ニ而御屋根六角上ニ鳳
凰之鳥金ニ而御屋根ゟ紅之太キ總下り居申候又々八幡ニ十七日
行幸と申噂御座候今日ハ
公方様御暇之御・〔参脱カ〕
内之筈候処御延引相成申候得共暫く此表ニ
御逗留ニ衣候哉ニ奉存候且兵庫ニ夷船一艘來り候由之処何欲かしニ

打破り水入人皆横死と申説も御座候此義ハ實説ニ候哉分り不申候右
場所ハ長州之固メと申事ニ御座候

三月十二日

○京都ゟ書狀

去ル七日

將軍樣御參　内拜見ニ罷出候処定而群集ニ而中々拜見も行屆まじ
と奉存候処示マヽ々と拜見仕候御途中行列左ニ申上候
御先騎町奉行騎馬同心與力二行騎馬一疋御徒小十人二行百五十人計講武所
詰兵力四五十人二行御裝束と相見大和錦覆釣物御刀天鵞袋入御同朋両人御
先立三人程御駕籠講武所廿人程二行御對箱御道具四本御家御道具之通四本虎皮投鞘
本⌂——黒羅紗次ニ水野脇坂小笠原乘輿御同勢暫ク過一橋樣御
乘輿
御道筋堀川通北ゟ中立賣筋同御門御召替所ゟ被爲　入九ツ時過　御

參內相成夜四ッ半時比　御退出夫ゟ五攝家方御廻り九ッ時比二条に
歸御
一一昨八日朝東大谷上り段祇園南門邊ニ士壹人右西之方くふがり町ニ
一人祇園北之町ニ貳人一人割腹都合五人右も水戸藩同士打之由相聞
中候

三月

○京地新聞　御城事《マヽ》出之三月十三日ゟ十六日迄
一下加茂社　行幸　供奉無御滯被爲濟候由
一小笠原圖書頭殿昨夜淀川通大坂に被相越今十四日同所出帆英國人に
爲應接江戶表に被相越
一公方樣御在京十ヶ日ㄙるへき旨被　仰出有之候処從
御所御沙汰之趣在有之暫御滯京
御發駕御日限も追而可被　仰出由

一三月十五日月次御礼も無之松平修理大夫家来小松帯刀登　城一橋様
水野和泉守殿板倉周防守殿御逢有之　水戸様ニハ日々御登　城御用
談有之由

一三月十六日　紀州様御京著之筈候由

○江戸新聞三月十四日十五日之噂

一知行所程遠之面々ハ追而替地可被下置候へ共土著之御仕法ニ付而も
只今ゟ妻子ホ知行所抔へ指遣置度輩ハ願次第御許可被下旨

一五百石以上ハ騎兵五百石已下ハ歩兵たるへき旨被　仰出其内連々困
窮ニ而馬飼之儀難澀ニ而千石以下之輩ハ願次第當分歩兵ニ而可被差
置旨且騎歩兵世話役頭取ハ四百俵高並役も三百俵高之被　仰出有之候
由

一奥平大膳大夫戸田釆女正三番頭壹人組共ツヽ〆三人御目付御使番等京都

ニ為御用急ニ被差遣候条可致用意旨被　仰翌日御暇時服金銀才拜領
物有之由
一大納言様十五日御登　城松平豊前守殿井上河内守殿御逢年寄衆并其
外役々罷出御逢御用相濟ゐ御退散被遊候由
一アメリカより御買上相成候軍艦船名神力丸尾州ニ御登らセ海上通船
方御達有之候処浦賀御番所おゐて改無之節々月番之老中ニ相屆へき
旨去年被　仰出候通覺書を以御差圖有之御船印

尾（原朱）

白地
文字朱

異ニ
横濱湊ニ有之候アメリカ國軍艦壹艘此度尾張殿ニ被買上品川沖ニ乗
込置候付ゐハ船名神力丸と相定船中据付拾貳本ト筒貳挺九本ト筒貳

挺スールル四挺ヒストル三挺鈲四挺鎗四本有之船印雛形別紙之通御座
候浦賀御番所差支無之樣致度

白地文字朱

○横濱風聞書

今般横濱ニ爲御用相越候付彼地見分之次第荒方奉申上候
一去ル十七日横濱中御觸之趣ニ而も今般英國軍艦渡來中立候趣ホ不容
易付而も應接之模樣ニ寄兵端を開き戰爭ニ可及義も可有之候間銘
々妻子老人等夫々身寄之方ニ立退せ候樣可致旨被　仰出候
右之通被　仰出候間於横濱外國方御役人其外市中之者不殘俄ニ家財
雜具持運ひ妻子老人ホ引連近在身寄之方ニ立披纔十八日十九日兩日
之内横濱中過半立退其混雜大形ならず跡之家々ハ皆々空家と相成ケ

樣之中をも不構異人共竪横十文字馬ニ而乘廻し候次第傍若無人之振舞いたし候間往來之者共皆恐をなし候得共致方無御座候乍併此節柄之儀ニ付外國懸り役人衆初町之者ニ至迄ミな剛氣ニ相成候故欲異人共に對し何とかく言葉荒々敷相成聊間違ポ有之節ハ棒抔持出し散々ニ打擲致し候故此節ハ異人之方ニ而ハ少々僻易之姿ニ相見申候既ニ比日茂佛蘭西に至る下官之者ニ候へ共失礼を働き候故貳人召捕候由風聞仕候

一此節柄之儀ニ付外國人共も諸道具類不殘自分々々船々に持運ひ候樣子ニ相見申候

一外國人共平常召仕ひ候ポイと相唱候小人中間類ポ馬口取共殘らず暇差遣申候由且ラシヤメンなと相唱候妾も矢張暇差遣申候

一此節横濱御固之大名衆

井伊掃部頭殿

酒井雅樂頭殿

眞田信濃守殿

堀田鴻之丞殿

〆四人出張堀田人數ハ本村と申所ニ三百人程出張之由眞田人數ハ太田村と申所へ四百人程家老玉川左門爲陣代出張仕候井伊酒井両家未出張不仕固場所見分之役人計相越申候

一一昨日も承り候へハ今日迄神奈川奉行淺野伊賀守殿イキリス人應接有之候処當廿三日之應接ハ無之由先々當分之内御指延相成候由多分三十日程迄日延ニ相成候由專風聞仕候

右ニ付横濱市中之者又々元地ニ引返し荷物運び再度住居之躰ニ御座候乍併今以出荷物之方多分ニ御座候

一此節横濱沖外國船ハアメリカイキリスフランスヲランタ南京ホルトカル惣〆貳拾五六艘も相見申候既ニ昨日も朝之内フランス船おゐて

大砲四五十發打もかし申候
一外國人共横濱中夜分横行致し所々ニ而鉄砲打放尤空砲ニ御座候比日
　茂夜分石屋を壹人打留申候
一神奈川宿も横濱同様之御觸出候間家財雜具取片付候間往來之旅人ホ
　止宿難澁致し候様子ニ御座候當驛ニ茂松平隱岐守殿固人數旅籠屋ニ
　余程止宿仕候由御座候
一比日中横濱沖合外國・〔船脱カ〕三十四艘程碇泊致居候由ニ候へ共追々出帆此節
　ハ廿五六艘相見申候兩三日以前ゟ交易ハ一向相止申候由
一各國コンシユル館或ハ商館ホ之諸色雜具類并婦人ホ一切居不申皆船
　々ニ立退候様子ニ相見申候
一横濱沖合おゐく弥兵端を開らき候節ハ彼地市中之者共披キ場所程ケ
　谷在ニ御救小屋出來此節専普請中ニ御座候由
一品川川崎神奈川宿々此節諸大名方長持且馬荷或ハ家中之引越ホニ而

甚混雑仕候
先大方右之通見聞仕候間奉申上候
三月廿一日
右人別役加藤三十郎相越見聞之趣ニ御座候寫入御覧申候事
三月廿一日夜四ッ半過寫申候
○三月十四日左之通御觸
非上河内守殿ゟ御城附に
被相渡候書付寫
此表〔度カ〕神奈川表に英國軍艦數艘渡來重大之事件書簡を以申立來ル八日
迄ニ御決答無之候ハヽ船將之職掌を盡可申旨申立候右も不容易儀故
應接之模樣ニ寄可開兵端も難計候間差圖次第出張之心得を以人數才
手當可被致候御固場所之儀も猶相達ニ而可有之候尤
御留守中之儀ニ茂有之候間猥ニ動搖無之樣末々迄精々可被申付置候

右之趣万石以上之面々ニ可被相觸候

三月

右之通相觸候間可存其趣候

○三月

今般薩摩沖ニ異國船拾三艘渡來及合戰候由右敵之方ゟ黒キ玉打出候処其玉忽チ碎ケ黒雲と變し眞黒闇ニ相成其所ニ附込大砲打込候内天守ホ打崩し一圓の闇の如く相成敵と戰ひ候義不行屆敵大小銕砲數多打出し候而身方の兵五六百人程致損亡候付如何成へし哉と身方十方ニ呉只一身《心カ》よ神佛を念し血戰之処海中ゟ光明相輝今迄闇夜と見へしら忽海上白日之如く一天ニ塵もなく其時ニ身方神力の難有事を感し勇氣十倍と成異船ニ乘込五千人程打捕右之内五百人程召捕之内大將分三人并五百人程の片耳を切取鹽漬ニ致し昨十四日嶋津三郎同主殿上京ニ付持參之由右拾三艘之内壹艘ハ大砲放多勢ニ而高見《マ》ニ打上貳

艘ハ薩摩ニ討取相成拾艘ハ何方ニ欤逃去候よし誠
神國之ふも所難有事共薩州之人ニ具ニ承り候儘入御覽申候
出現之神ハ　住吉大明神と申事ニ而　敕使相立候由
三月

○三月京都ゟ之書狀
公方樣御參
內非十一日
加茂ニ
行幸ホ拜見仕候右も眞敢初初ニ
禁裡附武家兩人小栗長門守松平伊賀守裝束ニ而騎馬なり夫々鐙もあり暫有て諸大名同
樣騎馬馬先ニ長刀あり鐙ハなし少々間を隔て公卿二条樣も騎馬之
鳳輦又公卿衆關白樣御なし其跡ハ
公方樣水戸樣一橋樣何れも騎馬御馬先御長刀爲御持御同朋ハなし次ニ　公方樣御挾箱

御鎗五本御引馬御懐《轅カ》なし両方ハ都てなり
一有栖川宮御先に御出なり
一下加茂社の入口々々ニ柱建あり
　今月十一日依行幸制止僧尼汚穢之《之カ》
一右村々入口ニハ今月十一日行幸有之候付僧尼ハ衣を脱キ頭巾を冠り
　候様制札あり

恭惟兵ハ和を以要と爲と承り候得共膺懲之事君臣一和なふではハ難行届
奉存候君臣御一和相成候得ハ人々歸嚮を知り申候如此なふハ則普天率
土一和せさる事なし而后攘夷之事初而被行可申奉存候去る者ハ日々ニ
疎シ來る者ハ日親むの習ひ
大樹十日之在京直様東下ニ相成候得ハ誠實御一和の猶豫恐ふくハ有之
間敷百有余里の御遠別御間隔の生る必然之道理ニ奉存候然ル上ハ天下

之勢不可救之場ニ及ひ候半歟微臣病中日夜不安寢食處ニ御座候仰キ願
くハ大樹ニ被命御一和御整四海歸一之場ニ相運ひ候よくハ
輦下ニ滯在有之樣仕度味死伏而願所ニ御座候且又攘夷之儀ハ兼而之期
限之通人を差遣しく可被行候壽永之乱を賴朝鎌倉ニ在なからも範頼義經
をしく平氏を平らしむ此一節を以も將軍自ら趣《赴カ》候ニ不及事顯然ニ奉存
候此段奉言上度乍恐如此御座候誠恐誠惶頓首敬白

三月　　　　　　　　　　御名

○三月十五日出京狀

扨十日別紙之通御書付出申候処加茂　行幸　還御後御聞濟相成候由
ニ而翌十二日早朝關白樣ゟ　御沙汰相成當　御殿殊成御悅ひニ而御
心《恐カ》悅ニ犬山侯初御酒肴ホ被下置右ニ是迄春嶽侯ニ押を何とかく御欝
氣夫故ニ為候哉御不例之処右御書付出且亦幕吏奔走大キニ替り昨日
も板倉殿御退出ゟ七ッ時比參上相成御直談ニ而五ッ時比迄夫ゟ御料

理出五ッ半時比御歸相成申候大キニ御家聲振立參り大慶至極併
御歸國之目當さ川ハり不相知樣相成申候

英夷渡來關東之事情切迫ニ付防禦之爲メ大樹歸府之儀尤之譯柄ニ候
得共京都并近海之守備警衛之策略大樹自ら指揮可有之候且攘夷決戰
之折柄君臣一和ニ無之候而も不相叶之処大樹關東ニ歸府東西相離候
而も君臣之際情意不相通自然間隔之姿ニ相成天下之形勢不可救之場
ニ可至申候當節大樹歸城之儀ハ於
叡慮不被安候間滯京有之守衛之計略厚被相運奉安
宸襟候樣
思召候英夷應接之儀も浪花港に相廻シ拒絕談判可有之開兵端候節も
大樹自ら出張主事被指揮候間
皇國之元氣挽回之機會ニ可有之

思召候關東防禦之儀ハ可然人材相撰被申付候様
御沙汰之支

一昨日島津三郎入京直ニ　近衞様に相越申候處ニ大同勢之由夷人も壹
人召連罷出候由之風聞ニ御座候

○大名旅館之覺

本國寺　水戸中納言様
東本願寺　一橋中納言様
近衞様河原御殿　尾張前大納言様
建仁寺　加賀
南禪寺中　阿州
妙心寺　仙臺
黑谷　會津

妙蓮寺
嵯峨天龍寺
北野松梅院
大德寺內龍光院
自屋敷之內之由
東本願寺學寮
永觀堂
清水寺
智恩院
大德寺內玉林院
南禪寺本坊
御室仁和寺內尊壽院
妙心寺中大通院

作州
長州嫡子
因州
大黒田
藤堂
越前
明石
上杉
薩摩
有馬
細川
佐竹
土州

佛光寺門跡

龍安寺

下寺町大雲寺

二条御城前自屋敷

下寺町淨敎寺隱居

眞如堂

下寺町自屋敷

大德寺中黃梅院

大德寺中□院

繩手養福寺

寺町本滿寺

初等持寺後
三本木屋敷新規出來引移

東本願寺學寮

安藤

溝口

島津淡路守

松平春嶽

伊達伊豫守

松平閑叟

松平容堂

毛利淡路守

毛利左京亮

毛利讚岐守

姬路

中川

伊達遠江守

高臺寺　　龜井
上寺町大念寺　　加藤出羽守
妙心寺中天珠院　　池田信濃守
新町通押小路上ル町　　松平主殿頭
大泉口万口寺通西洞院東ヘ入　　秋月マヽ
下寺町眞長寺　　松浦越前守
御靈上三条上ル　　毛利伊勢守
岡崎御坊東六條出張岡崎村ニアリ黒谷南トナリ　　南部美作守
因幡藥師　　榊原
五条通本覺寺　　伊豫松山

右之通

○三月三日京發途

伊勢ヘ

勅使

従三位柳原宰相光愛卿

外ニ一人

右も格別之御祈之由承申候

○三月

老中列座水野和泉守

紀州様御家老江被相渡候書付

佐野伊左衛門儀海岸防禦筋之儀盡忠誠之段

御沙汰之趣茂有之候付諸大夫被

仰付候此段可被申上候

二月

○三月廿三日

一公方様今曉丑下刻

還御被遊候御供周防守圖書頭田沼玄蕃頭稻葉兵部少輔
御留守和泉守
一一橋樣右
御參
內之節御供奉被成候

三月廿三日
大目付伊澤美作守ゟ和泉守殿
被申渡候ニ而相觸書付
御參
內被遊候処再應
御所ゟ被
仰出候趣茂有之候ニ付今廿三日當地

御發駕御延引被
仰出候　御先ニ出立之面々一先上京候樣可致候
右之通向々ニ可被達候事
三月廿三日

御家ゟ
公邊ニ御達被成候書付
今度英夷於浪華港應接可被成旨ホ被
仰出候就夫
神宮ホ御守衞筋之儀被相心得候樣兼而被仰出候趣御座候儀ニ付伊勢
兩宮并儀部
太神宮爲守護右地ニ人數被差向ニ而可有御座候依之被申達候
三月

○三月廿六日左之通御觸

大目付伊澤美作守ゟ水野和泉守殿被申渡候由ニ而御城附ゟ相達候書付寫

攘夷之

詔御奉戴ニ付早々拒絶之應接ニ及ひ外夷承服不致節ハ速ニ打拂候樣

被

仰出候間一同厚相心得御國辱不相成樣可被抽忠勤候

右之通万石以上以下之面々ゟ可被相達候

三月

此程相達候通英國軍艦渡來申立候趣實以不容易儀ニ候素ゟ御兵備御充實ニ而無之殊ニ御留守中之儀ニ付還御以後御決答可有之筈ニ候得共取前申立候趣も有之候間此上應接之次第ニ寄速ニ開兵端候義無之とハ難計自然右樣之時變ニ至候時ハ仮令御兵備御手薄御勝筭無之候とも不得

止儀盡死力防戰之覺悟ニ而可有之旨此度
御旅館ゟ厚被
仰付越候趣ニ而有之候間尙銘々報國之赤心を不失樣厚心懸忠節を盡し候
樣可被致候事

三月

萬石以下之面々追而土著をも可被
仰付ニ付而ハ當節ゟ家族共近國之知行所ゟは差遣候義御許相成候仍而
ハ關所之通方之儀先々之通御留守居手形を以相通候義ニ候得共此節柄
俄ニ發足ゟ之節手數も相懸り自然不都合も可生候間主人印帋ニ人數高
相認小女髮切尼鋏漿附ゟ之無差別自分斷を以通行候樣可被致候尤此度
限之事候条可被得其意候

三月十五日

水戸中納言殿

○三月廿四日

公方様御滯京之儀御請被遊候付而も爲關東御守衞御下向被成候樣被仰出候間早々御出府防禦筋手厚御心得自然英夷開兵端候節盡力決戰有之樣御沙汰之趣被仰出之

右ニ付廿五日京都御發駕東海道御旅行之旨御達有之

○三月廿五日

松平春嶽儀御政事總裁職御免相願候処

御許容ハ無之候処勝手ニ當地發足いたし出立後其段相屆且引戻之儀
相達候処殘居候家來相支其儘歸國之段如何之事ニ候
叡慮を以總裁職被
仰付既ニ
御免願達
叡聞
御聞屆無之内前書之始末對
朝庭（廷カ）別而不束ニ付急度も可被
仰付処是迄出情相勤候付出格之
御宥免を以總裁職
御免逼塞被
仰付候
右三月廿五日於二条

御城被
仰出候旨

癸亥 東西紀聞

三

○江戸ゟ書狀之書拔

三月六日惣登

城有之彌八日打拂ト相成候付市中騷立候處廿三日まて御日延之風聞之

處町方ハ十三日夜自身番ニ而借屋之者銘々銘々立開らきの在所國所名

前書出可申旨町奉行所ゟ被　仰渡候由ニ而立開場無之分ハ無之旨申出

候樣ことの事若開らき場無之候ハヽ御慈悲小屋ゟ立開可申旨云々尤女子ハ家内ニ差置申間敷男之分

ハ可殘居旨御觸ニ付銘々家内諸色九分通負□在方親類□方へ

賴遣し申候武家も右同樣ニ而私方ハ片付不申候得共立開場所も伊藤十

藏姉智之弟武州サクジ村三寶院ニ住職罷在江戸ゟ四里程西之方ニ付是

ゟ賴置鉄炮之音聞へ次第右寺へ立退可申筈ニ賴遣置候其節ニ至候而も

諸色ハ其儘捨置立退可申心組ニ而罷在申候

近邊御家中共大方諸色ハ青山御下屋敷ゟ送り釜鍋之内壹ツ夜具計殘置

外も皆々送り申候

○三月　　薩摩侯伺書

今般神奈川沖ニ英國軍艦渡來重大之事件申立候条全同姓三郎ゟ事起候趣申談無之右三郎英國ニ相渡申度併尋常ニ取計候義も殘念之儀御座候間何卒一戰之上相渡申度此段如何樣共御指圖被下置候樣仕度奉伺候以上

三月

○文久二壬戌年閏八月

長州侯建白并賜答

此度越前惣裁職上京猶豫之儀ニ付從關東來書之末至當之事ハ御請可仕時勢難被行儀も御斷可申上との意味如何被成御斟酌候哉追々被仰出候外夷拒絶之次第相係り候事ニ候得も叡慮之旨を何とく窺定候文意ニ可有之哉勿論至當之御事口中迄ゟ無之

候得共御請ニ可相成哉とハ奉存候得共万一時勢難被行との御含共ニ
而候得も
叡慮遵奉之實事不相立候天下之大事を所置仕候ニハ時ョ因り勢ニ随
ひ候樣ニ而も御自《目カ》途も相立不申況凌遅《陵夷カ》之國脉被成御維持候ニハ義を
以勢を制もるの御主意ニ而御所置無之候而も竟ニ因循姑息等ニ陷り
可申候間其後屹度御答被
仰遣度尤總裁職上京之儀も新政當分之事ニ候得ハ猶豫之儀
御聞濟相成候而可然哉と奉存候
一青蓮院宮樣御事御方外之御身分ニハ被爲在候得共當時勢之事ニ付
朝議ニ被成御置脉候樣早々
勅命被
仰出度奉存候殿下を初奉り御慰之樣御手揃之御事ニハ候得共戊午以
來正議御持續ニ而此度御愼解御再任ニ相成候程之事ニ候得も日々

御參
內被爲在候口〔様カ〕幾重ニ而奉願候
叡慮之御決定ハ戊午以來聊不被成御動候處上ハ
神宮之神慮を被爲伺下ハ諸侯之赤心を被
聞召度との
御深衷をハ不奉察破約攘夷之御國是ニ未御疑も被爲在候欤と恐多く
而是迄
勅文ニ泥ミ自己之見立主張せしめ候向而有之哉ニ候得共大膳大夫父
子ニおゐてハ追々被　仰遣候
勅諚幷　御沙汰之御旨全以破約攘夷之　震〔宸カ〕行と奉窺
皇國御持堅之御了〔畏カ〕策此外ニ有間敷と考定先達而奉伺候二事六ヶ条之
外方今
官武之間ニおいて周旋可仕事件ハ數多有之候得共幕政も漸改新賞罰

黜陟も被行候事ニ付肝要御國是
叡慮通速ニ決定致し外夷振慄國内警悈（械カ）之御所置第一御急務□　官武
御合躰之大眼目ニ付此度長門守關東おゐく□の周旋方兩通
勅諚之外□条之内第一ヶ条を抽き張一々可申上候
叡慮御決定之旨を精々申解盡力之上猶後　官武御合躰之大眼目難決
定儀ニ候へハ無致方歸路及
奏聞此餘之
宸行を奉待猶愚迷之獻言をも可申上と奉存候五ヶ年及　官武御實議
之趣振底明著最早列藩中決而
勅文ニ泥ミ候（マヽ）候儀も有之間敷ニ付今更不及念議斷然獨立ニ而盡力乍
不及
皇國正氣御維持之寸補をも仕度父子決心罷在候

閏八月　松平大膳大夫

松平長門守

右ニ付長州侯ニ賜る所之
御沙汰書
先年以來被　仰出候攘夷之儀
叡慮御決定之趣御良策此他ニ出間敷ニ付斷然獨立可有盡力決心之旨
言上先以
叡慮御□深以御感悦之御事候何卒抽丹誠周旋有之幕府を初万人一
和一致ニ而
神州之ためめ盡精力早ク蠻夷拒絕決定候樣幕吏と懸合之都合相成候樣
被遊度
叡願被爲在候此段可申達
御沙汰被爲在候事
壬八月

○三月十九日朝於京地　大目付ゟ
攘夷之
詔
御奉戴ニ付早々拒絶之應接ニおよひ外夷承伏不致候節も速ニ打拂候
様被
仰出候間一同厚相心得御國辱不相成様可被抽忠勤候
右之通万石以上之面々ゟ可被達候
三月

○三月廿一日二條御城於大廣敷國主方ゟ被仰渡候書付
大樹帰府之事段々以
勅諭被
召止候事先日

御沙汰被爲在候通將軍職万端指揮於被致ゟ　御安心ニ候事　事ニ
仍候ハヽ
御親征ニ而被爲遊度程之
思召候事
三月
畏御請奉申上候
御諱

○三月廿三日被
仰出
大樹帰府之儀再應被相願候得共帰府有之候而ゟ如何樣之變事出來ニ而
難計左候得ゟ實以一大事之儀故被惱
宸襟候間天下之爲且ハ徳川家之爲をも深被　思召候儀□暫滯京有

之攘夷基本相立
叡旨御貫徹人心安堵之場合ニ至候而奉安
宸襟候樣周旋可有之
御沙汰ニ候事

○因州侯京都ゟ御呼戻しニ付三月八日大坂より京ゟ着同十六日又々御暇
被下國元ゟ被歸

○三月廿三日
水戸殿ゟ傳奏衆ゟ御達之御書
大樹滯京之儀御請相成候ニ付而も爲關東守衞下向被　仰付候付早々
出府防禦筋手厚相心得自然英夷開兵端候節盡力決戰有之候樣
御沙汰之事

右ニ付京都同廿五日　御發馬有之四月十一日江戸ニ御下着

○三月廿七日島津三郎達書

今般私儀奉蒙

御内命上京

輦下之形勢詳ニ観察仕候處

皇國之危急旦夕ニ迫候趣顯然ニ相見候得共愚魯之身をも不顧

公武之重儀も存慮十分獻言仕候得共御採用相成候御模様無之慷慨歎

息之外無之候付而も無用之者長々滯京仕候而も却而

公武之御爲不相成譏紛之沸騰仕終ニハ

御目前おゐて騒乱を生し候も案中と奉存候且攘夷御決議之上本國之

儀三面海岸寸地も醜虜ニ掠奪不被致候様防戰之用意嚴重不申付候而

も

御國威奉敗候場ニ相當り別ニ恐入奉存候間不得止事明日發足仕候急速之儀御疑茂可有之候得共右申上候外所存無之候間是等之趣御聞取被成下度相願候

三月廿七日　　　　島津三郎

○三月　江戸ゟ來狀之寫

晦日　御着後動氣未納諸役繁勤日夜混雜之處江俄ニ御地ゟ一文字着之趣ニ而　御方々樣明後四日當地御立之旨被　仰出誠ニ日夜殿中震動仕上下十方ニ暮申候とハ此事ニ候扨今四日　元千代樣奉始　御七方樣御立被遊候市ヶ谷　御五方樣晝八ッ時壹寸廻り御立夫ゟ戸山御殿江被爲入　前御簾中樣時千代樣御同道八ッ時過惣出御ニ而木曾路十八日振御旅行之筈都而御近親樣□御暇乞も更ニ不被爲　在候一昨朝一文字着ゟ斯ル御事起り能御用意之出來候事と奉

存候御廣敷ニ而女中駕一昨日御買上百五十挺山之手ニハ更ニ無御座下
タ町邊ニも御間ニ合兼漸今朝迄ニ揃ひ申候由女中之内輕キ所或ハ下女
俄ニ御暇願出候由大奥之混乱實ニ筆紙ニ難盡趣ニ御座候今日ハ
上御登城御手間取　歸御無御座已前
御留守ニ御立ち成申候嗚呼三月四日夕六時認
一書曰　御方々樣御一同御立ニ候處　常丸樣時千代樣　靜姬樣ニハ御
幼年故女中向御相駕ニ而十三日振御旅行十六日御著之筈右ニ付奥向井
御廣敷懸表向御供之輩人少ニ而御差支ニ候へ共仕マヽ等ニ而マヽ雲ニ出立
皆々驚動取物も不取敢尤旅裝不整して御供相勤申候誠ニ前代未聞之御
事御座候
一書曰
御簾中樣比日中暫御不例近日御快故御發輿之旨且十三日振被爲入　御
子樣方ハ　新御殿ゟ御入之御調之由

一書曰　市ヶ谷女中向不殘十三日迄ニ引拂此表ゟ爲御指登就　御參府御供女中向ゟ不殘直ニ爲御指登相成候御廣敷一圓明尤御廣敷勤役向ゟ御供等ニ而罷登更ニ御廣敷ハ被癈候仍跡御締り御目付封印ニ成筈御供女中輕キ分駕無之之摸合ニ爲持替ル〳〵參り候筈山路長途故歩行難澁故十八日振御登相成候凡六百人計之女中人數ニ候右之通ニ候得も男子御供ハ猶更駕無之歩行御供ニ候

御休泊割

御泊　　　　　御晝

四日　五里　蕨　　　板橋
五日　五里半　鴻巣　　大宮
六日　九里廿二丁　本庄　　熊谷
　　　　　　　　倉ヶ野

七日 十里六丁 松井田
八日 五里十四丁半 輕井澤
九日 六里十丁半 八幡
十日 五里廿丁 和田
十一日 八里十六丁 塩
十二日 四里三丁半 熱川
十三日 三里半 藪原
十四日 三里半 福島
十五日 五里九丁半 須原
十六日 五里五丁廿 妻籠
十七日 四里五丁 中津川
十八日 六里 大湫
十九日 五里半 伏見

坂本
小田井
長窪
下諏訪
本山
奈良井
宮越
上松
三留野 十五日一日山村甚兵衛屋敷御逗留之儀俄ニ被仰出十六日右屋敷御立御泊割之義ハ本文之如く之由御旅館より申來ル
馬籠
大井
御嵩

廿日七里　小牧　善師野

廿一日三里八丁　御着

以上

元千代様御始御登御行列

「原御登板橋迄

御使之者　同　同「朱」　同心　同心　玉薬箱壹荷

同心　右同

御鉄炮十挺

右同

「原名古屋町中在方」町奉行同心

御勘定奉行同心

道奉行　御小人目付「朱」

御先騎御先手物頭壹人　御具足　壹荷　御具足差添小十人組壹人

村方先拂　城主領主ゟ出候先拂　陣屋手代　御尻籠壹艘

右同　右同先拂　右同

見越御鎗壹筋　十文字御鎗壹筋　御鍵鑓壹筋

御挾箱壹走　御簑箱壹ッ　御小人組頭壹人　小使之者　右同

御長刀壹振

小十人組　同　御刀筒小十人組
小十人組　同　御刀筒小十人組

組頭代
新御番壹人（新御番組頭 小十人組与頭）之内一人

新御番　右同

御同朋

御廣敷番　右同

御（御附）御小納戸 中奥詰
（御廣敷懸り）御小納戸 中奥詰

御廣敷番
「原 御廣敷御用人 朱」

御馬貳疋　沓籠一荷

（原註朱）御廣敷御用人
御用人格室賀源十郎
駕御供之

元千代様 御供女中乘物

羽織組同心　右同

貞心院様 御初 御先乘

女中乘物三挺

「原 御立板橋迄
御着小牧ゟ
御半下八人 朱」

御挾箱　御挾箱

御長刀

御廣敷番

貞心院様 御輿

（原註）貞心院様
両御簾中様ハ
御輿ニ御緋傘
奉騎
釧姫様ハ無其儀

（御廣敷懸り）御小納戸
（右同）右
御緋仐
御輿臺
御挾箱
古同
御長刀
御廣敷番

前御簾中樣御輿
（御廣敷懸り）御小納戸
（右同）右同
御緋傘
御輿臺
御挾箱
右同
御長刀

御廣敷番
御簾中樣御輿
（御廣敷懸り）御小納戸
（右同）右同
御緋傘
御輿臺
御挾箱
右同

御長刀
御廣敷番
釧姫樣御輿
（御廣敷懸り）御小納戸
御廣敷番

御緋傘　　貞心院様御初
御輿臺　　御供女中乗物
羽織組同心　　御徒目付壹人
右同　　御小人頭壹人
御水荷壹荷　　御管鑓壹筋
同　同　(原朱)御領分中 御勘定奉行同心
同　同　(原朱)同 右同

(原註)御旁様御模〔合カ〕□成御召替輿ニ□両方ニ御覆懸□緋之御紋三寸究附緋ハ猩々緋

御手元御道具入 御簞笥壹棹　　御用所箱
御か〻(み脱カ)臺　　御幕
御草履持　　御茶弁當四荷 御數寄屋坊主三人
桦立御鎗壹筋　　御菅笠
右同　　御立傘
押鳥毛 御鎗壹筋　　御敷物 大小桦
右同

奥向之輩 雨具枠　　御召替御駕壹挺　　御方々様御摸合 御召替御輿壹挺

御桐油　　刎蓋御挾箱一荷　　御小人目付　　奥御醫師

御馬具長持壹釣　　御小人目付一人　　騎馬　　明騎馬

御小人押　　同勢　　駕籠御供輩　　御用人

御年寄　　御供御附御用人 鈴木周藏 貞心院様御附人　　大森甚左衛門 前公御簾中様御附之

（原註）
御目付騎馬
飯尾助右衛門
同
非番方
奥田市郎右衛門
御用人駕御供
石河主計
同
非番方
間瀬權右衛門

遠山大膳殿

眞野與一右衛門 御簾中様御附之

御供方諸有司談曰　御旅中
元千代様脇御本陣に御泊御附女中廿七人宛脇御本陣に入且役所詰一同
脇御本陣　御四方様も御本陣御泊
△紀州七里宿駕ニ乗御行列に入既ニ釧姫様御輿際迄乗込於爰御駕脇見咎爲扣駕ゟ下シ候由今般ハ御供なをさる向多く万端齟齬不行届事多し
とあり
△福島山村第宅廣ク御設行届
御寺様御泊ニ而も無御差支諸役向扣席數多有之於同所駒
元千代様御目留廿日程前生し候由貳疋爲御牽
△佐竹右京大夫帰國之處御先騎行違

天盃爲持候義不相分候故爲差扣候處追而
天盃之段相知候故以御使佐竹ゟ御斷被仰進御通行之節ハ佐竹披居御行
合無之△板橋ニ而女中向親族等暇乞ニ來り老若男女生前之悲歎無遣ル
方様不忍見實ニ哀成体之見之而俱ニ及落涙△一日二日後レ御供不足故
江戸より御旅館ゟ早追ニ而來ル族も有之△遠山殿殊之外被急夜行も有
之大同勢ニ而□行候處御供召候而も如何故一同長途難澁を不扌さ
れど三日夜下着若四日朝迄ニ下着無之候ハヽ長門守御供之筈
△尾州方ゟ御迎ニ來候族追々御途中ゟ到著
△女中向多人數故御旅館ニ而安寐不相成殊ニ手狹故寐轉候事不成所ニ
寄もゝれ合居眠之躰且御錠口御締り等甚不締男女入交甚以不締之事も
多分有之
△小牧ニ而　御五方様御殿ゟ御着後ニ
元千代様も同所西源寺一向宗ゟ御移御泊

△春井井原丹羽新次郎竹腰殿家來分依願　御休可相成之處味鋺原安藤五兵衛

依願亦御模樣替候而

元君計五兵衛方　御休其御外樣も新次郎所御小休支度向貳百五十人前

手當之處御四方樣被爲入候故多人數相成不都合之由

△未刻長塀筋東片端本町大手東鉄御門ゟ

御五方樣御廣敷ニ御着輿而東御門ゟ東鉄御門ニ御入之筈候處於□《小カ》牧昨

夜右之如く御道替候旨爲御迎御家中始出候義も今般も無御沙汰御行列

拜見之向丸之内ゟ外片端馬場東片端馬場邊更ニ無透間不怪𦏶《群カ》聚之由本

町大手外ニ而

元千代樣御駕留り暫群集之躰を

御覽被遊　御□御悦被遊候旨御固ニ出居候市署屬吏談扨志水町ハ悉拜

見所ニ貸渡夫ゟ路次畑畔道迄群□志賀村安井むら一圓河原の人屯居

もしめ〳〵江戸ゟ御供上著之向も潰肝候由御行列之美〻敷女中駕の多キ

アキマ、ニ驚目計之今日之人口五千人繼馬五百疋之由地方有司之談

御著座之上

貞心院様　御城　櫻之間

前御簾中様　同　御寐之間

御簾中様　同　新御間

元千代様　同　御小座敷

常丸様　同　金之間御三之間

釧姫様　新御殿

靜姫様

時千代様

○三月十七日左之通御觸

貞心院樣　前御簾中樣　御簾中樣
元千代樣　釧姬樣當月十四日山村甚兵衞屋敷ニ
御止宿翌十五日一日同所ニ
御逼(逗カ)留　御休息之上昨十六日
御發輿來ル廿二日
御著輿之□(蟲損マヽ)段向々ニ可被相觸候
三月十七日

三州御鷹打場ニ罷在候鄉士市野村市野主計儀往昔ゟ十二萬石程自領致し居候處十万石丈新田地之見込ニ而御年貢相勤度右も從來御用途等無之御厚恩可奉報樣仍無之今般出願且外夷異變之節御味方仕度旨士分貳百騎程有之兵卒數百人抱置且武器類拜借ニ不及自分嗜有之段申出候由と云云

○三月廿三日
前大納言様未御引籠中故隼人正殿を關白殿□下カゟ被召呼
攘夷之事件及落著事治候迄も
前大納言様御滯京可被遊旨
叡旨被
仰出候段殿下被仰渡候由付而も
御帰府無際限外夷拒絶天下泰平ニ相成候迄も
御滯京之御事と相見申候
右三月廿五日認京便

又
隼人正殿ハ一日ニ五六度も早馬ニ而登
城之事有之田宮殿ハ日夜之御使堂上方始ゟ被相越殊成繁劇□廿日

廿一日廿二日比ハ役所不引ヶ始終御殿詰切ニ而晝夜之分チ無之一同勞レ中候御用方ハ上下一統繁忙ニ御座候下略

○御簾中樣思召を以建中寺ニ天下昇平之御祈願被仰付且又尼寺無量壽院ニも從大奥被仰付如左上達之旨

方今不容易形勢ニ付
思召を以當院おゐて
天下泰平之御祈禱
御沙汰ニ候旨御宗門之光輝難有奉存候三日三夜之間主伴十二僧集會講修行仕候

右無量壽院届

○三月廿三日江戸表半藏殿被仰渡趣

(原朱)壹　(原朱)三太夫嫡子　横井紋三郎始

御床机廻相勤候樣ニ与之御事候

(原朱)貳　同　人始

御床机廻被

仰付候付而も十人程も晝夜代り合　御壁書内ニ相詰

出御之節も御供をも被　仰付与之御事候

勤向等委細之義も御小納戸頭取ニ可被打合候

右壹印ハ半藏殿被仰渡貳印も於奥御用人佐藤彌平次方ゟ談有之旨

出御御供も　御駕廻御供御乘切御登城等之節ハ駈走り御供之筈先比已

來尾州方御家士惣領二男等武道拔擢之人被撰江戸表ニ被召之被仰渡之

○

横濱ゟ申越候書付寫

一五ヶ國之內英吉利人不法申出候ニ付右之次第ニ相成外四ヶ國之異人共ゟ英吉利人ニ種々利解申聞候得共聞入不申右ニ付外四ヶ國ニ一先帰國可致候間英吉利人を可然御討拂可被成と申一昨日追々異國人出帆いゐし候處浦賀表ニ而細川樣嚴重之御固メ有之入込候異國船ハ御構ひ無之浦賀口ゟ出船ハ壹艘も不相成と御斷無據又々横濱表ニ立帰候趣ニ御座候英吉利コンシウル此節ニ相成恐入種々佗書致し候得共日本御役人御聞入無之繩懸ヶ罷在候趣ニ御座候

一今午刻阿蘭陀軍艦壹艘煙上ヶ出帆仕候得共浦賀表ハ通る事不相叶と風聞仕候

右之通江戸表ゟ廿一日出を以申參候間御達申上候

三月廿五日

三度飛脚會所
小島屋權兵衛

（原朱）漱芳《ソウハウ》

文章之六藝ヲ自陸士衡より文賦

（原朱）穆如

○亥三月廿二日出同廿九日到著江戸表ゟ來簡之内
去ル十八日兩番隊長并組子當主之分丈不殘市谷　御館御庭拜見被
仰付九ツ時出
殿仕夫ゟ御庭ニ廻り候處きりしま二重咲或ハ八重咲紅白ニ而美麗成
事難盡筆紙西御庭漱芳と申御茶屋前迄參り候得も
御前出御ニ相成右場所ニ而瀧又殿石川石黑ニ細々との
御意被爲在兩組ニ而御側被爲入大義寛々との
御意ニ而漱芳の御茶屋ニ被爲成三隊長を被爲　召御手づらふ御酌ニ
而貳獻ツヽ其次
君ニ茂被　召上其節隊長ニ向ケ急務之折柄ニ付英氣屈し候而ハ事欠
ケ可申候間氣分を養ひこれニ而寛々御庭拜見可致旨
御意被爲在　君ニも帰館被遊後ニ而御酒御酢(鮓カ)被下置御庭向不殘拜見
仕候處右漱芳之御茶屋を初西南臺淡水清風軒ほくだよ軒御茶屋誠ニ

能御風景ニ而實ニ目をさまし申候右帰
殿之節御書御懐中被遊隊長江御渡し御小書院おゐて一統江拜見被
仰付候間寫入御覽申候尤寫取候事ハ不出來候間拜見之節心覺ニ而相
認申候間少しハ相違可有御座も難計右様御承知可被下候
一英夷一条當地ニ而も誠ニ區々之風評而已ニ而慥成實説ハ相分り不申
候得共皆鳥渡承り候ニハ最早御聞及ニも候得共英人之申立ハ二人討
候ニ付而も妻子養方江《ニカ》付壹人ニ付貳拾万兩ツヽ夫ニ應接之雜費廿万
兩都合七《六カ》拾万兩被下候ハヽ兵端ハ勿論開キ不申尤右金子一時ニ難出
來候ハヽ五ケ年賦或ハ拾ケ年賦ニ而よろしく或ハ交易物之内仮令ハ
三兩の物ならバ壹兩り又ハ貳兩とりニ直段下ケ候而右金子差引候而
も宜敷候間左様相成候様致度旨申立候由且彼ゟ申候ニハ兵端開キ候
得も互ニ費用多人夫も費候間素ゟ兵端開き候事ハ不好候間右様被致
候様抔申出候由乍併日本ゟ兎角一和不致候間何れハ一度砲聲を聞さ
れバ相成不申候左候へバ日本も一和致し候抔申聞候由實ニ可憎奴原

且□（ハ遂カ）一分洞察候段ハ誠ニ口惜次第ニ御座候

一來ル（マヽ）廿四日又候應接之由右應接ハどふり英夷申立之通ニ相成可申由噂ニ御座候勿論公義ゟ御差出と申譯ニハ無之何ら海やもの（マヽ）ゟ指出候由內實ハ公義之御金之由夫ニ付若一彼是之儀（マヽ）論差起候節ハ御役人之內ニ而御役義御免ら又も切腹可致心得ニ而右樣取計候由是ハどふら實說之由ニ御座候由當地之有樣ニ而ハとても即日打拂と申事ハ實ニ難出來是迄御國ニ而リキミ居候兩番之輩も異船之有樣井當地之有樣見聞之處大方ハ是迄之リキミも大キニ挫而申候誠ニ井ノ中蛙今日ニ至りあらハを申候當地ニ而も貴地之金銕連少々御座候由右金銕連之內両三人御內々應接場に加ハり參候由之處彼が有樣をミて只今打拂之儀も迚も不及と冑をぬき候よし金銕連も口ゑ參强氣申候而も其場ニ至リ候得もゐハり凡人よも劣り可口事ニ御座候貴地之金銕ハ如何ニ御座候

哉少々御洩し奉願上下略

御書寫

今般英夷申立之儀不容易事件ニ付
還御迄期延之儀再三應接可被及候得共了容不致若万一彼ゟ發兵端可申
哉ㄋ難計其節ニ至リ
皇國之御武威を損し汚辱を請候義有之候而も
□鎮之某ハ罪を帰し可申候得も其方始メ我等心中を令洞察一和防戰之
術を盡し候覺悟ニ而盡忠國辱を不取様頼入候事

三月

○三月廿二日出江戸狀
一御方々様十六日ニ御一ト立御着と奉存候跡御一ト立ハ福島山村屋敷
ニ一日御逼〔逗カ〕留廿二日御着と奉存候右一日御逼〔マヽ〕留之儀も

公方様御下り被　仰出候ニ付　御通行相濟候迄御逼《マ》留之筈候處京都ニ而御差留相成候由ニ付一日ニ而相濟候由承り申候
一四谷様昨廿一日御立之處御手判不濟候付御延引相成居申候
一藝州奥方様　壽操院様 利姫様御事 今日御出立
壽操院様御儀も尾州ニ長御逼《マ》、留と申事ニ御座候由今日御附人平松と申人西御門ニ而咄承り申候
一此四五日已前ニアメリカ人女壹人子供壹人男一人〆三人八幡前馬ニ乘通行いたし候
一一昨日ゟ少々靜ニ罷今日之處ニ而ハ軍も初まりそふニハ無御座候
一浦賀てうし口ニ材木筏組出來候由海さらの時ハ其口〳〵へ布流し候由右流し候へハ船の車ニ卷付つもりの勘考之由今度先陣ハ第一番井伊勢之由二番ニ薩摩勢之由此節神奈川邊御番所向井伊方と代り合候由廿日ニ伊藤繁九郎咄ニ御座候十九日伊藤氏五里程北在に海さらの口《時カ》女共逃場所賴ニ行候由伊藤知己の寺有右寺へ參り候處所口《之カ》御代官

ゟ頼ニ付三百人程引受申候間餘計ハ不相成少人數からハ引受可申由
ニ付四五人分頼置申候由同村大家油屋之由是へハ千人程引受候由江
戸拾里廻り村々ニ右之如く頼有之由大切成道具衣類ハ日々もこひ預
ヶ候由今日ニ而ハ少々減り申候へ共未ゟ運ひ送り申候
一築地ゟ日々牛馬車ニ而米大そう市谷へ引込申候御米ハ澤山ニ御座候
一此比御觸出申候諸御屋敷住居之者共萬一之節ハ近在ニ知邊有之者御
目付ニ達之上家内之者披キ可申候縁者無之者共ハ戸山御屋敷内へ披
キ可申候右御觸御座候
一武器類大小ミの辨當こふり高直ニ相成申候右辨當籠り市谷邊ニ一ツ
も無御座其外引越ニ付琉球疊表むしろ細引之類是又高直ニ相成申候
一高須御用人幡野彌五兵衛御家老被　仰付御先手物頭長坂傳九郎高須御用
人被　仰付
一今日之咄も異人方ゟ應接之儀三十日之日延頼候由風聞御座候

三月廿二日

○三月廿二日出江戸狀

昨夜横濱御役所ゟ歸府之仁今朝私宅ニ罷越咄

一今廿二日ゟ御下知次第炮發之筈本牧警衛細川家ニ而入津の夷船ハ何十艘ニ而も不苦入津致させ可申出帆之儀ハ一艘ニ而も出シ不申との事ニ而一昨日も夷船入津仕候去ル十六日夷船貳艘出帆懸ケ候處細川家ゟ早船を出し追留鐐縄を打懸數人英船ニ乘移押止候處英國船貳艘共もこ〳〵と來候所へ歸船いたし此度打拂ニ付而も細川家一手ニ而本牧を取塞一艘も出し申間敷横濱神奈川之間ゟおゐて鏖ニ可致若遁洩品川へ參り候ハヽ品川御臺場ニ而鏖ニ可致との手筈相調居候一躰是迄ハ一日ニ牛十疋位も夷人ニ賣渡候處去ル十一日ゟ右牛ハ勿論食賣物渡を停止ニ付當節渡來仕居候佛夷墨夷難澁歎願申出候へ共一切

取揚無之尤横濱ハ大半明家ニ相成三ッ井大丸岩城伊勢抔之如き店ニ昨今兩三人宛相殘店番を致居候而已神奈川ハ旅行も有之候故本陣旅籠屋抔ハ未其儘住居借家之分ハ殘ふく明家ニ相成申候細川家ニ而いつ之比ゟ幾千万筋ともなく鎖を引渡筏を組ゝ流し懸候計策致置入津ニハ船不差障出船ニも右之鎖筏へ船懸候而動シ候事難出來仕懸有之此度之勢ひを不拔打拂口塵ニ致し候策之由細川家ゟ其上（有脱文）本牧横濱神奈川近村之百口至る迄も殊之外同家へ帰伏鬼神の如く敬ひ恐れ今ニ細川一手を以夷人鏖とも申合町人共迄も驚き不申唯々玉が飛來り候も難計ニ付軍始り候ハヽ山陰ニ引越候覺悟之由神奈川附在住役人妻子江戸ニ移候も有之尤女子立退候場所山陰ニ御小屋出來在住役人も夜分ハ着込之儘打臥枕元ニ陣貝を指置候夷人共喰物與へ不申候間出シ拔ニ死物狂ひニ可相成哉との氣遣ひ之由縱ひ兵端を開候共神奈川限ニ不殘打留候覺悟ニ御座候右之通咄ニ御座候

今朝御廣敷勤之人私宅ニ相越候而之咄

一打拂ひ始り横濱之様子次第　和宮様天璋院様川越城欤甲府城ニ欤御立退之筈今日ゟ廿五日迄御廣敷勤之者不殘　御城ニ詰切尤直ニ御供之覺悟ニ而可罷在と被仰渡候付爲暇乞罷越候
兩上様共火事具ニ而御立退之筈乍去御直參之女中計も千六百人も有之夫々御部屋方之者三四千人も可有之殊之外難澁其外ハ御廣敷附之者共一同ニ焚出方ハ郡代ニ被仰付候右之通ニ御座候へ共今朝承り候得と暫時平穩ニ可相成との風聞ニ御座候

〔三月カ〕□廿二日

□〔浦カ〕賀港人數配

安房國富津	千代崎御臺場	差圖役

本表ハモト見通シモノナレバ三頁ニ亙ルト雖モ、第一段全部終リテ

第二段ニ至リ、第二段ヲ終リテ第三段ニ續ク、故ニ餘白ハ第三段ト第四段ニ存セリ、一覽ノ際或ハ其接續ヲ誤ルナキヲ保セザルヲ以テ之ヲ附記ス
校訂者識

御備場
丹羽左京大夫持
番頭丹羽新十郎
外物頭數人
惣人數五百人
相州浦賀港御固
猿　島
細川越中守持
人數貳百人
旗　山
同　人　持
人數貳百人
大津濱陣屋
同　人　持
人數三百人
觀音崎御臺場
同　人　持

大久保加賀守持
人數貳百人
見魚崎御備場
同　人　持
人數貳百人
舖〻賀御臺場
同　人　持
人數三百人
御番所御固
差　圖　役
奉行支配
細川新之丞
外　與　力
十　五　騎
同心廿人
足輕三十人
平根山後口宮畠
本　　陣

合　原　操　藏
岡田增太郎
同　頭　取
中島三郎介
右　之　外
與　　力
三　拾　騎
同心九十人
足輕百廿人
同所後御備
支配組頭
細川鎌左衞門
隨士七人
差　圖　役
樋　田　多　郎
外
與力三騎

人數三百人
明口崎御臺場
堀田鴻之丞持
人數貳百人
鴨居御備場
細川越中守持
人數三百人
□御備場
□〔堺田カ〕鴻之丞持
人數三百人
口明堂御備場
同 人 持
人□人
平根山御固
口〔大カ〕久保口〔加カ〕賀守持
□人

大久保土佐守
隨 士
兵粮 林 琢兵衛
橋本 愼吉
軍監 神崎 廣人
同 高橋保之進
池田 來助
書記 林 清吾
同介 山本 壽錄
丸山 七郎
古川 仙藏
內山 靜口
狩野 廣太
玉井 要作

同心拾人
惣人數 五百人

宦邸日記（三月七日ヨリ晦日マテ）拔書（原書ハ日々ノ記アリ今時世ニ關ル条ノミナ抄出ス）

△晴御觸趣大番頭ゟ申來趣之

節も御組大御番出　殿方之儀其掛迄可相達候間御附屬之輩

御召連早速出殿候様存候以上　三月八日

六日貳番大御番之輩

右之通以來戸山御屋敷於大原調練相始來ル十一日ゟ有之筈

△十一日雨天

調練雨天ニ而延引大炮打方之子弟之者御頭宅ニ而玉製作被仰付

是ゟ毎日之

御觸

右ニ付壹番大御番之輩　於大原調練有之筈申來

△十七日陰　御觸之寫

明十八日　思召を以御庭拜見被　仰付与之御事候間今般御組大御番

□初御附属ニ而尾州ゟ罷下候
御目見以上之御役々當主之分不殘御召連九ツ時御出
殿可有之候仍申進候以上
　三月十七日
猶々若雨天ニ候ハヽ追而拜見可被　仰付候以上

△十八日晴　朝寒
四ツ時過市ケ谷ゟ出　殿御中冒入大勝手ニ溜り大御番組二タ組扣所寄合組ハ雁之間ニ扣九ツ時比壹組ツヽ席順を立テ二行ニ成テ御庭ゟ下り此所御庭草履拜借之由各御路次門ゟ入少し高ミへ登る南町屋の屋根を眼下ニ見口（下カ）し御刈込垣の上ゟ四谷見付邊迄一目ニ見ゆる是より東南臺と御額の有御茶屋ニ至る猶更南ハ一面の見晴し之又北をさしく御庭を廻れハ此邊はとし霧島の刈込丸く又ハ四角ニ致し口白絞なと打交りて見事之松ハ赤松ゑて下り枝なとの［　］面白く御築山ㄑ登り西の方の御庭を見下せぞつヽじの盛いろ

〳〵よ刈込幷ひ菓子を折詰を見るが如く其綺麗さ筆紙よ盡しらさし
右を下りく大廣庭へ至る此所南ハつゝじいろ〳〵幷御庭樹の有所眞
ン中ハ東西へ至るほと廣く一面之芝生ふく青キ毛氈を敷ら如し北口
漱芳之御茶屋有今日
□御城有之様子御側衆御待請之様子其内此御茶屋之前ニ北面ニ
□被　仰付芝之上ニ下座ス如圖

□之通

御□(年カ)寄列
○瀧川又左衛門忠貫
○石黑丹下重永
○石川内藏允昭英

○　○
壹番組大御番與頭二人

壹番大御番組五十人
●●●
●●●
●●●
●●●
●●●
●●●
内八人木曾路御供中
二人不出有之
罷出候者四十人之

漱芳御茶屋

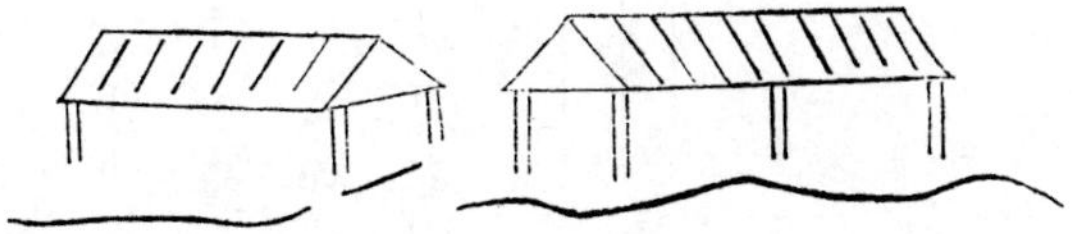

○御先手物頭　野崎三之右衛門

〃○　山口勝四郎

〃○　遠山惣三郎

〃○　平岩善左衛門

右席順不相分

不同

○貳番組大御番与頭二人

○貳番大御番組五十人

南

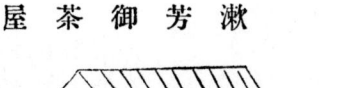

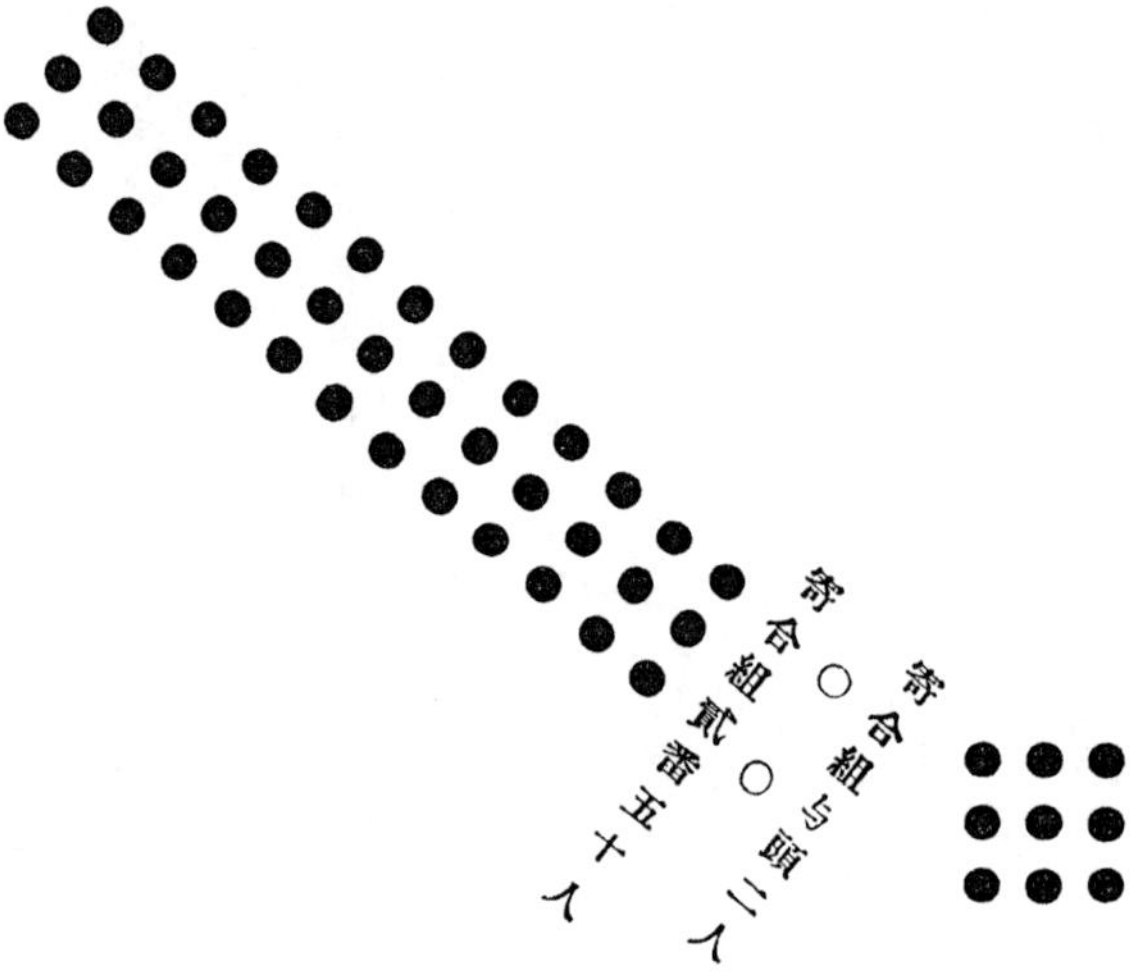

右之通並座いたし候上東之方　御殿ゟ御庭に被爲

□御側衆十貳三人御供ニ而漱芳之御茶屋ぃ御出之道すがら　　上意有之次
□仰付先ッ隊長瀧川の前ニ　御立留りニ而何欤　　上意有之次
ニ石黒石川之前ニ而も同様ニ被　　書付を相渡さとの
　　之次ニ一統大儀との　御意有之次ニ御先手物頭　　爲
立
□急ニ呼ビニ遣ハしゝ所早速下着いゑし大儀であつた□も出張之儀も
不相分其節も宜く相頼ム
　　右も能伺ひ候付覺居留置候
　　芳之御茶屋ニ被爲
　　上御障子明させ一統ぃ御樣子拜見被　仰付候
　　と相見申候其節御盃御硯蓋等持出る（此節御小納戸頭取被爲召何ゟ被仰付）　御小納戸頭
取近松彦之進を御庭へ下りて隊長三人を
召候趣被申三人御茶屋ぃ被出御次ニ拜伏近く

御意有之様子ニ而直ニ
御前□（二罷カ）出御盃頂戴　御筆之御書付頂戴ニ而已前之御
御□（手カ）つゝふ御酌ゐく二献ッヽ被下
庭芝生之上ニ着座此□
御立被爲在直ニ御庭ゟ御下りニ而元之如く一統之前ニ而
御意　ゆるりと相休ミ候様被　仰候而
御殿ゟ帰御相成此時近松彦之進御庭之御中間ゟ世話ゐられ候と御酒貳
樽（大樽莚冠り）釣□各夫〳〵ニ芝生の上ヘ薄ゐりを敷く并び御坊主御酌ゐ
く御酒澤山ニ被下御肴ハ大盃ニ鮓（卯（卵カ）巻鯖の鮓車海老淺草のり巻切身の鮓）銘々紙ニのせ頂
戴仕詩哥仕候者ニハ料紙被下置候旨ニ而ゆる〳〵休息い□（さカ）し誠以難有
仕合冥加至極ニ奉存候此節漱芳之御茶屋拜見ニ出御料紙を頂キ八九人
計も詩哥相認候人□（有之カ）申候是より段々北東へ向ひ御庭廻り拜見御植木
鉢物□段々并ひ御花壇ニハ草物種々其中ニ牡丹の大樹□見

事之八幡の御宮を拝し淡水といふ御茶屋□し此所之御懸物山水之画横物此東ハ大
なる池之池の中ニ四ッ堂有之御庭之樹森々として風流なる氣色之又坂
を上りハ清風軒□御額之有　御殿ニ至る拝見濟候由ニ而上へ上れハ御床ニ五幅對
の□画慶舟筆錦之御屏風見事之　御二階へ上りハ御床ニ山水の画有□
所ゟ北の池を見下を氣色筆紙みのへがたし□池のくろりハ皆つゞしの靈□もいふ
るき又南の方へ廻り大廣庭ニ□此所ハ只芝生みて大松四本見事み枝
を垂たり□伏たるが如し○右みて御庭廻り拝見濟て
□け御玄關より不殘拝見いたし大勝手ニ入□頭衆組之
者一統を被召呼半組ッヽ
御筆拝見しく各退散
十九日朝寒　晴天ホットシテ赤シ
御祝儀申上出
殿□間へ溜□席順立て御用席ニ進ミ太刀馬代御礼已下御目(見)脱カ以上之輩

不殘列座御年寄衆半藏殿出座御用人申上

□方樣當月七日

御參

內被爲濟候付

前大納言樣元千代樣ゟ御祝儀申上□言上相濟ゟ退散

△廿一日陰　四時過ゟ雨又陰

大〔原カ〕ニゟ貳番組調練

△廿三日晴　無風

異國船應接打拂御決定之處彼方ゟ日延相願出候□〔由カ〕風聞高評ニ候

淺草寺參詣　ラクダ之見世物　人形大作物　見物

今日尾州ゟ

御目見衆五十八不殘下著戸山

御殿中御門內御長屋ニ著

△廿四日朝陰後雨
壹番調練御差支ニ付延引
廿九日晴
□〔調カ〕練御旗本備有之　壹番組ハ又々延引
四月二日出江戸状
此地存外靜成事ニ而殊ニ戸山御長屋なとハ何事も聞へぬ聾同樣ニ御座候

○四月二日出江戸状
三月廿九日夜赤坂錦画商賣いたし居候半七と申者　公邊ゟ拾人扶持頂戴いたし町方手先之者江戸三人之内之よし此者先達而安藤對馬守殿浪人召捕□其意恨ニより半七宅ニ浪人拾人程相越内貳人内ニ入半七ハ居るらと家内之者ニ相尋候處半七ハ只今居不申ト答候得共店之次之間ニ半七之兄□〔居カ〕合候を其半七ニ相違なしと申直樣胸先浚らミ□〔二人カ〕ニ

而刀拔首切候其節大音揚候ニ付外ニ待居候□人〻あ〱内ゟ入細々ニ切候よし娘ハ隣家へ逃行女房も逃候跡を追かけ肩先切付深手よく命ニりヽ置申候よし夫ゟ浪人共自身番所ゟ相出し此方共安藤浪人ニ候只今半七宅ゟ相越半七ニ　　有之候付相しぬし置候間町役之者立合呉候樣ニと申銘々名前申置出行行方不相知候よし

一此節物忘《悉カ》ニ而四谷通り大横町邊夜分人出少し夜店一軒も出し不申至而不景氣ニ御候候

○四月十日出京狀

時世傀傑《儡カ》師之千變萬化之爲《アキマ、》實ニ奇妙之事ニ而追々此地も靜ニ相成次ニ江戸表ニおとも追〻靜世と相成先達而之咄ニ而ハ兵端を開キ候樣《アキマ、》申樣ある事云々

過日御蕁之會津夜廻り之事此節ハ實ニヒドク相成當月初旬來人數倍增ニ相成各々拔身鎗ニ而俳諧《徘徊カ》いゐし此拔身鎗も初ゟ有之候得共當月ゟ黑

キ合羽様なる物を□《著しカ》數倍增ニ相成實嚴重之事
□大納言様御儀ハ當月來不寐の警衛始り此□顯寺ゟ數多寄合組十人大炮打方五人都合十五人警衛數多申候爰等をミれハ未タ靜とも不被申候云々已ニ明日ハ石清水
行幸有之是も出板相成申候付指上申候又々其中本も出來候得ハ差上可申候明日ハ私共津田太郎之助附屬ニ而警衛ニ罷出候付とくと
御行裝拜見いたし悉ク後便ニ可申上候云々

四月十日

○四月七日出江戸状

此表何とかく靜成世の中と相成異船もはんざら退散も不仕様子ニハ候へ共今般應接十分ニ先ガ廻り候と申下評ニ而直ニ錢之相場抔くるひ次第に引上ケ申候

○四月二日

公義ゟ出候別紙書付佐渡守殿被　仰渡云云

御軍役之儀兼而御定ハ有之候得共江戸表之儀も御自國共違ひ候付人數程能相減召連候共別段御沙汰も無之候

一戰場ニ甲冑著用之儀ハ申迄も無之候へ共痛所有之難鎧輩ハ小具足ニ陣羽織又も火事羽織之內着用銘々働之便利ニ任セ被達候

一御備立ニ有之候諸役ニ支配向之儀　御出陣之節召連度所存ニ而覺悟有之輩ハ直ニ其段御武備懸り御目付ニ問合可申候

右之通在府之輩ニ可相達置候

三月

大目付松平對馬守ゟ井上河內守殿被相渡候由ニ而御城附ニ相渡候書付寫

英船渡來ニ付御門々幷橋々驛口勤番所共銕砲其外武器通方之儀右員

數書付万石以上之面々も家來印紙差出万石以下之分ハ自分印紙書付差出可被致通行候尤非常ニ臨ミ候節ハ通行之御門々又も勤番所に附添之家來ゟ口上ニ而相達可被致通行候
一御城内御警衛之面々も鉄砲武器類下馬所に相揃置當番御目付ゟ相達次第前文同樣之振合を以操入可被致候
右之通万石以上以下之面々に可被相觸候事
三月

○江戸詰大御番頭ゟ與頭に之通辞
來ル八日戸山御屋敷大原におゐて　御旗本を初惣御備下調有之筈候間各幷貳組中大砲打方之輩に茂可被申通辞候
四月二日　石川内藏允
長野九郎太殿

猶々揃時刻九ッ時之筈幷
御成御門ゟ被相越且雨天ニ候ハヽ翌々十日之筈候

〇四月五日大名惣登　城退出夜ニ入事柄不相分

〇同　六日柳之間大名下谷松浦肥前守殿惣寄合相談

〇同　七日柳之間計惣登　城此夜又々松平伊勢守殿ニ而寄合有之趣

〇四月六日小笠原圖書頭殿江戸ロ夕七ッ前著登　城有之

三月廿五日京地出立無滯候ハヽ四月六日著之事

小笠原圖書頭

此度英國軍艦横濱ロ渡來ニ付應接之儀其方ロ御委任被成候間早々江

戸表ロ罷越十分ニ取計候樣可被致候事

〇京都ゟ之狀

四月十五日傳奏　野宮宰相中將殿ゟ被相達候事

神宮京師關東三ヶ所之内何を成共二ヶ所警衛被
免候樣願之趣尤之儀ニ候併三ヶ所共難被
免候得共無余儀被
思召候間京師警衛之方被
免候
但前大納言ニも猶滯京有之
公武之間可有周旋樣
御沙汰候事
四月

○四月廿二日
野宮宰相中將殿より別紙之通被
仰出候旨ニ而昨夜被相達候仍之右寫一通相添被申聞候

尾張前大納言

四月

大樹扶助之儀被
仰出候處辭退之趣及
奏聞候得共
叡慮御決定之上被
仰出候儀ニ候得ハ所勞中殊更苦勞
思召候得共補翼之儀
御請可有之尙又　御沙汰被爲在候事

○坊城殿ゟ關東ゟ
四月廿二日
外夷拒絕之期限來五月十日御決定ニ相成候間益軍政相調醜夷掃攘可

有之被
仰出候事
　四月
攘夷之儀五月十日可及拒絶段相達相成候間銘々右之心得を以自國海岸防禦等彌以嚴重相備襲來之節ハ掃攘いゟし候樣可被致候
右之通万石以上以下之面々ゟ可被相觸候

○四月七日出江戸便狀の寫奥坊主北澤春彌ゟの來翰
只今之處ハ少々靜ニ相成申候得共昨夕小笠原圖書頭殿着府相成今明日應接之由ニ御座候併今度之應接ハイキリス計ニ無之アメリカ始諸國ゟ交易御斷相成候付此上之變事案しられ候横濱湊計婦人不殘引拂町家も大分引拂申候江戸市中も老幼之分在方ゟ立退之御世話も有之御旗本衆ハ知行所ゟ家族差贈り候付何欤と騷動ニ而日々窓下道具之車計通行仕

候當月ニ相成日々雨天ニハ込り申候浪人者三百人罷下り道中よりあぞ
れ江戸着も三十人またハ五十人一群レヨ相成乱妨いたし候處佐竹相馬
酒井大久保等之大名ニ被命召捕方被仰付手ニ余り候ヘバ切捨候様被
仰出　御留守とハ乍申諸役人夜分迄　御代様も隔日之御登城帰御是非
夜ニ入申候誠ニ御大役之御事与奉存候差懸り候儀ハ京都ニ伺ひ候ても
日數相懸り候付　御代ニ伺之上種々被仰出品も有之よしニ聞へ申候乍
恐御心配之御事ニ奉存候

○四月四日雄《マヽ》德山　行幸　御延引十一日相成過日京便ニ申來之右ニ付御
警衞觸寫如左
來ル□石淸水社　行幸被　仰出候遠路且　還幸　夜ニ入可相成候
付被仰合嚴重御固可相成旨傳
奏衆ニ申聞候此段相達候

四月

途中口々并要所嚴重警衛

尾州　水戸　紀州　長州　備前

土州　藝州　仙臺　對州　高松

黒田　佐竹　藤堂　久留米　南部

薩州

右之内當時主人滯京無之向茂有之候得共詰合之人數ニ而可相勤候

右御固尾州分大筒役附属詰合之者一同罷出市中御固十日夕ゟ出十二日迄出張之筈衣服成丈立派ニいゑし候樣被　仰渡候處大筒役打方附属之事ニ付銘々晴レ之衣類等不持合及迷惑差懸不意之御用ニ而惑乱且從者壹人宛召連候樣ニとの事ニ候處日雇傭代壹人銀二朱宛之由東福寺詰右出張之或氏より申越

一御往來御晝御小休左之通之筈候旨

十一日
十二日　御往來　御小休　伏見稻荷御旅所

兩日　同上　御晝　城内南宮社　還幸之節此御晝所ニ而御精進被爲解旨

兩日　同上　横内村四郎左衛門宅　横内村ハ東福寺知行所なり

兩日　同上　御小休　淀城下町内淀姫御旅所

十一日石淸水社　行幸ニ付御途中御警衛御家御固場所ハ堺町御門ゟ室町迄凡十二町程之間夫ゟハ水紀樣ゟり十日出張見別（分カ）申達一隊主從四十八人内兩三人ッ丶ハ服穢等遠慮有之十日晝八ッ時揃割羽織小袴著用陣笠鞭小丸提灯を持　御目見以上も途中計鎗を爲持候大筒役六隊堺町通左右町々宿割引口幕揚張提灯御作事方ゟ出之惣隊長津田太郎兵衛引續中村又藏御目付御先手物頭熨斗目麻上下着用屯所自分幕提灯之市中端々迄家並提灯御道通五里程有白砂を卷四ッ辻ニも高揚十二箱提灯十二町代固居御家御紋臺焜（提カ）灯四ッ同心手張三ッ兩番之御固小丸提灯ニ而如

晝夜通シ御先勤始御先荷拜見之人々群集筆紙ニ難述丸太町竹屋町ハ長屋三左衞門初兩側夷川ゟ押小路まて成田和次郎始兩側押小路ゟ高倉通り迄片側四宮喜左衞門始同所片側ハ木村奧之助始高倉より室町通まて片側も荒川彌五右衞門小川半兵衞始固場之堺御門ハ與力幷同心固夫ゟ丸太町迄津田殿幷寄合組兩側竹屋町ゟ口〔室カ〕町迄左側計兩番之大炮打方同右側大御番組幷御先手同心三人ツヽ固室町ニ中村又藏固候之寄合組之内近衞樣之供奉も有之支度晝夜五度も河原御殿ゟ焚出シ割子ニ而渡十一日曉六ッ時比ゟ御行列御先　行幸御輿巳刻比通御拜見之人々兩側ニ群居口子〔手カ〕を鳴しく拜ミ申候事もさましく譬りるかしいつれも難有狩申候御固之御蔭ニ而立なからふ拜見

御輿之節ハ笠卸拜伏仕難有事無限頭上り不申之

御通り切ハ正九ッ時之石淸水ハ夜八ッ時

着御と申事之十二日

還幸　御所江入御ハ暮六ッ時之御固引取境津田殿江申達夫ゟ河原御殿

に出御用人に申達東福寺に帰著夜五半時寔に労を申候御都合能被爲
濟何方も万々祝申候
四月十五日

尾州持御固場之圖　南惣門ヨリ室町通曲角迄凡十二町許之間也

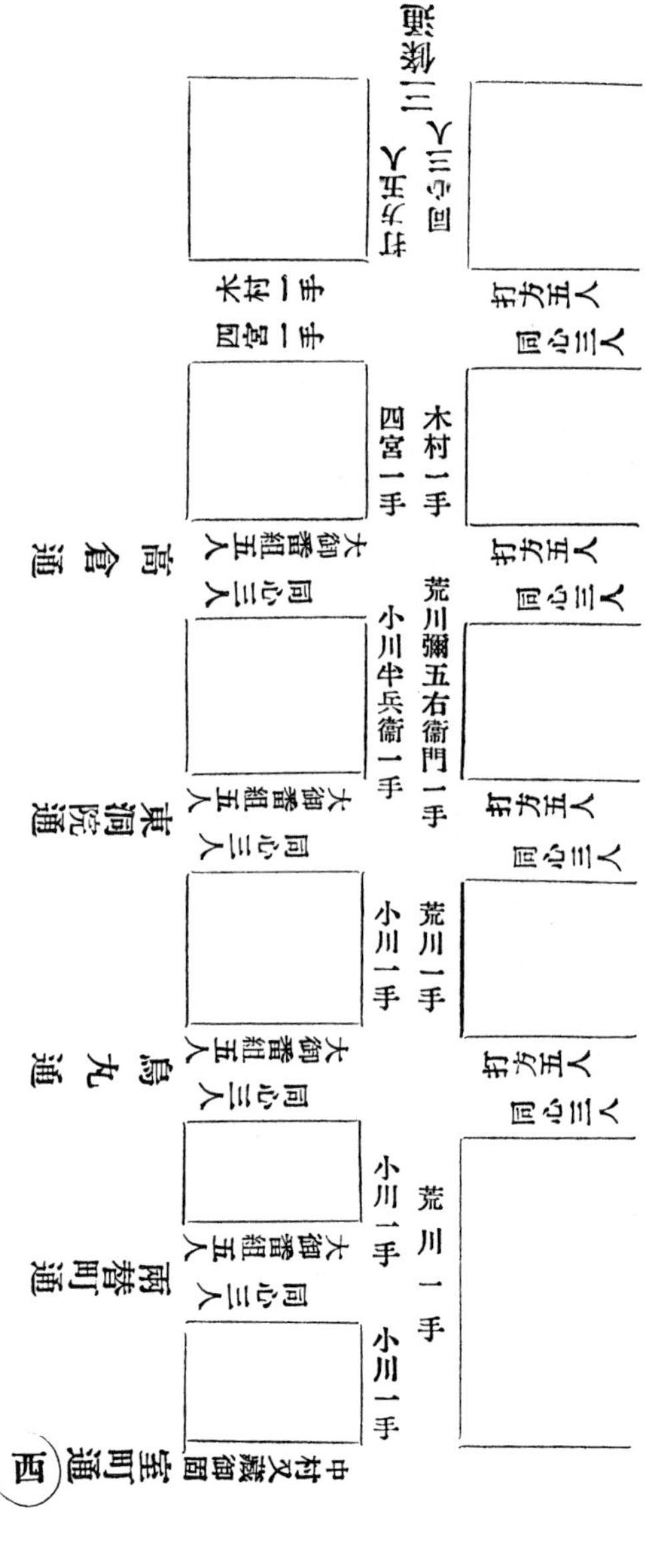

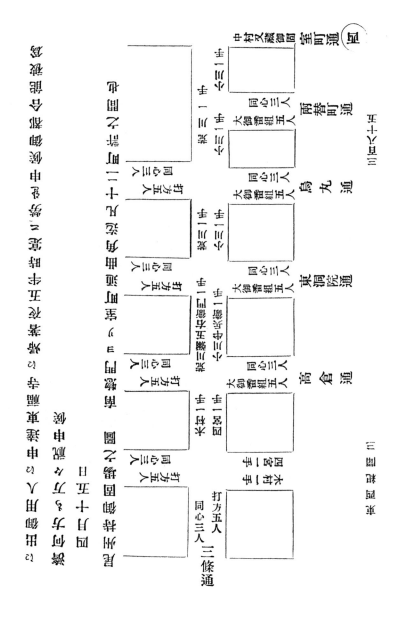

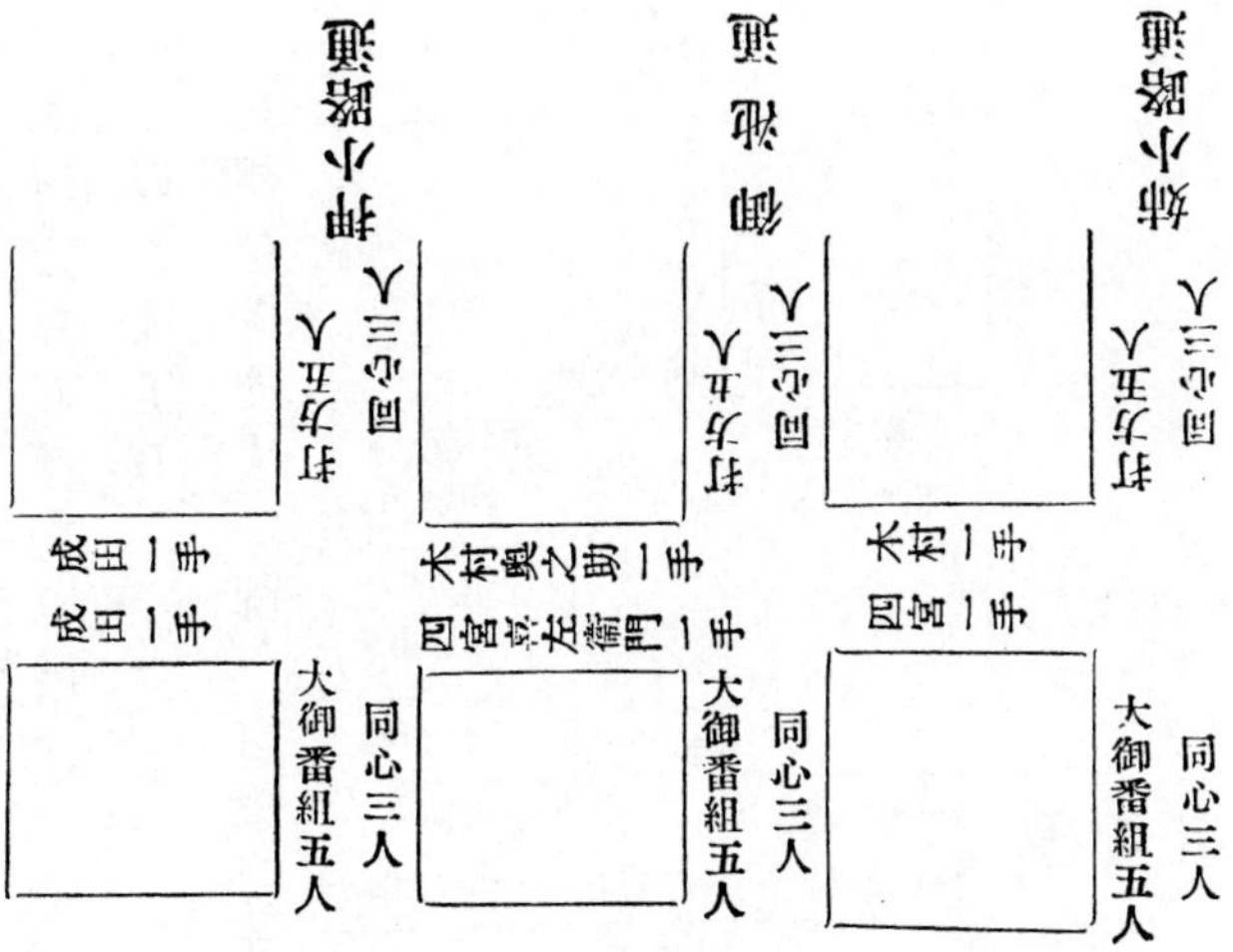

中村又藏附屬御目付一人御徒目付二人供

立場不定

○小路々々ハ津田太郎兵衛殿組中村又藏組打方之輩井同心護衛也

○御道通町家兩側固ハ大筒役井附屬之輩守屏也

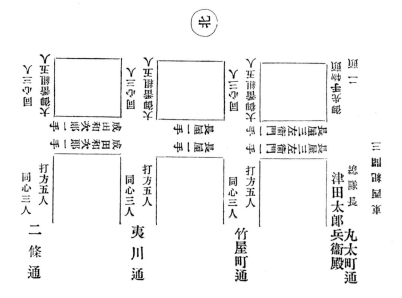

北

丸太町通
総隊長 津田太郎兵衛殿
二頭
御先手物頭
長屋三左衛門一手
長屋三左衛門一手
大御番組五人
打方五人
同心三人

竹屋町通
長屋一手
長屋一手
大御番組五人
打方五人
同心三人
同心三人

夷川通
成田和次郎一手
成田和次郎一手
大御番組五人
打方五人
同心三人
同心三人

二條通
大御番組五人
打方五人
同心三人
同心三人

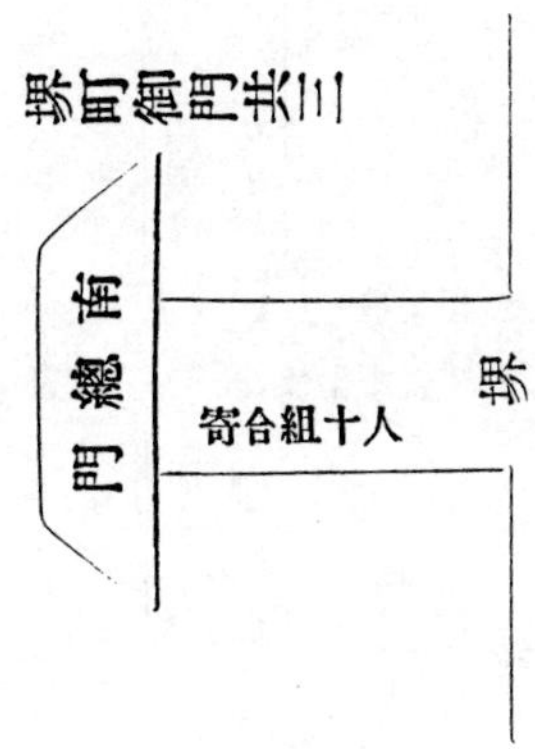

○四月十一日
辰刻御進發　石清水八幡宮御行幸御行列（原○印職吏朱、印一列）

御先
禁裏六丁町　方內上下拾人

禁裏六口御門
定番六人

京都內御奉行
瀧川播磨守殿

松平內藏頭殿　宗對馬守殿　松平讃岐守殿　松平長門守殿

細川越中守殿　榊原式部太（マヽ）輔殿　松平隱岐守殿　松平出羽守殿

永井飛驒守殿　本多主膳正殿　稻葉長門守殿　上杉彈正大弼殿

伊達伊豫守殿　松平阿波守殿　松平相摸守殿　禁裏御附 松平若狹守殿

御附與力四人　同　同心八人　二条様詰 山城使 隱岐山城介　內藏寮 御櫃

衞士　御幣櫃壹合　史生奥田輔里　左衞門尉

陽寮幸德井保源　德大寺中納言樣 雜色舍人　庭田源中納言樣 雜色舍人

冷泉中納言樣 雜色六人 舍人貳人　日野新大納言樣 雜色六人 舍人貳人　廣幡源大納言樣 雜色四人 舍人二人

大炊御門大納言樣 雜色六人 番長二人 舍人四人　鷹司關白樣　一條右大臣樣　隨人貳人

舎人貳人　雑色四人　近衛六人　近衛代二人　番長二人

討（府カ）生貳人　將曹貳人　雑色二人　舎人四人　川鰭右少將殿

三条西左少將殿　隨人四人　府生四人　番長四人　近衛四人

舎人四人　近衛左大將樣　隨人四人　正親町左少將殿

姉小路右少將殿　滋野井左中將殿　櫛笥右中將殿　隨人四人

御凰輦　駕輿丁貳百五拾余人　東園右中將殿　隨人八人　松木左中將殿

東久世左少將殿　梅溪右中將殿　六位藏人貳人　六条相宰左中將殿

橋本相宰右中將殿　葉室頭右大辨殿　坊城辨殿　將軍様

一橋様　若年寄　御老中

○寄合組一統ニ被　仰渡候書付

近衛左大將樣御供奉之節隨從被　仰付候三十八人來ル十一日
行幸之節右人數爲加員隨身可差出尤可爲士分事衣体布衣帶大小刀烏
帽子布衣
傳奏衆ゟ相渡り候筈
寄合組廿八人在京御用達役之內貳人差加
傳奏衆ゟ相渡候書付寫
此度隨從之輩苦勞大儀ニ被
思召段仍而著用之品被下候事
御目付(原朱)
中川勝藏締筋相勤候付右同樣被　仰渡

○京便
行幸拜見近遠國之者夥敷此度ハ御長途故何程群集ニ而も拜見場廣ク長
ク併し夫でさへ市宅道傍ニ人充滿何レ爰神輿之出御之如く難有狩伏拜

ミ拍子《手カ》を打鳴シ申候十日夜中ゟ御先不引切又十二日夜九ッ時迄御跡引續申候不輕御事之

○京都ゟ來簡

當月十一日ニハ石清水八幡宮江行幸有之候旨ニ而此度ハなとへ出ら
られてもみな〳〵が拜ミ申度と申居右之場所見分ニ前むろよ參り畑
中でも宜など申居候處九日の夕方ニ御用人衆ゟ大炮方殘らぽ御道通
り御固メニ出候樣申談有之候付兼而拜ミ申度と存居候所もへいりを
も誠ニ大歡びて十日之日一日ニ用意いなし候用意と申て何もさしな
る事ハ無之候へ共割羽織ニ小袴塗笠雨天からハ簑ニ而小丸提灯ニ銘
々之定紋付上之方ニ鉢卷之內ニ八ッ字を三ッ付皆々揃候樣談有之候
付十日之晝お後よ提灯屋へ申付夕方出來上り間ニ合セ吳申候
出御ハ寅の上割《刻カ》ニ付右已前ニ御道通りへ御固メニ出候筈　御道通り

ハ堺町御門ゟ
出御堺町を三条通り油之小路竹田海道淀城下八幡之筈候事
御小休ハ三ヶ所ニ候事
右故十日之晝七ッ時比ゟ出らけ寅之刻比迄凡《屯カ》所ニ集り尤支度ハ夜貳
度晝三度燒出しを下され都合十度いさゝき卯之刻ゟ御道通り場所に
出候處辰之刻比
御出門夫ゟ別紙繪圖之通公家衆も勿論諸大名御供之面々誠ニ美を盡
し華やら成事此上なし
八幡に之御著夕刻相成候旨夜八ッ時比ゟ同所ニ
御籠り被遊
御祈禱御座候旨誠ニ以奉恐入さる御事ニ御座候
還幸十二日之夕刻ニ相成申候實ニ此樣なる事ハ又いつあらふ共不相
分難有御事御座候

主上を奉始關白様大臣家一橋様其外大中納言之御方々を御側近く奉拜事ハ誠〳〵前代未聞と申て宜哉何とも〳〵勿躰なき御事ニ御座候扨右之御儀ニ付京之者は勿論大坂も丸ぬけの由なしらぬ群集女子抔は力一抔之美服を餝誠ニうつくし物之見飽いたし申候てなしよりハゐらひ事之別紙繪圖面之外諸大名衆夥敷御供ニ而何里續キ候哉是ハ筆紙ニ難盡長州抔ハ劔付鉄炮爲持候供人貳百人も有之候仙臺ハ片倉小十郎ハ馬上勿論装束ニ而鉄炮十挺猩々緋何色も切火繩之諸大名ミな〳〵装束之くわしくハ書盡しらさくあらまし記し候其代りニ立詰故足が棒之様ニなり申候くれ〳〵も難有事ニ御座候町家ニハ御道通りニハ一軒ニ五拾人位ハなちし雜人有之油之小路出てなれ野道ニ相成候ゆへ其邊麥畑踏荒し候事夥敷候由途中口々幷要所嚴重警衛

尾州　水戸　紀州　長州

備前　土州　藝州　仙臺

對州　高松　黒田　佐竹
藤堂　久留米　南部　薩州

右之内當時主人滯京無之向も有之候へ共詰合之人數ニ而可相勤筈御觸之事まゝ色々申上度事山々邪もども疲勞いたし筆留申候

四月十五日

本文之義ニ付御固メ場所ニ出候處御目付衆見廻り有之堅固之段御用人衆ニ被申達候旨ニ而直樣
前樣ニ言上相成候得ハ殊之外御機嫌之由ニ付
還幸之節も同樣心得候樣申渡有之一同難有奉存候事

○御製之由

下加茂ニ而

朝夕ゐ民をあもれと祈る身の

心よかゝる沖津しら浪
上加茂にて
もぬし井の水よ我身ハしつむとも
わたし・《は脱カ》せじな萬國民

○四月五日左之通

水戸中納言殿

關東爲守衞下向被
仰付候ニ付防禦筋之儀大樹目代之心得を以指揮可有之候先祖以來格
別勤有之家柄先代之遺志致繼述闔藩一致盡力阿《防カ》戰可奏夷狄掃攘之成
功樣
御沙汰之事
一今度御滯京被

仰出候ニ付關東爲守衛御下向且從
御所被
仰出も有之候事故外夷御所置振之儀御委任被成候間曲直を明ニし名
義を正し御國威相立候樣御取計可有之旨被　仰出右ニ付而ハ尾張大
納言殿井老中ニ茂御相談有之候樣被　仰出候
四月十五日

四月
今般拾万石以上之面々爲警衛在京被
仰付候間當亥年之儀も別紙之通割合ニ相心得國邑ゟ出京御守衛向嚴
重ニ可取計候尤交代之積可被心得候
右之通拾万石以上之面々ニ可被相觸候
四月

四月ゟ
六月迄

七月ゟ
九月迄

十月ゟ
十二月迄

四月十八日

三條大橋西詰南側制札場ニ張紙之寫

上杉彈正大弼

安藝守名代
松平紀伊守

奥平大膳大夫

加賀中納言

南部美濃守

松平備前守

立花飛驒守

丹羽左京大夫

戸田采女正

(文字原朱)
徳川家茂

右も先達而上洛之儀《後》従
天朝被
仰付候儀廉々有之候處表にも
勅命遵奉之姿にて始終虚《イニ謁》飾を以事を左右によせ萬端因循に打過外夷
拒絶比《本ノマヽ、イ断判》制之期限等に至迄
叡聞を欺及延引押而歸府之儀を願出候而已ならす男山
行幸之節供奉相《イニナシ》蒙罷在ながら俄に虚病を構へ且一橋中納言儀《イナシ》於
八幡神前御用筋も有之場合を出奔《いたし》惣而
上を奉蔑如《イニナシ》候次第其餘板倉周防守岡部駿河守等を初奸吏共數多有之
井伊故掃部頭安藤對馬守等之遺志を繼賄《イニナシ》賂を以種々奸謀を得《イニ行(巧カ)》實以言
語《同》道斷不屆之至故《仍》右可令加誅戮等《ニ》候得共
大樹におゐく未若年之儀に《而》付諸事官吏共《之》胸中ゟ出候趣相聞格別寛大
之沙汰を以姑令宥免候条速に《姦》奸徒之罪を糺明し早《イニナシ》行可處《且》嚴科若於遲

候ハヽ
緩ㇾ不出向日(時欤)悉可加天誅者也
四月十七日
右初筆□□□□ハ御俗姓御實名を認有之今如此寫之

○四月
公義歩兵組貳百三十許玉薬并薬種ゝ之御荷物御長持等數棹自江府京ㇾ被差登右計夫凡千六百八二日宮宿ニ而繼立候よし

○四月
江府海岸此節御備諸侯并相劢総州共
濱御殿
松平山城守
久世謙吉
御殿山下

内海御備場　　間部安房守
壹番　　松平大和守
貳番　　松平越前守
三番　　松平下総守
五番　　小笠原大膳大夫
六番　　松平
深川越中島　　津輕式部少輔
岩城左京大夫
高繩邊　　稻葉右京亮
大森町ゟ品川邊

大森町打場
羽根田邊
神奈川ゟ川崎迄
神奈川横濱邊

松平越中守
奥平大膳大夫
山内遠江守
松平爲五郎
安藤鏻之助
井伊掃部頭
松平隱岐守
酒井雅樂頭
眞田信濃守

相摸國御備場

細川越中守

上総國御備場

丹羽左京大夫

○定日宰領歸府談云

御府内異人通行如已前警衛之向數人附纏行候を見及且田舍へ引込候婦女市町ゟ戻來り諸具を引戻候義甚粉難《雑カ》の事之併浪人共市中徘徊富家へハ金之無心猥ニ押込乱妨之躰も有之以之外成事ニ候得共御取糺御裁許も無之是ニハ一同惑乱異乱ハ更ニ忘却致シ浪人の跋扈外異醜虜よも増りたる有姿なりと横濱表交易も如元被行候由云々

○四月廿二日

松平豊前守殿ゟ丹阿彌を以

御城附ニ御渡

今度英國軍艦渡來之主意曲直を正し主意を明ニし隨而鎖港之談判ニ可及候付右談判中家來下候迄無謀過激之所業無之樣能々可申付候時宜ニ寄戰爭ニ相成候節ハ一心同力

御國威相立候樣前以銘々覺悟可有之候

右之通万石以上以下之面々ニ可被相達候

四月

右之通相觸候間可存其趣

○四月十二日出江戸酒問屋ゟ申越候寫

前文略　市中之儀追々御承知被成下候通

御上洛後異國一条混雜仕候處其後度々應接御日延ニ相成然處去ル七

八九三日引續横濱おゐて應接有之候處是ゟ五六拾日之間御日延依之横濱町人一ト先立退候處一昨十日ゟ追々立戻り尤混雑ニ付本町壹丁目ゟ五丁目迄家劃御手當金借家人共迄夫々
御公義様ゟ被下置極穏ニ相成右ニ引連當地も同様人氣追々穏近在ニ引退候者も順々立歸申候尤異國軍艘（艦カ）商船共廿余艘横濱表ニ居合日々出入仕候へ共右之船數ゟハ増減無之扨又當月上旬ゟ市中浪人者徘徊いたし大家ニ立入軍用金手當抔ヲ申懸尤只今正金請取可申義ニも無之萬一非常之節差支無之様手當致置右約定取極メ書面浪士之者ニ其家毎ゟ差出シ然處右等いたし乱妨働候惡徒共有之右御取締として御大名五頭ニ被　仰付晝夜市中御見廻り有之少々穏ニ相成勿論去ル九日夜右浪人者之内両人浪士ゟ死罪ニいたし兩國廣小路ニ梟首之（ニカ）行ひ乱妨之始末札有之其後大ニ穏ニ相成申候［　］而御地ニ而種々之取沙汰風聞可有之と奉存候得共先當節之處何事も無之平日同様相成

誠ニ難有一同安堵仕候間已來船々御仕立方之儀御心配無之樣奉存候

下略

市中晝夜御取締御見廻り御役御大名

酒井左衛門尉樣　阿部播磨守樣

大久保加賀守樣　相馬大膳亮樣

相馬大膳亮樣　松平右京樣

相馬大膳樣重複ス其一恐クハ衍　校訂者識

右御大名　方晝夜御嚴重御多人數御廻り仍之忽市中平穩ニ相成申候

兩國廣小路梟木添有之由建札之寫

此者義報國有司之名義を飾飲食金財を貪人心を動乱爲致市中を騷セ不屆之至ニ付梟木行ふもの也

亥四月

一水戶樣昨十一日御歸府

一仙臺樣今十一日御歸府

一御老中小笠原様ゟ御帰府有之市中追々御取締被　仰出一入人氣穩ニ
相成候
江戸御府内福有之町人方ゟ白昼浪士共罷出請書爲致候書付之寫之由
當月九日江戸出立ニ而參候者持參ニ付寫取申候則左ニ

乍恐以書付奉願上候

一何萬兩也　　　　何町　誰

右之者奉申上候私義無見蔭ゟ下賤之者ニ御座候へ共
東照御神君様御代々數百年之間御治世太平ニ御恩澤此上千秋萬歳偏
ニ難有仕合ニ奉仰候處今般非常之折柄衷忠（心カ）報國とハ乍申各様方御精
忠之程感伏仕候付而も何之御用ニハ相足り不申候得共爲御國恩之假
令御道具持迄成共御供之列ニ加り度奉存候乍去多病之私殘念之至り
右之儀不相叶候ニ付少品之儀ニ而御用向之御足り合ニ相成不申とも乍
存前顯之始末被爲遊御賢慮非常御手當之御用ニ御組入被成下候ハヽ

賤夫之愚意相立偏ニ難有仕合奉存候何卒出格之以御慈悲を御取次之程奉願上候右之御聞濟被成下置候ハヽ何時ニ而茂御沙汰次第奉獻納候以上

年号　　右誰

月日　　五人組誰

鵜殿鳩翁様
高橋伊勢守様
中條金助様
石坂周造様
村上俊五郎様
和田理一郎様
相澤良作様
藤本昇様

御組

右書面江戸酒問屋ニ有之寫參候由

○四月十二日出江戸状

梟首ハ兩國橋西詰町家之前南側寄り西向ニ立有之四月九日夜之事ニゐ十日ゟハ見物之人數山之如く近く寄れぬ程ニ御座候番人抔附居候此節象之見世物御座候處右之騷動ふて休候由

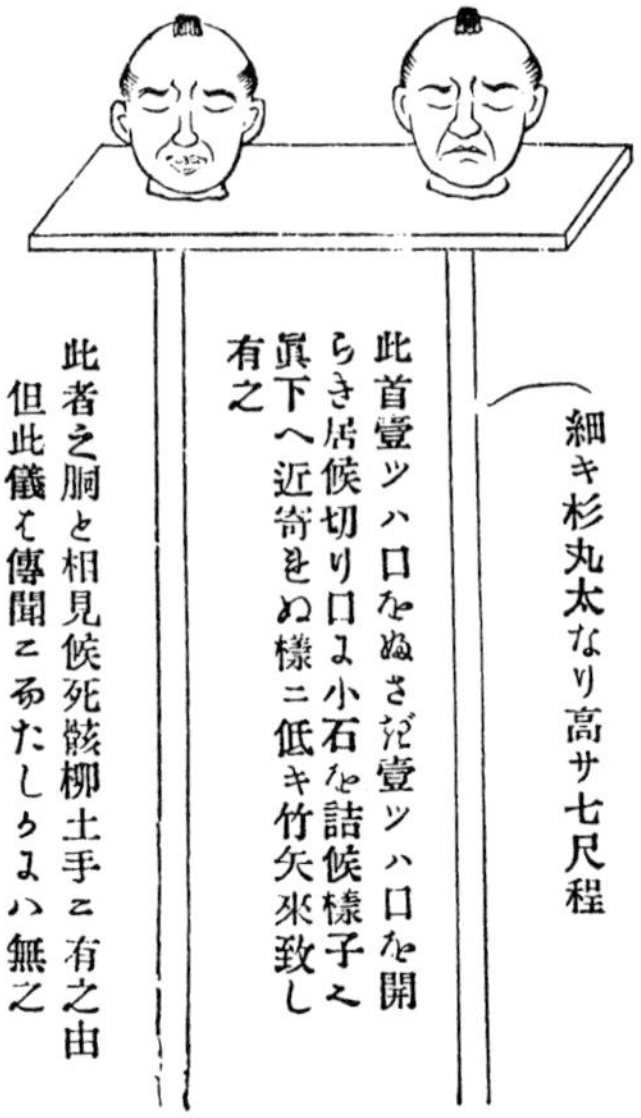
細キ杉丸太なり高サ七尺程
此首壹ツハ口をぬさだ壹ツハ口を開らき居候切り口よ小石を詰候樣子之眞下へ近寄をぬ樣ニ低キ竹矢來致し有之
此者之胴と相見候死骸柳土手ニ有之由
但此儀を傳聞ニゐたしゟよハ無之

此者儀報國有志之名義を飾
市中をさそゟし飲食金銀を
貪り人心を動乱致し候段不
屆之至ニ付梟木ニ行ふ者也
亥四月

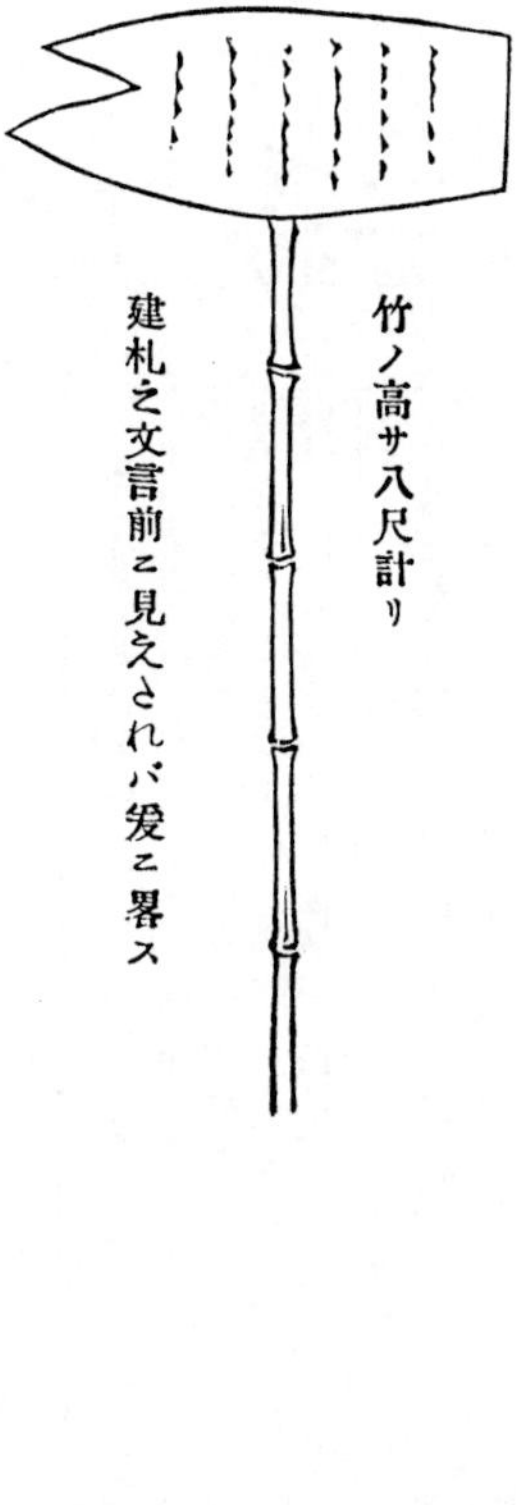

竹ノ高サ八尺計り

建札之文言前ニ見えされバ爰ニ畧ス

（原朱）イニ両人の名前
朽葉新吉
神戸八助

○一說

四月九日夜五ッ時比浪士躰之者五十八程兩國廣小路米澤町壹丁目鴻池と申酒店之前通ニ首貳ッ飾申候捨札（文言是又畧之）兩人死骸兩國川ニ流申候壹人ハ川下ニ流レ壹人ハ柳橋ゟ壹丁程北ニ流付□（樽カ）入□（ニカ）候十日四ッ時比私見物ニ參り申候壹人ハ岡田新藏と申者之由近比兩國邊をあふし候由

○東都ゟ之書狀

十日朝兩國橋邊ニ生首貳ツ晒シ有之右首壹ツハ年齡四十才計壹ツハ廿才計ニ相見候由右側捨札建有之書面ニも此者共儀似セ浪人ニ而每日町人共押借等いたし右金子を以遊興ニ沈〔耽カ〕追々浪人仲間ゟ異見も差加へ候處兎角不相用者之由諸〔記カ〕有之尤浪人之體ハ四斗樽江入壹人之分ハ大川江流し候由壹人ハ柳橋邊ゟ兩橋邊ゟニ有之趣見物人等夥敷實ニ雲霞の如く之由右邊ニ有之死骸ニハ首抔追々切付ありぎ候哉餘程の疵二三ヶ所有之由且懷中品大小共自身番ニ張札有之候由何之誰といふ事ホと相分兼申候右兩人共前日前々日位ニハ右邊遊興等いたし柳橋邊之藝者共幷吉原女郎等引連徘徊いたし當時兩國ニ而象見セ物有之候處右見世物江も見物ニ參り候者之由噂仕候京風がそ依〳〵廻り來申候

四月十二日

○四月九日夜兩國橋手前五十嵐と云紅白粉油抔商ひ候家の向へ番屋之後ニ梟首

捨札前說ニ有之

略之

此夜五ツ時過浪人五十餘人一筋引の提灯浪子組の印なり二張燈梟首捨札取計町内ゟ家主自身番高張出シ忽其邊大群集と成尤直樣町御番所へ屆候へ共手間取漸十日の未刻過與力同心貳百人計ニ而二

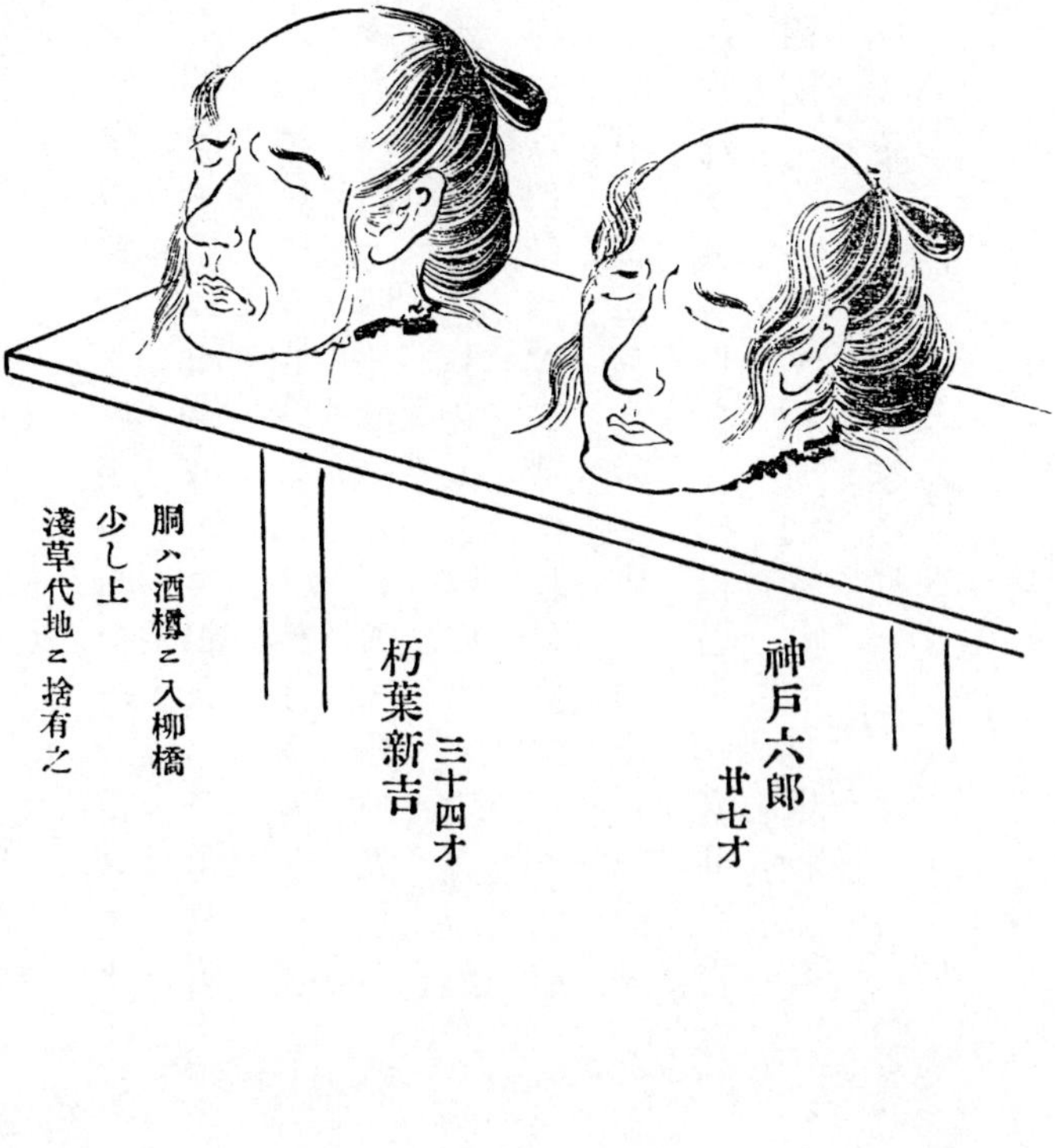

町も續く大勢の檢使來り見分ハ濟候得共未取片付ハ不相濟御威光彌薄く相成申候翌朝ゟ益大群集ニ而恠しめの往來ハ一切出來兼雜沓過候而其邊商ひもなく皆休申候扨此二人の者口外□人〆三人七日ニ深川仮宅久喜万字ゟ妓三人舟ニ乘セ外ニ藝者數人別舟ニ乘セ兩國ニ而上陸象見世物ニ入象の鼻を切く仕舞なとゝ申出大ニさハがし夫ゟ青柳へ上り酒興之上妓女藝者ハ駕籠ニ而歸し其身三人ハ舟ニ乘候所を西河岸より外之浪士六七人來り呼らけ上陸させ何ら聲荒ニ叱り候躰ニ而其儘引立浪士屋敷江連歸り候よし

○四月廿七日出東武來簡

此表昨日ゟ是迄とハ替り候以之外之儀水野和泉守殿より申來候由ニ而圖書頭初度《マヽ》果《呆カ》れ果らし迚も左様ニハ不行届義故御評議次第ニ而重キ御方様幷御役人方京都江御登ニ而可相成哉之由専ら風評仕候

廿四日松浦竹四郎致訪來別封御屆申候樣申聞外ニ珍話も無之但カラフト島往昔より總ニハ外國の有と可相成と申居候處其後本蝦夷も是亦同斷之旨申候處方今ニてハ日本内地迄同斷と存候間脚部を太切ニいたし三里の灸治致しマサカの時ハ逃走る達者を心懸候より外ハ無之と激發之話ニ而候扨先便差出候浪士一件其後別紙之通御達有之候付右寫差上申候扨又英人其後應接有之候噂も不承候付又日延ニ迄相成候哉更ニ不相分候

上樣ニハ廿一日大坂表御守衞御見置之爲被爲成候趣御沙汰書ニ出申候且京師堂上方もおゐ付申候由如何哉噂御聞込候ハヽ御洩可被下候

上樣久々御逗留故此節ハ御旗本中上方を御恨申上人氣不穩時勢長大息の事ニ御座候

聞書井筒屋嘉七ゟ差出

岡田盟
武田本紀
満岡庄司
小林林武八郎
松永琢
金子武男
淺井六郎
津田左司馬
上村藤平
荻野良藏
伊藤龜之進
和田堯藏
林源藏

右之者共之內御尋之儀御座候付御評定所ゟ御呼出御達御座候處年來御恩澤奉報度心底ニ而御制度を守一同尋常ニ罷出候段奇特之事ニ候尤攘夷之事ニ付盡忠報恩之爲精力を盡し候存意之者共被及御詮議候筋無之候間一同相心得彌御制度を守其筋ゟ御差圖無之しくゝ自己之存意を以猥之儀無之樣可心懸旨被仰渡御引渡相成奉請取候以上

亥
四月十五日

鳩翁金之助ゟ御渡相成候輩

鵜殿鳩翁家來
前田左金次

中條金之助家來
增田源之進

古渡喜一郎

中澤良之助

大野喜左衞門

稻熊力之助

羽賀忠次
小倉宗伯
寺田忠左衛門
田中九十九

一石坂周造ニ御預之輩畧之

馬喰町壹丁目
井筒屋嘉七止宿
石坂周造
藤本昇
古渡喜一郎
中澤良之助
稲熊力之助
上村藤平
大野喜右衛門

寺田忠左衛門
羽賀忠治
小倉宗伯
同　大平
白井庄兵衛
伊藤龜之進
荻野良造

〆拾四人

馬喰町一町目
羽生屋藤兵衛止宿

岡田盟
武田本紀
滿岡庄司
小林武八郎

松永琢

金子武男

淺井六郎

津田左司馬

林源藏

和田理一郎

田中九十九

〆拾壹人

馬喰町二町目山形屋庄兵衛止宿

和田堯藏

本所三笠町屋敷ニ而

村上幸藏

松永良作

〆貳人

○四月三日

鵜殿鳩翁 高木伊勢守組

中条金之助預

浪士

石坂周藏

村上俊五郎

松澤良助

和田理一郎

藤本昇

外ニ七人

淺草茅町貳丁目家持

坂倉屋清兵衞

右ハ昨三日晝比平右衞門町名主平右衞門方ニ罷越支配內ニ有德成町人

共方ニ案内可致旨申聞候ニ付及斷候處右清兵衞方ニ案内可致旨強ゐ申
ニ付無據罷越候處右五人共支配人ニ相談同夜四ッ時過迄强談金千兩可
差出旨申請書取金子ハ追ゐ沙汰可致旨申引取候由右懸合中酒肴出し置
手間取らセ其内ニ北御番所ニ訴出候處浪士之儀モ當時右頭宅ニ懸合中
ニゐ難及沙汰旨之御下知ニ有之候由
翌四日ゟ五日ニらけ左之方ニゐも軍用金借方約定差出させ申候由
藏前一番之金持
伊勢屋四郎兵衞
同所
和泉屋甚左衞門
一壹万兩ト申候處三千兩出金之由
俵町
池田屋某
一四斗俵八百俵
一味噌桶六百桶
右之外追々有德之町人ニ名主ゟ案内ニゐ受合軍用金借用方仕候尤右
浪人ハ先達ゐ三百人京都ニ相越候内百五十人江戸表ニ鵜殿召連帰被
申候者之内ニゐ町奉行所ゟ夜手差方不行屆尤間合方至ゐ和順之由我

々天下之爲ニ一命を抛候心懸ニ付若開運有之候ハヽ一倍增ニ而返合可致若不運ニ候ハヽ香奠ニ致し呉候樣ニ与之趣尤非常之節公義ゟ御手當行屆候ハヽ借用ニ不及旨ニ付先々請書計差出候旨受合致し候趣ニ御座候此浪士共京都ニ而御打拂御決心之旨承知之上歸府ニ付十分ニ用意致し先陣可致旨之由專風聞ニ候

○東都商人ゟ來書

此節當地浪人共夥敷當月二日ゟ五日比迄淺草御藏前家持大家幷大傳馬町日本橋邊大家を見込押借申出市中騷敷右町々渡世一般ニ相休ミ皆々晝夜宅々相守狠藉者防方用意而已致し居何レも驚入晝夜の無差別諸人通行迄も遠慮致し甚難澁之事ニ御座候惡黨者名前左ニ申上候

此三頭ハ御旗本衆ニ而先達而御上洛之御供被

鵜殿鳩翁

仰付在京罷在候處異國騷敷候付
俄ニ此表ヘ罷帰居候由諸國浪人
頭のよし

高橋伊勢守
中條全齋
石坂周造
村上俊五郎
松澤良作
和田理一郎
藤本昇
外ニ多人數

右五人頭立候而押込候由惡黨者共此節馬喰町宿屋某方ニ四五十人程
茂逗留致し居其外本所山之手芝邊ニ逗留惣勢凡千貳百人餘有之由又
跡ゟ追々多人數相越可申抔宿屋々々ニ而取々之咄扨々込入候事ニ御
座候

一藏前邊始メ外諸所ニ而押借集金只今之所ニ而ハ凡壹万四五千兩之由

是ハ不取留事ニ御座候得共相分り候分丈左ニ申上候

金三千両 藏前 伊勢屋四郎ゟ出ス

同千両 同 坂清ゟ

同断 稲坂 市兵衛

米八百俵 十一屋善八

同五百俵 淺草 泉甚

同断 同 井金

金千両 某より

同五両〔百カ〕両宛 此外近邊 諸所より

右之内某ゟと有之候所ハ差留り不相分候へ共どふら大丸岩城田橋屋之由御座候金高之儀も中〳〵千両ツヽニゐも無之由世評仕候

右之通致乱妨歩行候ニ付町中ゟ早速訴出候處狠藉者召捕方ニゐも無之唯々御防ニ成候由御大名衆五組ゟ被仰渡候由左ニ申上候

御老中松平豊前守様ゟ

安部伊勢守　　酒井繁之丞

大久保加賀守　　相馬大膳亮

松平右京亮

右五頭ニ市中見廻被　仰付

町方大ニ安心の思ひをなし候然處去ル七日吉原深川仮宅場所江押込無錢ニ而賣女を慰酒喰遊興之上諸道具を切付大キニ怪我人等も有之由候得共是ハ引留候とて疵請候事ニ付少々ツヽえかもり疵之由ニ御座候併其上乱妨者女郎又ハ藝者廿人計連出し兩國川岸料理茶屋江揚り是又致乱妨候付不得止事是も御達申上候由御座候町廻り人數等左ニ申上候別而嚴しき事ニ候

六人　棒持足輕　五十八

手鎗持侍　三十八

目付添　三十人
十手取繩　貳十人
馬上目付　五　人
右附添人　七八十人
右惣人數貳百餘人
右ハ今日酒井樣御人數一組本町通ゟ兩國淺草邊ニ御見舞有之外四頭ハ諸所ニ御手分ニ而御見廻り被爲遊候何卒是ニ而早く御靜謐の程奉祈上候事ニ御座候
四月十二日

○東都ゟ之來書
四月十四日夕方浪人共傳通院境内之山ニ楯籠酒井左衛門尉殿手勢三百人を以召捕可相成由ニ而夫々用意嚴重神田見附ゟ人數頻ニ出入致

し今よも打出可申哉之意氣込尤見物人三四百人も可有之此上如何可
相成哉も難計樣子通り懸り見分致し來候旨同十五日白木和助之物語（前文傳通院ゟ）
一同十五日酒井礼夫々手配何れも拔身鎗ハ鞘を外し右浪人旅館（逃去候出申者もあれ共如右十四日手配之中ゟいろ丞しそ逃ゐくや猶訂を（たカ）べし）を取卷尋常ニ名乘可出不名乘出ハ
手込ニ致すべく万一之節ハ火之懸燒責ニ可致との義ニ而終ニ馬喰町
おゐて廿八本庄ニ而六人召捕相成十六日於町奉行所吟味之由右召捕
候起源と申ハ浪人共寄合兎角
公邊おゐて攘夷之御決着因循被遊候付同志之者何れも先々橫濱ハ切
込可申旨申合候處浪人壹人有之
公邊迚も攘夷御決着之上ハ今姑ク御所置見樣シ其上ニ而兎も角も取
計方可然ニ而ハ無之哉と申出候者を赤羽根ニ而切殺候よりの事と相
聞候
一右召捕方ハ付（マヽ）騷動ニ付橫山町ゟ兩國橋邊ハ不殘町家戶をメ候由

一六人大名ニ御預ケ廿人ハ浪士ニ引渡相成候共申候

浪士名前

一ト通り尋之上土方聟千代家來ニ預遣ス

同斷久世謙吉家來ニ預遣ス

同斷大關肥後守家來ニ預遣ス

同斷松平出雲守家來ニ預遣ス

一ト通り尋之上鵜殿鳩翁中條金之助家來ニ預遣ス

村上俊五郎

石坂周造

和田理一郎

松澤良作

藤本昇

白木庄兵衞

岡田盟

武田本紀

滿岡庄司

小林武八郎

松永綠

金子武男
淺井六郎
林　源兵衛
津田左司馬
上林藤平
荻野良藏
伊藤龜之丞
小倉右平
和田堯藏
田中九十七〔九カ〕
大野喜右衛門
中澤良之助
古渡喜一郎

右同断差戻ス

羽賀忠治
小倉宗伯
稲熊力之助
寺田忠右衛門（マヽ）

右於評定所淺野備前守井上信濃守御目付杉浦正一郎立合備前守信濃守申渡候

四月十五日

浪士
村上俊五郎
石坂周造
和田理一郎
松澤良作
藤本昇
白井庄兵衛

齋藤直五郎

右之者共儀御吟味中大關肥後守殿松平出雲守殿土方聟千代殿久世謙吉殿明屋敷ニ昨夕御預相成候由然處久世家御預浪士今曉堀長門守殿ニ御預替相成候由

一前書名前之外召捕相成申候浪士共本所三笠町浪士取扱御役屋敷ニ御差戻相成候由一昨夕ゟ大久保加賀守殿南部遠江守殿御人數爲固品川宿ニ出張右往還通行之者共相訂候趣右浪士共兼々異人共宿寺ニ切込候所存も可有之哉之趣異人共承込候由ニ而一兩日已前宿寺立去横濱表ニ相越候由付而も今般浪士共召捕相成候上ハ外浪士共猶又横濱表ニ亂入可致哉之見込相立候由ニ而右宿ニ人數出張通行之者共相改候趣ニ御座候

一召捕ニ相成候浪士共御用品啶と不相分候得共前顯異人宿寺ニ乱入可致所存幷種々之巧可有之哉之御見込相立旁今般召捕相成候趣

右等之趣承込候間不取敢申上候

四月十六日

○四月十七日出江戸状

先月上京致し候浪人も比日下著先便申上候兩人之者ハ此七八日以前ニ又兩人之首を取候者を帰り討ニ致し夫ゟ騷動致し既ニ一昨十四日ニハ

酒井左衛門尉

佐竹左京大夫

大久保加賀守

相馬大膳亮

松平左京大夫

等ニ浪人取鎭被　仰田安神田兩見附ニ右大名之家來甲冑小具足等ニ而

て數百人ツヽ足輕も數百人ツヽ何れも銘々手鎗を提ケ足輕ハ夫々の得道具を持候其有様ハ今ニも一戰之姿ニ而誠ニ勇ミ敷候ゟ暫田安御門之邊ニ馳集り夫より一大名ツヽ立分れ方々ニ散散スいけれも騎馬之者ハ隊長と相見へ中ニも佐竹抔ハ五騎其勢四百人足輕まて都合衆中八百人程其余之大名も不負不劣花々敷之由其由來ハ前文申上候首貳ツヶ意恨出來江戸中浪人千貳百人計東西ニ分レ傳通院と高田馬場と申所ニ屯し双方互ニ弓鉄炮を以押寄る勢ひ夫々を委《悉カ》く召捕候様ニ迚右之大名ニ被　仰付候右召捕ニ參る騎馬之者初血の色ハなく只勢ひハ猛くミへ候得共顏色ハあされなる者のよし承り及候又大名之御固被　仰付今ニも出陣之場を見ニ參る人ニ込候而山々之群集夥敷既ニ十四日之夕方ニ所々ニ召捕ニ散ミ浪人もゐゝらひ不申えけ〳〵とし尋常ニ縄かゝり候輩別紙名前之通中ニも手強キ浪人名前之内ニ數十人有之其者ハ名乘出候實ニ山河崩るゝ共不動心躰と申噂之由昔

の正（欠ヵ、）ゟも十倍増之一氣量者と申事町々之評定ニ而既ニ翌十五日夕刻ニ至り平穏ニ相成夫迄ハ異變之程も難計市中を警し明果（本ノマヽ）る時節之由評定まち／＼夫故此節ハ見附々々番所御固ヵ手厚く其上武家中共ニ大名方家來等六七十人ッヽ昼夜之廻り有之候何分ニ茂人多場所ニ而誰り悪徒あるとも不知とんと士計ニ而小ぬきなれニ而一切他行ハ得不仕候如何成さんなんも難計候付只屋敷内ニくよ／＼とくらし居申候

十三日ニ小石川通ゟ加賀屋敷前湯島天神通東叡山邊まて遊覧ニ參り申候珍ら敷事ハ

水戸殿御家中之由ニ而三百人計稽古道具を肩ニ懸四五丁程一行ニ歩行是ハ當所講武所江參り其帰りと申事ニ候いつれも往來の諸人放心しく其勇々敷様を見物ス間もなく右御屋敷江不殘帰宅中ゟも強勇なる士之躰ニ見請候者貳百人計何れも手強キ六尺程も有之刀を帯し脇

差ハ小供之帯も様ある形し小サキ差添ニ御座候其邊ニ而承り合申候
處先刻も稽古鎗を提ヶ數百人程右御屋敷御入込と申事を其邊ニ居合
候茶店のぢゞさん物語致し候是ハ今日ニハ不限隔日ニ如此と申聞候
先比　水戸殿御上京之節爲持之鉄砲三百五挺皆ニハ　御城書ニ詳之
余り人數多く御召連ニ付御老中も過分と申噂も有之候左様ニ而ハ無
之全く
上様余り小勢ニ付若一之時ハ御助ヶ可申迚之御人數歟と下評夫々相
違ハ不相見
上様之御跡ゟ緩々と御供之由右御家來も軍士抔と申噂云々下略
四月十七日
○横濱沖ニ滯船夷人江不依何獸肉喰類一切不可送与之嚴令有之外夷共殆
及迷惑貯之品も追日喰盡し飢餲可及体就中牛肉ハ一日茂不可有無處不

被送付ゟハ殊更縉（饉カ）綏せしよし

鵜殿鳩翁
松平上総介に
中條金之助

○四月十五日

今度浪士之内人物宜者相撰新徴組ヽ唱替酒井繁之丞に御委任被仰出候間得其意繁之丞に申談可被相勤候尤浪士取扱之儀以來新徴組取扱ヽ可被心得候

右有馬遠江守申渡之

同日

酒井繁之丞

新徴組之儀其方に御委任被遊候間諸事取締方其方共可被心得候尤鵜

殿鳩翁松平上総介中条金之助可被談候

同　　　人

新徴組御委任被成候付御府内晝夜廻りハ御免被遊候

同　　　人

先達而御府内非常廻り被
仰付候付而も家來共一同氣込宜殊ニ一昨日も猶又別段之御用筋被
仰付候處厚相心得武威を張昼夜精力を盡し御都合も宜畢竟常々申付
方行届候故之儀ニ付追而
御沙汰之品も可有之候得共先此段申達候

大久保加賀守
阿部播磨守
相馬大膳亮

右同文言一通ツヽ

松浦肥前守

一昨日ハ別段御用筋被
仰付候處家來一同氣込ミ宜武威を張以下同文言
右豐前守宅おゐて銘々家來呼出し書付相渡之

○東都ゟ書狀

當地形容更ニ相變り御存之江戸ニ而も無之候此比兩國橋ニ獄門御座
候是ハ御抱之浪人似セ浪人を及殺（害脱カ）・申候よし落首ニ
兩國ハ象と胴との押合く象ハ見世もの胴ハ似セもの當節同所ニ大
象之見せ物有之大賑合ニ御座候浪人騷キも咄とりハ大事ニ而本所と
坂小笠原と申方ニ居申候小笠原と申方ニ居申候小笠原ハ浪人支配頭
此所ニ貳百人計罷在候中ニ久賀八郎と申者頭取ニ而御座候處淺草藏
前ニおゐて白昼ニ押込入金子壹万兩押借ぶり込ミ候處此浪人曲者

と申方ニ居候小笠原ノ九字重復ス恐クハ衍　校訂者識

ハ小石川小日向と申所ニ居候浪人ニ而右强盜浪人貳人を御抱浪人方ハ召捕右久賀八郎差圖を以刑罪いたし申候其後上野鳩組与申横町ニおゐて久賀八郎獨歩いたし候所を小日向組之浪人共五人ニ而たまし討ニ首討取申候由仍之又々右首兩國ハ晒シ可申とて之申合ニ候處首壹ツニ而も外聞惡キ迚其儘打過候由之處猶又久賀八郎組下之浪人貳百人申合小日向ハ仇討ニ押懸往可申哉とて大ニ騷候處斯てハ實ニ大騷動ニ可相成處酒井左衛門尉手勢を以早速召捕夫々御吟味之上双方ニ而六人被刑候右故ニ右騷一件ハ事濟申候其以前浪人共異國船打拂一際目立さる働も可致申合之處何ぞ仕出しさる事も候ハゞ且又靑山御賄塩藏ニ火を懸可申手立之處見廻り大久保加州手勢を以召捕候よし扨又奥醫師竹内道策六ヶ年以前被召出三百俵被下候異人ハ内通いたし候段露顯揚りや入ニ成每日御吟味有之其外ニ外國奉行支配吟味役之者手附同心四人同しく内通之連中入牢致し居申候

越《チツ》坂《サカ》寺院

宿陣割

一本陣　極樂寺

一本陣附　無量寺

一金皷役　神光寺

御目付
一小笠原龍三　光善寺

一御徒目付御小人目付御小人押夫共　寶珠院

御先手物頭
一鮎川甚十郎組共　盛廣院

同
一太田源之進組共　惣通寺

同
一青木彈左衞門組共　崇恩寺

寄合組與頭
一大村小兵衞

山村源兵衞御中間共　信行院

世話取扱　湯本七藏
一仕後藤重一郎
旗奉行
一加藤彌右衛門
長柄奉行
一酒井祐九郎
小荷駄奉行
一平岩紋兵衛
兵粮奉行
一三浦次郎右衛門
右附属共
使番
一栗木金十郎
同
大澤彦六
陣物奉行
一天野次郎右衛門
同
源深カ澤仁右衛門

天機院

養革寺

一（組合）荒川宗太郎初
一福澤永五郎初
一船橋彌太郎初
一川澄新左衞門初
一古屋長太郎初
一淺野善之丞初
一大島新三郎初
一平澤鐐太郎初
一大筒方
一（醫師）横地龍春
山崎注連之助

大砲打方之輩

善祥寺
西向院
善祥寺
大念寺
一行寺
西向院
一行寺
實性寺
養革寺
向陽院

右手

唐金三百目御筒

貳百目御筒

アキマヽ

唐金龍御筒

百目御筒

同　斷

水野勘十郎
疋田源之丞

林直太郎
波多野太郎

谷田源三郎
波多野竹次郎

中村友之丞
松村久之丞

本多虎次郎
吉田初治郎

鈴木市太郎
川口房太郎

同　斷

同　斷

右之通御筒御預り置申候

裁許役

火藥懸り

火繩捌兼

左　手

唐銅三百目御筒

貳百目御筒

黑川熊次郎

西川庄次郎

倉橋三喜之丞

鈴木作十郎

荒川彥太郎

寺町七兵衛

深澤金一郎

三浦鍵之丞

山本市之丞

平岩金一郎

波多野悅三郎

尾崎松次郎
下方左馬五郎
平井鉄次郎
山本繁三郎
松村鍵次郎
吉田才三
岡寺信次郎
西村鍬次郎
林欽彌
鈴木壯十郎
山内富次郎
瀨尾厤之助

同 斷

唐金百目抱御筒

百目抱御筒

百目抱御筒

同 斷

右之通御預り置申候

裁許役

火藥締火繩兼

火繩捌火藥氽　　中尾彥十郎

以上

右之通御座候

○四月勢州越坂ゟ或人の書簡

當時川崎越坂淨閑寺ニ宿陣仕候誠ニ閑暇ニ而御座候付運動旁諸所見物ニ出懸申候兩太神宮ハ申も愚朝熊ヶ岳妙景一宇田茶屋酒肴塩梅よし奥之院呑海庵絶景ニ而日之一東(暮カ)ルヲ忘申候志州鳥羽一都會ニ而湊口賑々敷日和山景色筆ニ不及山路ニ而天怪ニ出逢申候是ハハリシカ子とゟ申化物之由君ゟ御逍逢(遙カ)之折如何候哉柏戸亭無之困入申候されとも捜出一盃ハ吃申候磯邊皇太神之道ハ深山幽谷ニ而鶯多く老ヲ鳴風聲水音恰も仙境欤と疑ゟ申候杉坂立りか辻物凄く猿田ノ森瀧祭不側(測カ)千万片枝杉奇

異也餅〔甑カ〕岩鼎石鸚鵡石ハ奇々妙々岩上眺望佳之大神宮ノ森神炭神社清莊穂落宮ハ山の麓ニ社地廣く古木森然なり慈光庵と申寺ニ而金鐵連三浦鈥吉櫻井虎兵衞林四郎兵衞杉山茂臣なと逢申候日々淋敷徒然之至之由青ヶ峯觀音山高ク殊ニ大寺ニ而青峯山正福寺と号ス山路二拾・〔町脱カ〕余登りて眺望奇絶之夫ゟ五智越坂路嶮敷朝七ッ時比ゟ出懸夜四ッ過帰り申候又他日御裳・〔濯脱カ〕川ヲ逆上リ諸所見物致申候牛石ハ形を以て名トス大松之下ニ有アワヒ石形能似なり鏡石神社ハ内宮攝社之内則鏡石之上ニ座ス石ノ周リ凡三拾余間高サ五丈程石面苔生して多ク光りを隠ス遠ク望ハ晴夜ニ星を見るが如し三ッ石ハ大石ニ而燈臺松古木にして地壹丈計一幹ニ而それゟ數本立其枝よく通りて七八間もニ及恰茶筌之如し郭公口老なくさに鳴共谷の音ニ音を盗れ龍ヶ峠ハ紀州街道にして嶮路あり殊ニ物凄し内宮ゟ燈臺松迄道法三里半二見邊にハ道々参り名所古跡見物致し先太夫松伊勢三郎ら屋敷地硯石大江寺ハ

江村ニ有山門の額空海書潮音山と書ス古刹之蒔繪明神の森ハ南之麓ニ淋敷江之神社是ニ相對ス潜嶋ハ奇妙ニ而洞中十間計宮州伊氣浦松下村ゟ山路半道計粟皇子神社立給ふ北ニ飛島口立景色いふ計なし驚島龜ヶ森姫小松ハ江村之南三津村の間ニ有濱荻ハ田中の小澤ニ有三津村田畑某藏歌占の弓誠ニ古物よして櫻の如キ木理有木ニ而作る長三尺計取柄ハ竹みく作り赤地錦よく包青キ糸ニ而卷ケリ其錦ニ障れハほろ〳〵と溢れ申候弓ハ本末ニ哥有又八枚短册有これを紘ニ付候よし哥ハ別記ニ留置申候又伊勢三郎ゟ太刀是古物と見へ誠ニ麁成物之且又藤堂ゟ砲臺立派ニ出來申候二見茶屋裏ニ壹ッ今一色村ニ壹ッ志州勢州之境神崎山ニ壹ッ是ハ普請寂中ニ御座候又山田原村と申所へ出張陣小屋出來是又見事之是等之趣外々ゟも御聞ニも可被爲在候得共見申候儘ニ荒々申上候以上

四月廿二日

○五月寄合組與頭初寄合組に御觸

磯部

大神宮爲御警衛相越居候御鎗奉行格跡部又七郎初儀御吟味之譯有之
右警衛筋被相解候間磯邊表御警衛之儀も大御番組寄合組之内ニ而五
六人ツヽ代り合同所に相詰居若異船渡來等之樣子ニ茂候ハヽ山田表
ニ罷出候御人數之内勘辨次第程能引分ケ御守衛行屆候樣可取計旨尤
大砲打方之儀ハ兼而藤村四郎兵衛初相詰居候間同人に爲相勤候積可
心得旨隼人正殿ゟ申來候由付而も大御番組寄合組と申（合脱カ）順々半月代り
相詰今般之儀も大御番組之内ニ而相詰候筈候間重而之儀も寄合組ゟ
代り候積可被心得候此段伊（缺マヽ）、殿ゟ被仰越候付相達候

四月

別紙

今度陸地相應之場所無之候付船々爲乘廻大砲船仕懸取計筈候付而も

船軍備之譯ニも無之候間猶更心得之儀打方裁許役に御談相成候付而
も御心得迄ニ相達置候事

五月

○伊勢

勅使ハ代り合ニ而社家ニ逗留此節五月ハ

橋本中納言殿　六條宰相中將殿　藤波祭主

內壹人右之內誰殿なりや聞漏山田榎村儀太夫所ニ逗留門前ニ

勅使齋館

と書しるる大なる札を建

○尾張樣御師ハ靑木太夫といふ人足等入用之節此家人申遣セバ間ニ合ふ
之取初社家ニ兩三日投宿之處取扱麁之事共ありしをも靑木大夫に申遣
しゝれハ直ニ改し之伊勢越坂詰之人の話

○越坂詰之輩（両番なり）壹ヶ月米壹石ッヽ被下宿寺ニハ一ヶ月ニ金壹両ッヽ被遣

此節五月御扶持方ニ定マルト云

壹石ニ而飯米を引跡賣拂候而茂大分之金子ニ相成肴ハ至ヽ安直ニ而

日々酒肴しヽも金子殘るくらゐト云

○宿寺座敷幾間も有　本堂も佛前ニ幕を張其余を用ゆ爰ニ五人組一組も居る故至ヽ廣し魚類ハ川崎ニ而買へハ鮮魚を得又賣ゟも來る趣り寺の厨所ゟヽ煮焼勝手次第なり（寺院淨土宗多し禪も有）

○海岸ハ藤堂の臺場ゟヽ尾州ゟ大筒を置べき所なく尾州の出張ハ（缺マヽ）福山の上を其所とに

○鳥羽侯（稲垣攝津守三万石）ハ南之方大洋の海岸を引受ヽ臺場も多し小家ニ而守衞行屆りさく

御家へ臺場二三ヶ所御守衞を願ひしりども

御家も御守場多き故御斷ニなりたりト云

○藤堂家の炮臺二見茶屋ニ壹ッ今一色村ニ壹ッ志勢之境神崎山ニ壹ッ此内欠マヽ、の砲臺ハ巖石を削平なく成より費用莫太なるへしと云

○元御手筒同心當時浪人江戸住稲熊力之助ゟ之文通之内

盡忠報國之勇士之内馬喰町ニ罷在候分三十八人余御座候由

右不殘評定所ゟ罷出候處御用御呼出ニ付右組頭分丈御呼出之筈ニ付

組頭之外御返シ相成候文左之通

右之者共之内御尋之儀有之御評定所ゟ御呼出御達御座候處年來之御

恩澤を報度心底ニ而御制度相守尋常ニ罷在候段奇特之事ニ候尤攘夷之儀ニ付盡忠報國之爲メ可盡精力存意之者共御詮議被及候筋無之候間其旨一同厚相心得彌御制度を守其筋とり御差圖無之所を自己之存意を以猥成儀無之樣可被心懸旨被仰渡被成御引渡と請取候以上

四月十五日

浪人奉行
鵜殿鳩翁家來
前田左金治

同
中條金之丞家來
增田甚之丞

右ら於評定所若年寄衆町奉行御目付立合ニ而可申渡筈之處若年寄衆御用多ニ而町奉行井上信濃守御目付松浦正一郎兩人ニ而申渡候右浪人組頭之内今般御呼出御尋中大名方ゟ御預ヶ之者左之通

堀長門守ゟ
石坂周造

土方聟千代ゟ
井上俊五郎
大關肥後守ゟ
和田理一郎
松平出雲守ゟ
藤本昇
松坂良作
白井庄之助

○四月
今度一橋中納言殿東下被
仰出候付前大納言殿儀御政事向万端輔翼有之様
御所ゟ御沙汰有之候付御政事向万端心を添候様被　仰出候

○四月　京都ゟ書状

大樹公ニも去ル廿一日　御發駕

石清水ゟ御參詣之上攝海御順見として大坂表ゟ御越被爲遊之事

一姉小路殿ニも一昨廿三日

勅命ニ而攝海御見分として大坂ゟ被相越候事

一去ル廿一日加茂下上之葵祭も首尾能被爲濟

勅使ハ三條西殿御勤

一去ル廿三日

敏宮様御儀和宮様姉宮様御桂御所ゟ

出御被爲遊

牛車ニ而御出被爲遊　御行粧之立派成事奉絶言語候

主上ハ南門ゟ

御透見被爲遊尤天氣快晴ニ而殘所無御座候

一近比も外藩而追々帰國相成洛中歩行之士一ト比ゟハ大ニ減少右ニ付
殺罰(マヽ)とも邀(マヽ)行而暫遠退キ穏ニ相成會津の見廻も少々忽ニ相成申候

○京都ゟ

伏見市中鍵屋文左衛門宅ニ雀之巣卅五六ヶ所有之見請候處座敷内瓢簞
ニ穴明ヶ懸有之其内ニ巣有内庭唐金火鉢ニ巣有勝手問〔間カ〕壁ニ小箱穴明ヶ
懸有之其中ニ巣有損シ雪銅〔洞カ〕損シ小鳥籠ニ而巣有右何れ而屋内ニ下ヶ有
之大竈上ノ花入巣一ヶ所荒神松之枝ニ壹巣有同所文左衛門ゟ壹丁程上
新家竹屋庄右衛門方座敷ニ三ヶ所雀巣有右も他ニ見聞不及珍奇之事故
見ニ相越則豫メ誌候事

○四月

五日

一大名惣登　城被　仰出御用品不相分退散入夜

同日ゟ

一尾張様隔日御登　城ニ成

六日

一柳之間詰大名一統松浦肥前守宅ヘ集會内談用向不分

同日

一小笠原圖書頭今夕申刻前帰府到着直ニ登城

十一日

一水戸様御帰府組東海道御下

十二日

一右就

御帰府御登　城如例　尾張様ニ茂御登　城此後御両家隔日ニ御登

城被成候

同日
一松平陸奥守帰府但中山道罷下
去七日
一柳之間詰外様大名計惣登　城御用品不相分
同夜
一松平伊勢守三万石因幡分家宅ニ柳之間一同参集用談之由
十五日
一水戸様ゟ被
仰出
文言前ニ誌畧ス
○四月廿五日

太田道淳

御老中被
仰付旨
同月廿七日
太田道淳
御役勤候内年々三万俵ツヽ被下之
(以下二行原朱)安政五午年御老中被　仰付
同六年八月引籠無據御役　御免
同廿八日
酒井飛彈〔マヽ〕守
若年寄被　仰付
(肩書原朱)柳間外様三万石
松前伊豆守
寺社奉行被　仰付
(原朱)松前家御役勤候事初而ならん

○四月

會津侯上書

是迄英人應接之儀ニ付而も御問合致し候得共篤ニ愚考仕候ニ百里外も相隔候場所向後共事情貫通し難く往來之間ニも機會を失し品々指支而有之も顯然御座候江戸表之儀既ニ尾張殿ハ御留守被
仰付置此度
將軍御滯京被遊候付而も
叡慮を以水戸殿御指下ニ相成圖書頭而被指下候處昔ゟ人君將を命し師を出も事あれハ推輪捧轂全く閫外ニ權を授ゟ内ゟ製財《制肘カ》無之又王將たる者軍中ニあらハ君命有所不更《受カ》ニ和漢出師之舊例ニしく斯く有く大き全勝之戰功相立候事顯然御座候間英夷始諸夷應接之全權水戸殿ニ御委任相成候ハ曲直明し不義名目不致候樣應接被致与而已被
仰遣度候途々相隔候京地ゟ品々御指圖ニ而

御製（制）財（附カ）有之候而も所謂繫軍ニ相成應接之難成ハ勿論之事變ニ臨ミ接戰全勝之功無覺束候間何卒推輪之

思召を以悉皆御委任被遊其御成功を責ると申樣有之右之趣を以

朝廷ゟ被　仰上度奉存上候以上

但今度水戸家應接之全勝（マヽ）ハ御委任被成候得共品ニより尾張殿ゟ相談致し圖書頭始外國奉行諸役へも有之事故右之者共ゟ應接爲致外ニ可然者も人撰候義水戸殿家臣立入應接爲致候而も不苦候条被仰遣度義ニ御座候以上

四月　　　　　　　　　　　　　　　松平肥後守

○四月封廻狀

一ト通り尋之上本堂内膳家來ゟ預遣　　　　武井仁之丞廿八

同　斷　　　　　　　　　　　　　　　　　津川知二郎三十

同断松平兵部家來ヽ預遣ス　照山儀左衛門 三十

同　断　津川彌四郎 四拾九

右井上信濃守御役宅おゐて御目付酒井彌四郎立合信濃守申渡之

四月十八日

○四月廿一日

新徴組取扱　鵜殿鳩翁

御免

新徴組支配被　仰付　松平上総介

箱館奉行支配組頭　河津三郎太郎

○四月廿二日江戸風說

水戸様ニも攘夷之儀ニ付

叡慮台命御含御下向有之小笠原圖書頭殿ニ而同様之由昨廿一日圖書頭殿品川東禪寺ニ被行向五ヶ國ミニストル御呼寄應接可有之との筈右大意ハ生麥殺人之儀曲直を明らし候得も名義不相立候付改而扶持金を被遣已來横濱鎖港云々則御觸之大意之然處右趣意何欤少々動キ有之圖書頭殿ニ而不快登　城無之昨日之應接も差延相成今廿二日ニ相成候哉ニも相聞候得共是も無覺束候彌應接御座候ハヽおのつら人間ニ相洩可申候間其節可申上候御旗本衆ニも心ある人々公方様永々御滯留之段上方を奉恨人氣不穩御迎罷登るへきなど多人數騷立候由尤之事ニ相聞候先々頭支配御役人向ニ而取靜中之由ニ御座候

四月廿二日

浮世夢は泡
江戸の

○雑談之記

△師崎の庄屋異國打拂之儀私壹人ニ被
仰付被下候ハヽ實ニ御勝利有之ト言上ス故ﾆ彼ニ被　仰付候處異國
船ニ向ひ鉄砲なれなにより打放し候得もあなたよりも同しく壹玉打放
直様逃去しと

右も世にいふ謎もなしとならんにて短才無智之小人にハ早く分り
かぬるへし

△異國軍艦來り候ハヽ江戸中の美人ともいえる婦人を吟味して品川川
崎の濱辺に丸はだかにして立せ置べし速に去りぞくなしと云〳〵ソ
レハいらに〳〵去なかつく逃升

夕涼島田むすめのきなをのを
てうしちドミりさ川まりすりり
世の中ハ四十八文字よんぞ見よ

井伊くもじまり京で納る

歌金鐵

面外施仁亦顯忠　倍(マヽ)從公駕上禁宮

名言金鐵合掌士　恥求宦欲在其中

金鉄もとろ旁かゝ里し暑サ哉

玄んハ鉄より

いわしの頭も信心

るんを以く集る

二階から目薬

釜ん木でもら

陰陽師身の上玄らぬ

針の穴から

一寸先ハやミ

（マ）

倍従公駕上禁宮

恥求官欲在其中

福井松平越前守

宇和島伊達遠江守

津和野龜井隱岐守

松山松平隱岐守

高松松平讃岐守

彦根井伊掃部頭

水府水戸公

小倉小笠原大膳大夫

佛の顔も三度
ゆふきれも足洗ふ時分
佛さのんて地獄行
みうり笠てひる
餅ハ餅屋
おふさ子よをしへられ
蛙のつらよ水
人參のんて首くゝる
枯木も
山の
よきやらし

姫路酒井雅樂頭
津山松平三河守
會津松平肥後守
一橋公
尾州
阿大公
高田榊原式部大輔
小濱酒井修理大夫
長府毛利左京亮
德山毛利淡路守
三上遠藤但馬守
福原松平主殿頭
福知山朽木近江守

りん言汗の如し
すゝめ百まで
とれ中ニ垣
うはひ物宵
下駄に焼ミそ
盗人の昼寐も
椽の下の舞
むくろし三年
豆ふにかすがひ
立板に水
氏なふて玉
のみといはゝつち

芽マヽ原
薩州
長州松平大膳大夫
土州松平土佐守
佐賀松平肥前守
久留米有馬
熊本細川越中守
福岡松平黒田美の守
對州宗　對馬守
岡山松平内藏頭
鳥九マヽ松平相摸守
上野藤堂和泉守
加賀中納言

かけうつの豆
むかしのつるぎ
きりとふんどし
いして手をつめゝ
地ごくの沙汰も金
出る杭
とらの威をかる
よめ遠目笠の内
京ょ囚《田舎カ》そ
袖の振合
闕《闇カ》ょ鉄炮
くらがりから牛
皿ょ桃

久保田佐竹左京大夫
米澤上杉彈正大弼
南部南部美濃守
伊達仙臺
阿波
岡部中川
佐土原島津
春嶽
桑名松平越中守
神戸本多隱岐守
阿部伊豫守
松江松平出羽守
龜山松平豐前守

ぬき手で粟
むらふ獅子
大名の名有ハ火よくむる
ふしハくとゑと
寺ら里へ
すた腹みハますん物なし
見ると聞とハ

同し穴の狐

善哉餅よさん

喜連川 喜連川
津輕 津輕越中守
淀 稻葉長門守
宮津 松平伯耆守
川越 松平
山形 水野
柳川 立花
關宿 久世
岩城平 安藤
鯖江 間部
此外大小名

○京都の流行歌
節《フ》（土州（原朱））ハ虫喰御芋ハくさる萩（長州）ハ主得れて散らゝる

（原朱）癸亥三月江戸板行一枚摺

當時見立三幅對

大 諸國城下 繁 きうくつ座 昌 道中の傳馬	相 鐵炮鍛冶 場 竹具足 なし めんちうく	いらぬと云その できても こまらんし さうなし 清ぐら	名ば 清き知行 がり 端武者の屋敷 あなは たび商人	いそ 武具 いで 馬具 きる 立のき	いそ 別当 が 武藝 しは 大入
流 馬乗袴 大ッ拵 行 何分當	明キ 下屋敷の長屋 が 揚屋への通ひ路 あなは 近在の荒家	去年 東海道 りふ 雑役船 回 まりけ 木曽海道	用 古着 かは まき 買込 梅干	から 宿場馬 ふさが 上下の供方 つかぬ めし盛	つら 雲助 とし 車力 りどり かるわき
とう 國行奥方 ぶん ごふ 近在へ隠宅 さた 田舎の入湯	おき 三社の芝居 られ 夜桜の客 ず ゆく おたり	めいは 鰹の合薬 てく 海山寺の人 ふれの 残ッ夕霞し	とうじ けいしや 木 あや よせ のぶ 秋の古所	大 屋敷の足留 ちが 出見物不 ひの 五月幟市	お 役人 屋 生 重のあつらへ りさ 鼓質所
氣 金持 が 家作 もめる 藝人	高 仕入物 ぶ 墨清 人合 賭路	買人 表店 てが 道具 あは 夜鷹	本 弓矢 甲衣 用 奉公人	きる 武家奉公人の年寄 がらがら 医者 こまる 役者	長 五ん月の女 あて 逗留人 こまる 物もらひ
繪 夜商人 夜 そら言し 十を 君やら也の	姓 駈由さん 最 書偈 口誘 掛まつり	ちん 嘘 寺 どい ちいしや まづ 登 おんぶ	厩へ 絵の御乗 たこ 子供の夜中 あは よは道化	医人 髪結 始て 間屋 こまる 火に とろ	うれ 行列の絵 てこ の まる ちうちん

（原朱）癸亥三月江戸板一枚摺

（原朱）此方もべて間ま合物を集

（原朱）此方當時間ま合ぬ物

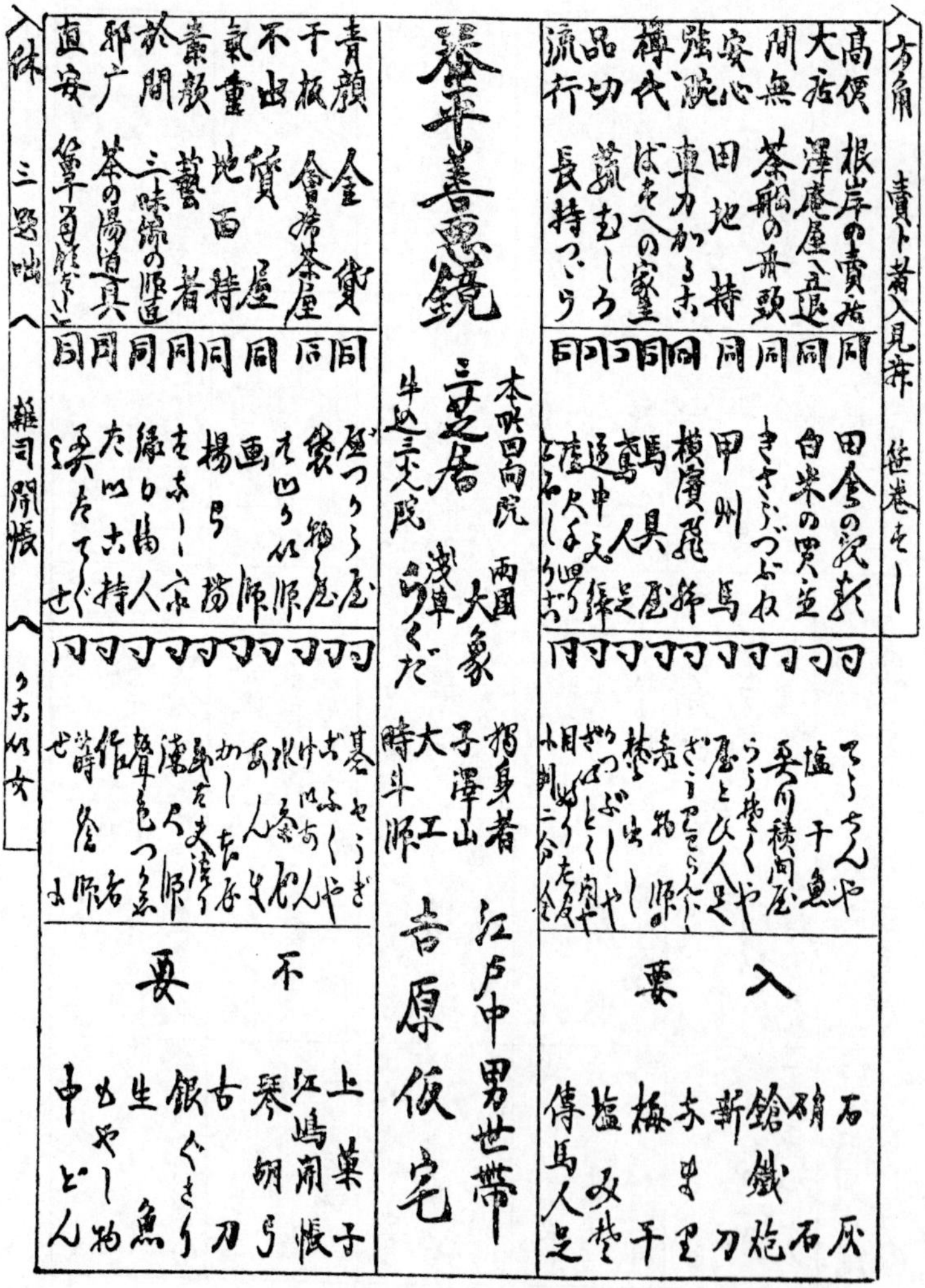

をくらハ國で殿様と云川ぼりと

屋敷家業ハ實とみんなが

娘ハミんな麻疹して毛が拔て天窓ハや

薪炭の高ねのぞ人ハぐちを

殿様ハミんな馬で登　城を

十二文よ直上ケ云さらバ湯屋ハ朝から

三十六歌仙

するが臺

青山

神田

飯田町

隅田川

瀧の川

天智天皇
明家に成ハ大名の上るしき出入町人ぐちをいひつゝ

持統天皇
ある仕事俄にしんなしやさせる職人連ハ事をかく山

柿本人丸
指引ハ半筋なれ共ふれ難しなら〳〵物ハ少しらさせん

山邊赤人
どこの内も立寄しれハ釣錢の斷書の札ハもいつゝ

猿丸大夫
奥様も若葉さつきを引つれて國に行とハ誠うれしき

喜撰法師
我家ハ大名屋敷ながひをのようつまらぬと人ハいひあれ

小野小町

顔の色ハ替りふゝ朽な元〆ハもきゝの人のもなしせしまゐ

せ　ミ　丸

おれや此いづくへかわるミちまでかえりもえなひゞ大方の説

參議高むら

あまのもらの世ゞくらしゝ親達も人みハいとばあおがつりふね

中納言行平

立別れ御國へ行も御觸故三年めよハまゝかへりおん

あり原業平

茶屋もなめ藝者もきかばたつゝ川からくれなゐて店口とハ

素性法師

今おんといひし計の口《にカ》おり酒かんの出來る波待出るか那ミ

ら　ん　家

今度ハ鎗も道具も持づして馬で登城ハみんなまめ《にカ》あれ

三条右大臣

なみしあふ大名ミんな國へ行武家ハ江戸詰へるよしもかな

中納言家持

かき（マ）ぬ、を樂みしらせしかたひ者勤番をりくくらしける哉

紀の友のり

しさりを（本ノマ、）のしらしをつめさるとう人（マ、）川心なく永くゐるらん

平兼もり

しのぶれといつかしれたるわかつとのらしやめんしさと人かいふなり

中納言あ（あカ）りさゞ

何ても諸色ハ高く成ぬれハ昔ハものハ安くらるなり

中納言朝忠

何事も時世しせつハ是非もなし人をも身をもうらみさらなし

嫌（謙カ）とくこふ

あはれともいふべき人は日雇取身のくらしが刈なりぬべきかな

曾根よしたゞ

湯屋の直は上る行人ぐちをいふいづくも客は小言いふなり

藤原よし高

君が爲をしからざりし命故武家は調練もなさるゝ哉

藤原道信朝臣

明ぬれば暮の六ッ迄かせぐどもものゝ高ひぞ跡戻りかな

きやうせん法師

淋しさに屋敷を直に詠むればいつくもるすぞ跡は門番

大納言きんとふ

海きのえはさへてひさしく成ぬれば直こそ上りてをぞはへりつゝ

前大僧正行えん

諸共にあはれと思へ元〆は外にかすりの來る所もなし

心よもあらぬ浮世のせづむなしくやしらるべき世の暮し哉

三条院

誰をらも皆馬で出ん六尺や手廻り迄いともならなくみ

藤原おき風

思ひ出し扱も諸しきのある物をむまみ高直いなミぶ成たり

道ゐん法師

なけゝども勤番衆い國へ行かこれ者お巻なミぶ成たり

西行法師

見せもやと玄やれる浪《涙カ》ハ麻疹故ぬけよぞぬけし天窓河原毛

ゐんふ門院

世の中ハよくの浮世と江戸娘くろぼう人とよくもふる哉

公《后カ》宮大夫

伊せ太輔

いよし〳〵のいじんとちりひなまされてりふ此比ハなげをそふなり

赤染右衛門

なすれとてミな白馬よ乗よりり大名迄も馬てすむなり

順徳院

もゝとせの古き軒端の御なざもと末ハ太平御代となりち《けカ》る

○前よ出るしなる見立三幅對に同しなる物ハ集會といえる錦画の貳枚摺

あり三幅對み同しなるハ略しく別なる左ニうつき

云ひれ物ハ　商賣のなぬ　海岸の丸持

こひがる物ハ　高利らし　損料らし

出て來る物ハ　田舎の人　勤番人　四文錢

奉公人

たりしれ物ハ　おくむやうな人　ときようのいゝ人　下女を迎ひこ

來る人
もふ〻る物ハ　道中一膳飯　武器道具や　宿々旅籠屋　鉄炮師刀と
たし
いそく物ハ　てうちん張替　あつらへもの　安乗物　合羽の仕立
れなかれ物ハ　湯屋の早仕舞　預ケ著類
なまる物ハ　おうせうの年寄　ぢ病持
いらなれ物ハ　妾　能造作　火縄　江戸の親類
つまらぬ物ハ　立退く盗賊よあふ人　横濱町人らしやめん
追々ゐる物ハ　手習子　唐人の咄
なむ物ハ　宿々問屋
大キイ物ハ　諸のあんなく
待く居る物ハ　あるじの歸り
うれなれ物ハ　古道具　植木

當時見立町盡三幅對初編

いそがしくて めが 丸之内 せんどう 車力 かるた	うそら しい そふしの ある 鉄炮町 大坂の在城 宮様の御立退 新橋向の取拂	金玉ゝ 上り下り 顔ハ 青山 横濱の町人 市中の物持 海邊の住居	とうじ それが そへて 飛沢町 こらんじ のりもの はゞら
此節 直段を 揚屋町 小倉ぢぬ 道中旅籠賃 たもこなこ	さこく まへ まさ〳〵 そなし町 田舎へ立退 商賣休 貧乏人名殘遊ヒ	日々 たより を 松田町 御供の留守宅 いよ〳〵の所 田舎の親達	大方 いまよ 出雲町 御もくひ米 遠國のぬ人足 〆賣の尻
うそらしく ても 本町 鹿兒島の戰 イギリスより 日延願書 布流シ軍略	此節 むつ さり すきや町 湯や髪結床 かうなやく場 ゐざうしやの前	◎まふ ゑが 天ゝふ 古川 京都 東海道 中山道	是ハ だん〳〵 江戸 されが 築地 唐木綿 屋敷の女中 よこれ武士

格別 米薪梅干 此節 武笠類 高砂町 場末の店賃	されでも 三芝居 客が一盃 深川の假宅 入谷 象の見世物	枯木に 郷士侍 花も 千住邊の家主 櫻田町 人入宿	さふに 屋臺の唐物 かひてが 市中の賣家 内藤新宿 ゑ川らうの櫛
万八 横濱の取拂 なしされハ 角力の出陣 本郷 赤門の出陣	くさらぬ いさゝの江戸ッ子 噂を おてんたの娘ッ子 駿河町 髮結の奴コ	近々咄の 京都の噂 火の子も 奥山の生人形 下谷 回向院の芝居	今と 早ク立退々人 なりてそ 横濱の新店 後悔を品川 普請の仕掛
そんな 高輪取拂 事聞も 裏店の難澁 うし町 市川の破船	されが 寸。もの大業物 もつあの 歸參の侍 さハそれぞし ちきれ具足の高直	今度ハ お寺さぬ あでハ おしや 喰違ひ御門 やぬいしや	よがく 金貸の隱居 ちハ 大工の棟梁 顔を澁谷 左官の親方

御出さ子へ
りへし度なんよ
おゐましゞなんよ
ましおさましさ子へ
ヲヤ大キイ袮へ
モウ我慢が出來子へヨ
おありくなんよ
まざとやりなんよ
入さり出しさり氣ハもめる
おまへも云し私も云ひ
十分よおゐしでなん子へ

奥平大膳大夫
戸田采女正
牧野錠吉
一橋公
鷹司殿
助郷人足
御上洛御入用
長居の噂
御役人
御所にまんなん
明荷
御發駕のさゝ
御手當

長くくつら《ミカ》れるよ
先へ行升よ
大さふニ出しム子へ

又いくよ
ヲャ〳〵又出しムよ是で三度目
又立ムよ
いいそ嬉しいよ
早くぬいておくれよ
アヽぐつらりしム
別れが己るい子へ
又今まあふよ

御供方
御先帰りの奥向
御所の進物

御所へ
還御の御日限
諸大名
江戸入の日
老中の恥
永住のさム
福井
江戸立の日

當時善悪競

行司　○山林の住居　○武器職人　・とめ湯　・諸藝人　・横濱の町人

司　・海邊の物持　・お人宿元　・身元　・市中の物持

○の方

大関　いなかの人
関脇　かるさ
小結　動番の侍
前頭　車力
前頭　[illegible]
前頭　人入足宿
前頭　場末の大家
前頭　日やう取
前頭　[illegible]
前頭　古物屋
前頭　古道具屋

同　女郎屋
同　雲助
同　馬具屋
同　浪人
同　[illegible]
同　一せんめし
同　合羽屋
同　宿場人足
同　とぎし
同　よろひし
同　[illegible]
同　荒物屋

同　お百姓
同　[illegible]
同　[illegible]
同　[illegible]
同　[illegible]
同　[illegible]
同　[illegible]
同　[illegible]
同　山[illegible]
同　[illegible]
同　[illegible]

同　かくあん屋
同　[illegible]
同　[illegible]
同　[illegible]
同　おけ屋
同　田めし
同　[illegible]
同　[illegible]
同　[illegible]
同　弓師
同　[illegible]
同　[illegible]

●の方

大関　江戸っ子
関脇　水茶屋
小結　粋侍
前頭　揚弓場
前頭　[illegible]
前頭　會席料理
前頭　市中の素人
前頭　藝者
前頭　女髪結
前頭　かしほんや
前頭　油元結

同　髪結所
同　[illegible]
同　[illegible]
同　[illegible]
同　うなぎ屋
同　芝居
同　[illegible]
同　画師
同　仕立屋
同　書画[illegible]
同　[illegible]

同　太夫さん
同　書家
同　役者
同　[illegible]
同　[illegible]
同　[illegible]
同　芝居[illegible]
同　夜[illegible]
同　寺子屋
同　貸座敷
同　紙[illegible]
同　天[illegible]寺
同　[illegible]

同　蒔絵師
同　囲ひ者
同　細工
同　[illegible]
同　[illegible]
同　かつら屋
同　かんざしや
同　[illegible]
同　年寄
同　[illegible]
同　[illegible]
同　[illegible]
同　石[illegible]

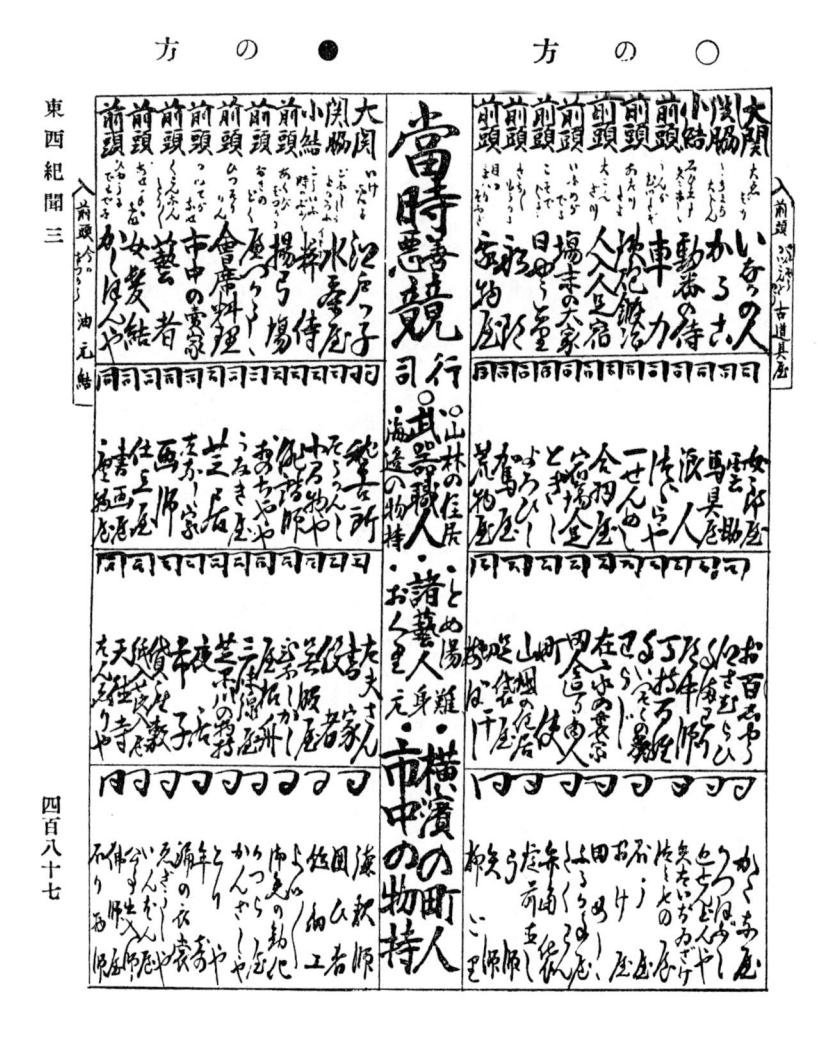

柳樽

京都でハ龍の見世物大あたり

手いれしておく氣職人逃た橋

　一口もなし

京都一条邊その夥敷見物人にて或人アレハすもんがく坊チヤア杯

へりトいへハナニサすもッぽんタロウ

犬もあるけハ棒に當る　　　　　杉浦正三郎(以下皆原朱)御目付

論より詮義　　　　　　　　　　水戸の前

花より團子　　　　　　　　　　江原桂助御先手

憎れ者世ニ憚る　　　　　　　　松平春嶽

骨折損の草臥まうけ　　　　　　講武所奉行支配肝煎

屁をひりて尻をすぼめる
年寄の冷水
塵積て山と成
律義者の子澤山
盗人の晝寐
瑠璃も玻瓈も照せば光る
老てハ子ニ随ふ
われ鍋ニとぢ蓋
蛙のつらへ水
よしのずゐから天井のぞく
旅ハ道つれ
禮義過てハ無禮と成
損して徳とる

駒井山城 元大目付
久須見佐渡 元大坂町奉行
關出雲 元御留守居
一色山城 御勘定奉行
御殿山の英人
永井主水 京町奉行
小笠原佐渡 肥前唐津侯嫡子 圖書頭老格
日向守
石見因幡 元御側御用 御取次
島津三郎 薩州一門
西國浪人
長州 松平大膳太夫
小栗豊後 御勘定奉行

月夜ニ釜をぬらるゝ
猫ニ小判
泣づらを蜂がさゝ
樂有ハ苦も有
無理ゟ通れハ道理引込
鵜の眞似をする烏
芋のみへさも御存なし
能有鷹ハ爪ゟくも
思ひの外
くさりても鯛
藪ゟら棒
馬士ニも衣裝
藝ハ身を助る

向井將監　御船手頭今御軍艦操練頭取
津田近江　御勘定奉行
安藤對馬　元老
土州容堂　山内土佐守隱居
脇坂中務　元老
（原朱）口傳
田安前
佐々木信濃　御作事奉行
井上河内　老
下曾根甲斐　西洋頭取御小性組番頭
大原三位　蟄居隱居
川勝丹波　御勘定奉行
高島四郎兵衛　講武所支配出世

饅ハ喰たし命ハ惜し
子を持て知る親の恩
得手に帆を上る
亭主か好なら赤ゑぼし
頭隠して尻をかくさぬ
さハらぬ神に祟なし
木から落た猴
油斷大敵
門前の小僧ならハぬ經を讀
貧乏隙なし
縁ハいなもの
知らぬが佛
身から出た錆

山口信濃 騎兵奉行
間宮新左衛門
勝麟太郎 西洋艦操練發頭 今御軍艦奉行
板倉周防 老
水野和泉 老
紀州
松豊前 老
久世大和 元老
江川太郎左衛門 御代官鉄炮方 兼帯若年(寄脱カ)之
御府内町人
和
(原朱)口傳
妻木多宮

目の上の瘤　一ッもし

春ょ腹ハりへらをぬ　田村肥後

京の夢大坂の夢　酒井若狭元所司代

亥（原朱）四月

癸亥 東西紀聞 四

心のためし

二百有余年昌平にして暖に著飽迄に喰ひ夜ハ門戸を鎖も道に棄たるを
拾も四民鼓腹して謠ふ是誰か力そや辱も我
東照宮七拾余戰の御艱難を經給ひ終ニ應仁以來乃大亂を戡定し四海泰
山の易に置給ふハ實ニ
神君の御賚にして普天の下恩澤に浴せさは者なしはきハ一日片時も御
鴻恩忘るへからさは事なるに方今諸藩の浪人共京師に馳集尊王攘夷の
説を唱へ國家の御爲と申觸し私ニ人を害し天誅に代るむ高札ニ記し傍
若無人の所業
幕府の御政道ハ有て無か如く言語に述かたし
幕府にもいか成御深慮かあらぬと浪人奉行と云職御建遊し彼者共を指
揮せらき御扶助なし給ふ由難有事なれ共元より浪人する程の者ハ各罪
狀有之主人ニ暇を請シ者歟左無くハ其身放蕩無頼にして亡命せし者か

いつれの道よも累代の主人よ背きたる者ゐして忠孝の道ハいふニ不及
仁義の端をも辨へたるものゐあらぬ口よハ
尊王攘夷の唱《なカ》とも心《マヽ》實國用ニ立へきものニ非ス唯一身の□《措ろカ》所なれ故
ニ忠義顔して今日の露命を繋しの外《くカ》別ニ深慮あらさるハ鏡ニ照らもが
如し京師ニハ浪人黨の忘《妄カ》説よ御泥ミ遊しく近比ハ輕々敷
叡慮と申事のさわかる社恐多くも
天威も地よ落ぬらんと悲歎此上なし諸藩士の登庸陟退まてくも
叡慮よて御周旋ましまれ事有間敷事よて不審第一なり夫
一天萬乘の御上おて輕き藩士の上なと玄依し召るゝ謂なし是全浪人黨よ
り出て雲上の僻事とハ邪りぬ都て國家の御政道迄
幕府ニハ御委任の事なれハ小事迄京都ニ而指揮し給ふハ却て國の破成へ
し
將軍家御幼稚よなし〳〵大老閣老代る〳〵惡政なりしらハ京師ニおゐ

て御議論も無理ならぬと當時

將軍家漸御歳長し給へハ大法之御意味得進せられぬるハいりよも御尤

なれ共微些の小事迄御指揮遊しぬる樣よてハ過たるハ猶及さる如く是

小鮮を（缺マヽ）るの災有へし偏ニ

雲上ハ雲上の御權威にて輕卒に浪人等の卑き者御取上ヶ有間敷事之且

夫物各順逆有順なる時ハ昌逆なる時ハ亡ふ

雲上幕府共其筋〻順を以て聞し召されなハ天下泰平成べし逆を以御用あ

らハ是亂の階梯なるべし前よも申如く諸浪人共其身累代の主君を背き

私ニ黨を結ひ我意を働くものゝ存意を御取用ひ有てハ此已來諸國の又

者百姓或ハ其君を怨或ハ親族よ見放されたる惡黨共雲上の御爲を借我意

不法を働者多成行自然一統の風習よも相移り各國君臣上下の禮節守國

安民の法度も一時ニ破れ可申候抑當時天下泰平紀綱ハ

東照宮以來將軍家御代々之御諚（掟カ）にて天下の士民ハ各其領主地頭の號令

を奉し領主地頭ハ
將軍家の法度を守夫々身分相當之禮義を盡し順道ニ
天朝ハ忠節を盡候事是則天下泰平の基本ニて自然の理勢之返も々々も浪
人黨眼前の君父ニさへ不忠不孝の身ニて獨
天朝　公邊の御爲ニ忠節を抽るき謂も無之事ニ候亦近來京師ニて
公武御一和御合躰と申事仰出されぬるハ恐多も解らさし元より
天朝ハ君ニて　將軍家ハ臣なり臣として君ニ逆ふハ乱人之
將軍家ニおゐてなんぞ御疎略の意はふん是愚痴文盲の小人等仲ニ在て
僻言をるニ起きり　啻
將軍家而已ニ非も國々の諸侯初士民ニ至る迄獨
王意ニ背るのはふん哉抔きど諸浪人初頑愚の者有て
將軍家を閣き
雲上ニ寄て忠義顔をはハ大逆なり逆ハ則乱梯なり逆なるものハ速ニ所

置し給ふべき事之

一攘夷の論ハ

東照宮の御掟よ夷船近海ゐ寄ふハ有無の論よ及ハゞ打攘へとの事なりしを天保年簡《間カ》其比の閣老誤て停止も夷人早くも其機ニ乗し渡來も是則當時夷人渡來の階梯を醸せし之悔むべし歎ゞべし先年ペルリ渡來之節打攘ふべかりしも必勝の利見窮めふく今日ゐ至るも是非なし浪人黨の口實通り無二無三よ打攘ふ共是亦必勝の利彼等ゟ知る所ニ非ず惟神州諸民夷人を惡む故ニ彼等其理ニ乘し一時妄言を唱其身の口腹を養金銀融通之手術となすもの其かまふ如きの力ゐく何ぞ攘夷の術あふん夫兵ハ國の大事也勝負ハ則曲直よあり曲なゐ時ハ敗し直なる時ハ勝當今我より兵端を開なハ我ニ曲有くかまよ直有是則敗の非《兆カ》之古より不義無名の軍よ勝利を得ゐるなし如此利害分明なるを押して兵端を開ふくの利あふん哉交易ハ長崎箱館よ限り官ニて御世話有之商人の手よ落し給

(原註)鎖國ハ大猷院殿なり打攘ひの止ミしハ大害有て小益な多れハなり其據諸書ニ散見ス

ふ事なられ商人の手よなるハ大害なり夫よて夷人より兵端を開らば是
彼ニ曲有て我ゟ直有勝利疑なし
一古より國を治るの法ハ賞罰の明なるゟ出る〔法カ〕賞罰の明なる時ハ泰平之賞
罰明了ならざる時ハ國亡ふ政道ハ嚴正なふされハ國治り難し秦の代苛
政なれハ南何九章才害して治り蜀の劉政情隨〔マヽ〕れとも孔明嚴ゟして治ゑ
そ難し近年水藩の天狗と稱する乱人共御政道よ悖事多しおしん哉其時
嚴正の御所置あふハ一時ニ穏なるゑき物を寛緩よ過ぬるゆへゟ其機西
國よ流れて當今よ及へり浪人黨縱令御扶助有迚も元より無頼の乱人共
永く謹身ある事思ひもよふぼ酒色の望ミ足ふぼしく如何なる𛂞乱階を
生せん事必せり三年を待ずして見るへし逸よ浪人の素性を御糺し左迄
之罪なた者ハ元主人ぃ戻し罪科有者ハ夫々の御所置あふん是御靜謐の
基ゟ左無き時ハ博徒無頼の乱人も其黨ゟ入ん事疑なし亦近來御府内よ

おゐく辻切或ハ物取ニ人を殺害する事多し市中の難澁いたんらされし
御威光を以御取締なさハなとら如斯乱妨あさん都く當時の士風ハ長刀
を帯し財（肘カ）を張白晝も手ぬくひニ頭を包異形の徒多く侍の風俗ょあさぼ
各強きを形勢ょ見せ懸少しの事ニ刀を拔人を威さハ是侍の所業ょあさ
ぼ侍さる者太平ょ刀を拔程の事ハ生涯の浮沈之是ゟ之事嚴ょ御世話あ
さハ士風も忽ょ改ぬゑし一犬實を吼く万犬虚を吼の諺の如く浪人共無
頼をなさもへみ浪人の名を借り無頼の藩士ょ（ニカ）乱妨ょ及も亦有へしされ
ハいつさの道ょも浪人の御所置有度事之
一近き比長上下熨斗目御廢ょあるいら成御趣意ら志さ訴と長上下熨斗目
共礼服あり驕者（奢カ）の爲りあさぼ廢ハ則礼を廢之礼あき時ハ离（禽カ）獸之人とし
くあんぞ（マヽ）离獸ょ傚ん君子ハ衣冠を正さといへり驕奢御制しあさハ外ニ
千万御世話も有べき之都く治不治ハ風俗より發せり唯花麗を好まぼ質
素の正服を願度事之

一近比風習にて何事によらず珍らし敷事を好む世の習しなれハ萬の物ニ至る迄初物を珍らしとする故に夏時食すべき物も早春より培養し出し商人是を喜て高價にいとはず愚なる事也聖人ハ時ならざるハ食せずとらや其時候にあらざるものハ其味も其味ならず豈やめつらし成を好而已此事唯食物にかぎらず人を用るも亦同し近來諸藩の士或浪人町儒町醫抔登庸なしたまふ是又珍敷を好ニ似たり參州已來御譜代の御旗本衆初御家人多き中に人撰なし給ハヽ人才も又多かるべしなんぞ人なきといひんぞられども浪人躰にても拔群の人才あらハ登庸し給ふも理也今時の人多くハ平々たる人物にて登庸に當る器にあらず多くハ夫々の周旋ゆえ也是則珍物を好むの同論と存覺也

一綸言ハ汗の如しと　台命も亦ぞらり近來の御觸達抔ハ一年にして停一月にして止是如何成故ぞや地下の人ニさへ一端口外せし事反古になす事ハ耻る處也況

幕府よおゐくおや都く新なる事ハ能々鑿穿《穿鑿カ》の上ならてハ差支多キ物之必竟卒爾ニ起るゆへよ差支多キハ當然の事之古よりの諺よ五十年來仕來し事ハ改格すぬしき様ぬ申置事之ましてや神君の御定おられし御掟を風慮《凡カ》の改格すべき事よあらバ前よも述ら如く御政道ぞ嚴なふぶ乱ぞ易し玄らるを此比の御政体ハ俗よいふ氣休メといふ事多く先何事も氣体《休カ》よ打流し後日の差支よ無據一度の御所置ハ反古ニなり二度ら三度の御所置ニなる様の事多く初嚴正ぬ御所置あぞハ各其罪ぬ伏もをのを二度三度よ及ふ時ハ却而己ら罪ハはし置恨る様ニ成行之御政体ら氣休といふ事ハ有間敷事なり

一近比物價高直なるハ交易よ起ると諸人歎く者多し民ハ國の本之民よ怨歎なた様の御政道古き古聖堅《賢カ》の代定られなハ諸價の害ぬをなる淹じき御世話あらハ物價ハいつぞよも成ぬゐし且商人ハ利を得るが業なれハ交易よ事寄諸價高直ニするの利有富る者ハ倍富貧成者は倍貧し富は少

く貧ハ多し少しら爲ニ多きの怨を見る事穩ならバ惟衆人ニ恨ならざる
むるの御世話有度事ニ右思ひ出る儘ニ認ぬれと自然御政道の批判ニ當
るべく罪多かれと全左の心ニ非ず此よし御用ニなれ迚認候ニもあらバ亦
誰ニ見よかしとく認候ニも非ず只此末の世如何ニ成行ならんと心の樣
ニ書付るれバ來る年ハ甲子ニ當れハ目出度
御代と榮ん事を願ふのミ
癸亥きさらき末つかた

正名緒言附錄鈔錄　　岡山　菱□大觀著

讀史餘論、應永十五年、前征夷大將軍大政大臣從一位准三后源義滿入道道義
薨、詔贈太上天皇尊號、或云義持堅辭不受、十二月、明成祖賜慰詔義持、以弔道義、
作祭文謚恭獻王、世傳斯八年三十七、請任大政大臣、朝議以爲平清盛外、蔑有武
人除此官者、依違不決、義滿大怒、擬自爲國王、而奪公家邑、以三官四職准五攝七

華、　朝廷兒《マヽ》懼、遽許之、孔子曰、名不正、則言不順、言不順、則事不成、又曰、名之必可言也、言之必可行也、君子於其言、無所苟而已矣、夫大臣雖貴、亦人臣也、而有其官、必有其職、斯之謂名之可言、言之可行也、自　王朝既衰、武人知天下、其名則雖人臣、而其實反之、我已受王官、不從王事、乃令事我者從我下者、豈其心服、且我所受、王官也、臣下所受、亦王官也、君臣同受王官、則其實雖君臣、而其名則共王臣也、其臣詎有尊我之實乎哉、義滿之世、叛臣常弗絶、此雖其不德所致、抑亦由乎名實之反矣、且身已爲人臣、而驅使朝紳、名爲昵近、爲家禮、僭竊之罪、寧逃萬代之議、世態既變、則須由其變、而制一代之禮、是乃變通之義也、譬使斯人小《少カ》有學術耶、迺當斯時、講究和漢古今事制口天子一等、以立其名號、除　天朝百官外、使闔國人民、悉爲其臣、則名正言順、歷代相承、訖今將循用之、不亦善乎、

靜寄餘筆、平氏雖暴、猶是朝臣而已、鎌倉氏與、而天下形勢一變、是則桓文事也、義時陪臣、而執國命、以傳八世、其事君子難言之、至于足利氏出、則變之極也、或問、織田氏、羽柴氏之事如何、余曰、此當別論、時體大有與鎌倉室町異者也、鎌倉竊柄者

也、室町奪柄者也、自織田氏以降、則戡乱者也、當須論其得失可否矣、不可比鎌倉室町、而言之也、

鎌倉時、國補守護、莊園置地頭、皆以武人爲之、其初不過田賦每段分五升、以充兵食云爾、而行之未數年、威權移于護頭、國司屛息、領家束手、乃知名器之不可輕假也、

淳和奘學両院、源氏學也、天仁以來、久我氏世補別當恆例也、至鹿苑公、自請補之、爾來相襲爲幕府兼職、大將軍、武弁棟梁也、馬寮御監、掌天下馬政、大臣統綱紀號令、両院別當執奏敍任、鹿苑公假此數名、以奪國柄、巧也夫、

文昭大君時、源白石眷遇、建議弊事不一、若夫諸〔請カ〕王號而正名分、以一州當赤縣、公卿百口食邑乎其內、諸侯則屬之、　王朝除拜爵帖、竝出於其手、新製官號章服、以建一代之法則、白石腹稿主意在玆云、固非區々守株論、雖然於其時勢、似乎未深察焉、蓋草創之初大乱纔平、人心未定、乃乘斯時、新民耳目、則庶乎有成矣、抑室町之初立、鹿苑驕恣、挾門生天子、以令於功臣守護也、何求而不獲焉、而弗果爲之也、

神君謙讓豈遑乎哉、若乃曁昇平日久、輕與新規、以動搖人心、則天下自是多事矣、白石以經濟自負、而不計時勢若此、則使之當略乎、又出一安石耳、其竟弗用、豈非天下幸也歟、

自源大將軍開府鎌倉、政權漸移于關東、皇綱弗振數世矣　元弘帝雖一旦張之、亡幾解紐、又歸于室町氏、上天或厭厥德與、抑謙光不被、而武人積憤公家也、既而歷織田豐臣至于今代、則政權之復于天朝、即五尺童知其不可、但名號之不正、弗能無識者之憾焉、原夫鎌倉時勢、未可正名也、買珠還櫝、其策實出于廣元、方室町世、其勢非不可、而其所請失宜則竊爲鹿苑惜之、豐國權勢倍蓰鹿苑、而玫其時、則反不可、何者、當時諸侯爵位稍逼口君將遽正名也、必生變也、是故雖勉以恩義結其口、而坏土未乾名分既乱、諸侯不知所適從、慶元以降諸侯官階漸昇〔卑カ〕、上下分較明、然正名之議未立也、諸家簡牘稱呼紊〔乱カ〕爾、藉《タトヒ》使方今史氏抱遷固之才將由筆之不暇、豈能自引繩墨以與人耶、

或曰、它日奉敕修史、以九五九四爲正當、據古史、古史充棟、皆詳崩薨官爵儀度、據

家乘、々々汗牛、牽載善惡廢興勝敗、是而足矣、復不須書、（恐有脫文）若推治乱興廢之所係、原國以民爲本之義、今之九五者、上九也、不得不以九四、爲九五也、二義不可偏廢、則不得、不於非王非侯之間、而曖昧取舍也、曖昧取舍、有得有失、固其所也、焉得一之爲之辨駁、又曰、既有非王非侯之事體、而無非侯非王之文字、是以學者惑焉、此亦快論、足解狗儒之縛矣、但憾抑揚之間、未能無小疵、如所謂以九四爲九五、是豈可爲訓哉、

平將門者、舍實求名者也、而招族滅之禍、彼一時也、源頼朝者、舍名求實者也、而致門昌之福、此一時也、爾來武人牽傚其故智、雖然如源公請總守護職、是亦假名者也、假而不歸、實遂從之、至室町氏、實其固有、又從求名、但其所請竟不與實符、口遺憾乎後世矣、仲尼曰、名與器、不可以假人也、

夫名、譬之官爵也、器、譬之封土也、而勢不可兩嗇焉、則將假名耶、抑器耶、嘗試論之、厥本　天朝也、曰文治以來、其器既爲武人所有、天子徒擁虚名、以當告朔之餼羊也、勢不得不嗇其名矣、若主江都乎、曰　天朝公卿官爵其家物、則勢不得不嗇封

土、而列國諸侯封土、其固有也、不得不啻官爵矣、公武交牽制、而維持國體、今時勢爲然、是其所以名實竟不相符、而正名之說不行也、

凡事、時雖可矣、無人則弗行、雖有人乎、時否則弗成、夫室町之有賴之猶鎌倉之有廣元、賴之、篤實君子也、而無通變才、廣元、柔佞小人也、而有經世略、譬使廣元管領室町耶、或將議正名易服、賴之輔佐鎌倉耶、安辨請總追捕使、是其才之所以不可已、而略之所以不可無也、今代既踰十世、而攷正名之時、則徵矣、無已其三世乎、大君英武、遠過鎌倉室町、而諸侯臣從、兆姓拭目、譬使白石當其時委以廣元之任耶、正名易服、或可庶幾焉耳、

二月廿七日拂曉

事

先達ゟ會津家へ召捕候浪人名前承糺候處朱書添削之通正實之由申來候(原朱)

三条通西洞院北側
七文字屋九兵衛

烏丸三条下ル北側　北森屋吉兵衛
衣棚二条上ル東側（西）　作十郎、平田某

右傍ニ線ヲ施セルモノ原本朱書　校訂者識

△豫松山播龍野

右三ヶ所ニ而召捕候浪人如左

下總河原代（イ常陸百姓）　建部健一郎
內藤八之助知行所鄕士　下總宮和田　宮和田雄太郎
會津領分醫師　長澤眞平事、（イ野）（イ誠）争
下總河原代（イ奥州民）　青柳健丸（イ之助）
三條西洞院西ニ入　京綿屋小兵衞悴　長尾郁三郎　三十七才
豫松山藩中國學者　三輪田鋼一、太郎
元江戸住人町醫師　師、諸岡節齋
信州　高松十輔自刃
因州分家　仙石左太雄
會津與力　大場恭平

右之内二人ハ祇園新地一力之向へニ而召捕候由

一右衣棚二条上ル三和田宅ニ押懸候節欠ヶ矢大階子ホ持參屋根をめくり這入申候由右之内貳人ハ首ニ致し會津家來翌朝寺町通り丸太町ニ懸り珠數繋ギニいたし壹人ハもりおふよのせ右首も一所ニ引取尤十七八人程ニ而警固夫々鎗を持セ居申候首ハ同役并其餘寺町通ニ旅宿之分ハ何連も見受申候

衣棚二条上ル西側
〼松平越後守川達
年寄
平田作次郎

〼右領分久米村神職弟
家中學問師匠
あつさ沵流和學之
三輪
宮田幸一郎

△前之印ト同人之

○四月八日二條　御城帳
公方様昨日申之刻前御黒書院

出御詰合布衣以上之面々江
上意之趣
此度上洛之上戊午以來政事向不都合之廉々申上事實御了解相成總而
是迄之通御委任被遊難有事ニ候然処當節攘夷期限切迫ニ至候間此上
歸城いゐし候ハヽ攘夷之擧ニ及ひ候義ニ付一同此旨厚相心得報國之
赤心相顯候樣必懸候も勿論滯京中聊ニ而ゑ遊惰之擧動有之（候而）間敷も別
而關東之者共攘夷之存意薄く闘爭之氣力無之樣人々相唱可申候間方
今之事情洞察之上忠勤之情意貫徹候樣可相勵候事
一四月七日松平餘四麿殿登
城於御黑書院　御目見被　仰付左之通
上意有之候
此度上京彼是周旋致滿足此上とも骨折候樣
以上

戸澤上總介
岡部筑前守
脇坂淡路守
松平伊豆守
大岡兵庫頭
堀田攝津守
酒井下野守
稻垣若狹守
加納遠江守
上杉駿河守
立花出雲守
建部伊豫守
柳生但馬守

堀備中守
松前爲吉

今度鎖港之及談判候付而も模樣ニ寄兵端を開候も難計兼而人數相備置差圖次第出張候樣可被致候

四月

○四月廿九日江戶書狀著之寫

異國ゟ日延相願大ニ弱り込日本之太刀風ニ恐入候趣ニ申成候風聲江都ニ而も有神奈川取片付候砌是ハと申意氣差之躰も𛂰きよしもㇵふさる由なれ共全躰之処折入探索之上ニ而ハ左ニ𛁈無之虛喝とハ乍申彼船將ㇵ吾國人之事を評しㇳ全國おきりㇳ迚も軍ハ出來不申此上三ケ年も餘事指置訓練致シ候ハゝ可ㇾ二腰も可立欲されとも勝事ハ勿論牛角の軍も及ひなしと申居候由九日之應接ニ而實ハ御內々之処方

角相立候哉ニも相聞不相替丸印ニ而も參候哉之由船將之應接いつニ而も商人ニ先方ニ而相咄候支之由之処今度ハ更ニ不相洩應接否一船出帆之由異人も油斷之なふぬと申事ハ心得居候と見へ間者澤山ニ遣ひ置一珍事持く參り候得も殊之外大金を出し褒美いたし候よし則浪士之企も異人ゟ露顯此等之褒美莫太之樣子ニ相聞候是ニ而相考候而も內地之模樣明白ニ聞取候事と相見何ぶう忌々敷事ニ候也

一伊東玄朴蘭家之醫師安政五午七月會津之醫より被召出奥御醫師ニ相成居候処如何之義有之昨年逼塞被
仰付候処又々迯出し御召捕此節ハ禁獄せられ齒も拔き候よし青山之御塩硝藏へ火を仕懸候処されども事ならば發覺異人ニ頼まれ候よし手先同類比日御僉儀中責ニ而死候由おしき事之かゝる惡黨者犬猫ふもおとる恩をしらぬと申べし

一四月十八日夜四ツ過御年寄衆ゟ封物上り直樣明日四ツ時之御供供(マ、)ニ

而
御乗切
御登城被
仰出何之御事柄ニ被爲在候哉知る者なし
一此節之事ニ而も無之歟アメリカゟ老婦人の画師來弟子入いたせし者のもなしを狩野三成ニ聞候処筆ニて書候物ニて無之都て種々色をも箸のやうなる木の中ニ仕込夫を紙ニあてゝすれハ夫々の色付なり老婆のミ甚尊大ニりまへ不出來之分なと殊之外ちりはな時ニより引さたなどいたし權を取候よし被仕込候画の具一ト通り不自由なき様ニ取揃候而も七十両程も懸り候よし又いはく異人とも日本并唐の画風彼等の手前ニ而更ニ不相分哉過し比従公邊被
仰付色々新ニ出來之内ニ而も武者繪多く其内鎌倉權五郎鳥海弥三郎抔之画誠ニ稀代の念画屛風拝領被

仰付候処一向賞美之躰も無之御礼ハ申上候へ共持歸り候上金箔之処計切出し跡ハ骨までも其儘海に投捨又外國奉行之取計ニ而たれなれハと申雪舟の貳幅對と江戸の錦画を被相與候処錦画は是社画之と興し入雪舟ハ矢張不幕（マヽ）之由風韻の餘情と申事ハ夢にも知らぬものと相見へ日本清朝琉球朝鮮合壁之外筆ニ而物書國ハ更ニ無之よし余もミな〳〵横文字之國欲横文字之國ハ大躰切支丹宗門之由既五ヶ國も宗旨ハ切支丹と相見申候

一今度英人之口實といたし候処ハ生麥之一条ヶ程非道之取計と申ハ世界萬國ニあるまじき謂なし何國迄も此理を不貫しくハ難計軍をするも只々理の伸る所を期といたし其人の好惡を以するにあらばと申慕候よしアメリカハなぜに取扱いたさぬと申せハ萬ニ一ツも理のある事なきハ又致方もあるべきを此義計ハ周旋致方もなき事と申居候よし元來利欲より出し事なれバ道理めらしく道具とすると相見候

一田舍へ引込候人々も追々賊難ニ出合殊之外難澁のよし右躰之事ハ乱世ニも間有事の由

一殘米ハ御藏へさし出し代金ニ請取旨御觸有上ニもゐふぬ御所置難有思召也

一諸向乘切ハ近々ニ相止可申との風聞有侯伯之妻女ホ國許ニ被遣候処惡《ワル》仕方《ガッタ》抔《ゲナ》と申事何方よくら聞出し來候者も有之乍去迯ゐる鰻今更跡の祭り之役ニも立ざる歟

一和泉新田御塩硝藏之分戸山ニ御預ヶ之儀御城帳ニも出候処右御屋敷ニハ御家の御武器類幷爲御製之合藥御指置是迄も御土藏拂底ニ而被置場無之程之儀ニ付御不本意ニも被　思召候得共御斷被仰上度との趣御達相成候処御同朋頭を以承知仕候趣申聞相成候由是ハ上出來之評判仕候

一亥四月九日横濱表おゐて英佛之將ニ應接官員竹本甲斐守外國奉行石

崎助十郎（外國奉行支配調役格）支此人ハ近比迄通辭之由之処御取立内密御用取扱人
之由柴田定一郎（調役）是迄ハ應接濟商人江為觸知有之由之処今度ハ極
秘ニ而更ニ不相洩由
一英佛ニ而此節四千人程來船之由英ハ船軍の調佛ハ陸軍之調計致し居
候由前顯九日應接濟之上一艘ハ直ニ國許江出帆
一英佛軍艦滯船中入用日々貳百トルラル程之の、由
一日本との軍十ヶ年相掛り候共金子ハ商人（異人）共ゟ請取手支ハ不為致よ
し
○英吉利人江書翰
以書翰申入候兼而被申立候拾一萬ホントステト《ルカ》リンク之高渡シ方手
順之義ハ此程菊池伊豫守柴田貞太郎を以談判為及候通りニ而異存無
之候尤薩州江關係之廉も外引合向有之明々後廿七日拙者共之内其表
江出張之上面晤致し度候ニ付其節取束ね一同談判可及と存候間左様

被心得候樣致度此段申入候拜具謹言

文久三亥年四月廿四日

松平豐前守

井上河內守

小笠原圖書頭

同人ゟ

以書翰申入候昨我四月廿五日付之書翰を以明廿七日（即貴國第六月十三日）同列之內其地ゟ出張可及談判積り申入候処本日ニ至り井上河內守俄不快ニ而我等共之內出張兼候ニ付明廿七日菊池伊豫守柴田貞太郎其地ゟ相越面晤之上薩州關係之事件ハ委細同人ゟ可爲及談候此段申入候拜具謹言

文久三亥年四月廿六日

松平豐前守

小笠原圖書頭

○亞墨利加人ミニストルゟ返書

貴國六月八日附第六十号之書翰落手其許義近日長崎表に發行せらる
ゝよし被申越其意を了せり然る処近日之内我等面談及度事件有之候
間暫時出立被見合候樣致度存候拜具謹言
文久三亥年四月廿四日
松平豐前守
井上河内守
小笠原圖書頭

○五月二日出江戸狀
一四月廿七日御金藏ゟ洋銀貳百箱出る大手ゟ壹車ニ付拾箱ツヽ積都合
拾車両度ニ本町役所ゟ運ひ申候夫ゟ三ツ井組に御渡横濱に被遣英國
に被遣金之由
但壹箱ニトロ銀三千入之由凡壹箱目方十八九貫目有之候
一四月廿六日ニ京都
御所ゟ　水戸樣尾張樣御両名ニ而異人ハヲランタ人共長崎箱館横濱

共今三十日之間ニ相斷可申旨
大樹ゟも御沙汰無之由ニゟ直ニ右　御両所ゟ
敕書參り候由ニ付廿七日
尾張様右御答ニ御出有之候趣承申候

○井伊掃部頭願書
私儀官位辭退之儀奉願置候処此度辭退願之通被
仰付以　御憐愍位階其儘被成置重々難有仕合奉存候右両様御礼且
天機相伺御滯京市〔中カ〕爲御機嫌伺登
京致度相願申候以上
　四月十八日　　　　　　　　井伊掃部頭
右ハ登　京之儀ハ追ゟ御沙汰有之由ニ候

五月五日京便

去月廿八日夜三条橋ニ

公方様御事初張訴仕候者會津殿廻り之御役人ニ被召捕申候此者吟味仕候処

公邊御家人位ゟ講武所出役仕居今般御供相願候処相濟不申候付江戸表を退浪人と相成京地ニ立入當地之公卿衆ニいりゝ手引ゟ有之候哉鷹司殿御初其外轉〔傳カ〕奏議奏衆其外職事方迄立入

公邊を初御三家方迄も万事惡敷事を申出永く御差留有之様ニとう海くきぬし込候故

公方様御初永く御逼〔マヽ〕留相成候由右之者名前朝倉幸之助と申候よし此節町方揚り屋入ニ相成居申候其者被召捕候故會津殿廿九日御參内之処堂上御役向ふより全左様之者ニゐハ無之取違之事と嚴敷御談ニ付會津殿ニも御こぬり被遊夫故　御家ニ

御參殿ニ而

前樣江申上被遊候処

前樣ニ者堂上方之不宜と御申被遊直ニ公家衆横瀨山城守殿御呼寄ニ

而夫ゟ直樣横瀨殿を以三条殿江御申遣被遊候処三条殿直ょ御參

内右之趣申上被遊候処鷹司殿御初

天議職事方衆迄十三十四人程も御參

内御指留相成申候然処昨日

御免被遊候旨御座候

公方樣ニ者未大坂ゟ　御歸京不被爲在如何相成候事哉相分不申候下

略

五月五日

○四月廿一日曉成瀨隼人正殿二條御城江御呼出和泉守殿別紙一二印御書

付御渡

上使被遣候振ニ相心得候様被申聞候付其段前大納言様ニ言上之処　御

免之儀丸角印之通御願今日成瀬能登守殿登　城和泉守殿ニ被差出候

尾張大納言殿ニ

一今度別紙之通

御所ゟ御沙汰有之候御政事向万端御心添被在之候様被

仰出候事

尾張前大納言

二今度一橋中納言東下被　仰出候ニ付大樹扶持之儀被

仰付候間政事向万端輔翼有之候様

御沙汰候事

四月

右傍ニ線ヲ施セルハ原本朱書以下之ニ従フ　校訂者識

○今度　御所ゟ　御沙汰之御別紙御渡之御政事向万端心を添可申旨被

仰出難有仕合奉存候然処無據次第ニ而御辭退申上度別紙ニ取調候間
御執達方宜御取計有之樣仕度奉願候

四月

□謹而奉言上候今度一橋中納言東下被
仰出候ニ付　大樹扶持之儀被　仰出候間政事向万端補翼仕候樣蒙
御沙汰難有仕合奉存候尤三親藩隱遁立場柄ニ付候當然之事務ハ猶一
入盡力可仕候得共臣御諱之儀質情不才不能不容易御時勢大任ニ堪候
義とも素ゟ可行屆事とも不奉存殊ニ近來多病相成夙夜之匪懈ゟ甚無覺
束奉存候間折角之
大命ニも御座候得共何卒　御免被成下候樣仕度奉願候誠惶誠恐頓首
敬白

四月　前大納言慶勝上

一四月廿一日夜傳奏野宰相中將殿ゟ在京御用達役御呼出一印御書付被相

渡翌廿二日再應二三印御辭退御願書能登守殿二条ニ持參　朝廷ニも在京御用達役持參之由

一　　　　　　　　　　　　　　　　尾張前大納言

大樹扶持之儀被　仰出候処辭退之趣及　奏聞候得共叡慮御決定之上被　仰出候儀ニ候得も所勞中殊更苦勞　思召候得共輔翼之儀　御請可有之猶又御沙汰被爲在候事

四月

二　昨日

御所ゟ御沙汰之趣御辭退申上度御執達方之儀奉願候然処猶又篤　御沙汰を以　御請申上候樣被仰出候処寂前申上候通迚も大任難當再應之儀ニハ候得共　御免奉願度別紙之通取調候間御執達方宜御取計被下候樣仕度奉願候尤此度之

儀も官家ゟ直ニ御達相成候事ニ付私ゟ茂
朝廷ニ奉願候間此段可然御含被下候様仕度候
四月廿二日　尾張前大納言

三　謹而奉言上候今度一橋中納言東下ニ付大樹扶持之儀ホ被　仰出候処
不肖之臣御諱右之大任ニ難當　御沙汰之趣　御免被成下候様奉懇願候処
叡慮御決定之上被　仰出候旨ニ而段々篤思召之趣實以身ニ餘り難有
仕合斯迄ニ　御沙汰被成下候上ハ速ニ　御請可申上筈御座候得共前
々申上候質性愚不肖之段實々謙遜之儀ニ無御座加之病氣大任ニ當候
ハヽ必失誤出來可仕且も愚意時論も齟齬之段甚無覺束左候ハヽ自ら
御一和ニ茂差響可申哉と深く心配仕候間再應ニ相成別而恐懼之至御
座候得共何卒昨日之願意
御許容被成下候様仕度猶又奉歎願候誠惶誠恐頓首敬白

四月廿二日　　　　　　　　前大納言慶勝上

○五月二日左之通御觸

今度

一橋中納言樣東下被

仰出候付

公方樣御扶持之儀被

仰付候間御政事向萬端御輔翼被爲在候樣

御所ゟ

御沙汰有之候間御政事向萬端御心添被爲在候樣

公邊ゟ

前大納言樣ヘ被

仰出候処

思召之品有之再應

御辭退被遊候然処
公方樣御輔佐之儀
叡念御決定之上被
仰出候義尤
公方樣御滯京
御滯在中之儀ニ候間御輔翼可被爲在旨猶又
朝廷より被
仰下右之通
叡慮御決定之上改而被
仰出殊ニ
御在京中之儀ニも有之候間
御請可被爲在旨
公邊ゟ被

仰出候間右

御沙汰之趣

御請被

仰上事候此段在尾州之輩ニ爲心得可被達候

五月

○四月二条御城書

四月十八日

大目付伊澤美作守ゟ和泉守殿ニ申渡

十万石以上之面々ニ相觸候由ニ而爲心得相達

京都御守衛御用懸り三條中納言殿ニ被　仰付

御所より被　仰出候間爲心得相達候尤御守衛人數書ホ三條中納言殿

ニ而差出候樣可被致候

右之趣十万石以上之面々ニ可被相觸候

四月

○四月廿三日

一公方様大坂表江一昨廿一日夜五半時

御著　城被遊候由御座候

一公方様今廿三日兵庫路紀州邊海岸

御巡覽御船ニ而御一泊明廿四日大坂表江還御被遊候由御座候

○四月廿七日曉尾州御船品川出帆夕刻浦賀迄參り候処風都合惡敷當港口ニ汐懸りいゐし翌廿八日早朝出帆五月朔日朝下田江入津其後日和惡敷滯船四日夕より風形も宜成候付出帆五日午刻鳥羽港江入津七日晝前出帆仕同夜戌刻保田沖江著仕候

五月八日　　　　船將　千賀竹三郎

神力丸

長十七間スクーチル二本檣　御廣敷御長持

御軍艦御達ゟ大炮四ッ附　三拾棹積入候由

右祝砲四發瀨田金次郎幷養父隱居甚七の耳ニ入翌朝千賀家に聞ニ參

候処果してそ祝炮ありし由水主之內先年アメリカへ漂流之尾州知多民

江戸ニ而垂組被　仰付右漂流之節

太神宮に祈願し奉り候付御礼參り願濟ニ而夫故鳥羽に參り候由船將

あとハ伊勢御警衞之隊長橫井伊折介殿ニ面逢被申候由

測量副將兼船心得　大脇虎之助

締役　新井愛九郎

水主　小松原弥次郎

同　新井銀次郎

同　平岩鎗三郎

同　神谷龍吉郎

同　水谷又次郎

同　大江吉太郎

同　豐田鍬作

同　佐治喜太郎

同　新井□郎

同　近藤助□

同　夏目銀次郎

知多郡中洲村

常吉

清五郎

權次郎

彦吉

榮助

仮ニ御雇　仙次郎
　　　　　新吉
　　　　　虎藏
炮　　　　岩吉

都合廿三人

右中洲村五人之者ハ近比東洋ニ漂流し亞米利堅船ニ助られサラフラ（マヽ）ンシスコニ居て時々航海之水夫ニ成て去冬ゟ當春ゟ護送せられて神奈川奉行の手ニ而差置て後先方の懸引万事濟きる上領主へ引渡ニ相成仕來あるを御家ニ御入用之故を以御達相成別格之譯ニ而早立御引渡相成候由右漂流危難之時太神宮へ祈願奉仕御祭り願濟故鳥羽へ行代ル々々乗組一同迄も參宮せし由

一廿三日御年寄衆御用人衆両役所御役向見分相越二里程走らせ其余運用之業入御覧し由

○五月十二日江戸ゟ來簡 但過半十一日認置と有之

此表近況英夷切迫云々之觸も有之候処例之事なとゝ婦女子も驚不申候一昨八日夕方英之軍艦貳艘大森沖ゐ乘込候由之処一艘ハ直樣出帆一艘ハ同所碇泊罷在外國奉行支配向應接としく罷越候得共同夜も夜中ニ付不行届尚叉翌朝參候由ニハ候得共〻まゝ何等承り不申候迚も叡慮之樣ニも不行届ハ乍勿論關東ニ而如何御取計有之候ゐふん其儀もゐし候なとゝ申ハ悉く訛言ゐく候尤御固場へハ少しッヽ人數差出候由一向不相分候へ共先々今日迄ハ穩ニ御座候品川驛取崩し金杉邊自燒い扨　御家御留守中同心御中間なと殊之外人少万一警衛方一手方御差出相成候場合ニ至り候節も戰士ハ有之候共輕卒小者ハ拂底夫之者も開合可申哉否誠ニ無覺束儀ニ御座候前件英船一艘も出帆致し候由今日著定日飛脚宰領之話ニ而ハ道中筋至而靜神奈川ゟ江戸迄何等相替義無之品川驛ニ而横濱動靜も承候処相替儀無之旨申聞異船廿四五艘相見候得共

是も先達ゟ中〻出入無之同船數之由然処夜前著之御中間組頭之話ニゟハ松平丹波守人數餘程見請講武所出役之衆何方へ相詰候哉見請候由宰領とハ時刻違ひ候故異同有之儀と被存候何分今十二日四時迄ハ何事も無之候

一茶屋手代之者在京御用達役ゟ申出候書付京都ニゟ坊城殿初両三輩鑄錢使被　仰付候趣相見尤四文錢之由左候ハヽゑもり文久永寶と被存申候尤如追、例大坂ニゟも鑄造有之事ニ被存候然処入ふぬ鑄錢使ニゟ候もふゑも有之事哉堂上方錢もふゑの趣向ハ兒戯の如くニゟ歎息之至御座候

一心のためし作者ゑふ候得共面白く存候付寫懸御目申候又正名緒言見候処附錄面白候付抄錄差出申候

一此表入梅已來打續晴天暑氣强く昨夕抔八十六度ニ昇申候今朝ハ曇り候へ共ゑらく晴可申景氣ニ御座候　御旅行ニハ至極之御都合と奉存候乍去木曾も暑氣ハ江戸同様ニ候由是ハ大難澁ニ候得共雨よりハ宜哉ニゟ

候何分　御大任之御事ニ奉恐察
御配慮之御事と奉存候下略
五月十二日

○五月三日左之通御觸
大納言様御上京之上
公方様ゟ御對顔被
仰上度候儀被爲在候付
御上京之儀御願被遊候処先月廿七日
御登城之節御願之通
御上京被遊可成丈御手操ニ而
御出立被遊候様ニ与之御書付御老中方ゟ御直ニ被差上候仍之昨二日
比

御發駕木曾路
御旅行
御上京可被遊旨被
仰出候此段向々に可被相觸候
五月三日

○五月七日左之通御觸
大納言様當月三日卯中刻江戶
御發駕兼而被
仰出候通木曾路
御旅行來ル廿二日
御京著可被遊旨被
仰出候此段向々に可被相觸候
五月

○五月十日左之通御觸

大目付酒井但馬守ゟ松平豐前守殿被申渡諸向ゟ相觸候由ニ而御城附ゟ相達候書付寫

道中筋宿々之儀近來御用旅行之向往返多共上諸色格別高直相成宿助郷及困窮候折柄諸家家族家來妻子等國邑ゟ引越ニ付宿々繼立差湊今般英國軍艦渡來御固　御用ニ而諸街道通行人馬遣相嵩宿助郷共疲弊いゑし農業之暇更ニ無之相續方ニ拘り候趣相聞殊ニ農業繁多之時節ニ相成候間追而及沙汰候迄當分之内諸家家族家來之者妻子等領分知行所引越之儀諸街道共相對雇ニ而も宿々繼人馬を以通行候儀見合自己之從者而已召連候樣可致候尤御用筋ハ勿論急用向ニ而家來等少ク人馬繼立之儀も不苦候

右之趣向々ゟ可被相觸候

四月

江戸表ゟ或人ゟ之書狀ニ

両街道人足繼六ヶ敷百姓之歩役ハ折附々々大造之割當ニ而始終右之通り果候段何方も同樣之

御參府之節十六村伊吹山之下ニ有之御領分之之民贄川ニ被遣候次第諸向右同樣之義も可有之此節藤澤邊ニ而一揆躰之事起り官府ゟ願出斯而ハ御百姓相續之而不行屆渇命ニ至り候段眼前ニ付何卒銘々離散仕度從來之御國恩と默止候得共此儘ニ而父母妻子看々饑餲ニ及ひ候義如何ニ之而歎敷右樣離散仕候ニ付而も不相辨者共も如何躰不所存之儀仕出申間敷物ニ之而無之候との趣領主へ申出右躰之連中所々ニ出來候由風聞有之右等之次第ありきよしもあふさる欤両街道人足繼之義ハ御城帳ニ之而出候之と云るしそ本文之御觸書出ス

○今般

和宮樣ニ御立退之儀中上ニ相成候処左之御詠被　仰出ニ付　御立退之

義　御沙汰止ミニ相成候よし

おしましな君と民との爲なれハ
身ハ武藏野の露と消とも
ぬきゝなハゑ古き歸ふ沵行水の
清き流れを汲と玄るてよ

○五月十五日出江戸狀

此表此節も折々雲立候付其間ニ暑氣を玄のぎ申候御地ハ如何哉御揃愈御多福珍重之至ニ候玄られハ正月ゟ三月迄之御城書二タ通り差出申候一ト通りハ上田靈前ゟ御備被下度候一ト通りト四月分ハ貴所ゟ相廻し申候四月分も半月分ハ相廻候間是又御靈前御備被下度候自是五月分引繼可差出漸當今之事御聞込之樣ニ相成申候扱時勢次第切迫相成申候杞憂此事ニ候得共今更致方も無之是非なき事共ニ候横濱内聞今十五日二

人前便ニ而石河其主人様ゟ相廻し納りハ御主人様御預り置被下候様申
上候間其段御申出御下ヶ被成貴所御所藏ニ可被成候決而御戻しニ不及
候英佛ハ日本より兵端を開らせ可申との巧ニ相見申候圖書頭殿抔ハ此
計ニ陥れ（リカ）可申哉と歎息之事ニ候

一右相廻し候書付ゐ付くハ入譯も有之候鎖港之書付八日ニ寺社奉行ゟ御
渡し相成今日晝後迄ニ存寄申立候様ニと申事ニて寺社奉行四天下之安
危ニ拘り候大切之儀左様ニも不行屆儀ニ候ヶ様御仕向候ハヽ一統今日
ゟ職を辭し可申旨申募平生圖書頭殿不行屆儀並立申張候付甚當惑被致
候付外御老中方仲ニ立入今度之儀も
叡慮ゟ被　仰出候義ニ付此儘取扱已後ハ毎年口（本ノマヽ）ニ存寄相尋可申とも之事
ニ而漸事濟候由是ハ三奉行一座評義可致筋故三奉行とも致仕之義申出
候事ニ被存候扱道淳殿事備中守も老年耳遠被申立御役
御免相成申候尤之事ニ而御座候下略

五月十五日賀認

○亥五月廿日朝三條河原ニ首壹ツ出ル

家里眞太郎

此者姦侫之性質を以儒者と稱し上木を業とし書画を賣買致し候儀ハ
猶其小罪ニ候幕府之吏人ニ内通し名敎を乱し正儀を敗り　公武離間
之計を廻し候段不届ニ候先達而逃走候處又々立歸り候ハ自ラ天誅ヲ
招キ候者也仍而遂斬戮《サンリク》《キルコロス》其余之姦曲罪魁ヲ懲《コラス》者也

五月廿日

○亥五月廿二日　　關白様ゟ御渡之書付寫
姉小路少將儀昨夜亥刻頃退出懸ケ朔平御門東之邊ニ而何者共不知及
乱妨狼藉逃去ル候段　御所を輕蔑いたし不容易始末柄殊ニ　大樹公
上洛中右之儀有之候而ハ別而不都合之次第於　大樹も深被恐入候儀

と存候就而も嚴重及穿鑿早々罪人召捕相成候樣可取計候且又市中お
いても折々不法之次第有之段相聞候是又嚴重穿鑿ニ及候樣其筋々に
相達候樣　關白殿被命候

一清和院門　土　州　一寺町門　肥　後
一下立賣門　仙　臺　一蛤門　水　戸
一堺町門　長　州　一今出川門　備　前
一乾門　薩　刕　一中立賣門　因　州
一石藥師門　阿　刕

昨夜朔平御門邊ニおいて姉小路少將及傷之儀甚以不容易候間右九口門
今晚ゟ固之儀被仰付候
但人數之儀ハ相應勘考可有之
五月廿二日內實ハ卽死之由九條樣家士之業とえ評說

五月廿一日夜四ッ時頃姉小路少將殿
御所より下り途中朔平御門邊ニ而何者とも不知四人ニ而切懸り右深手
ニ而少將殿被相果就夫昨日　關白殿ゟ別紙之通被　仰出九門御固誠ニ
嚴重ニ御座候姉小路少將殿當時國事参政職ニ而ロキ、年齢廿六才去ル
二日大坂より罷歸り被申候乱妨人ハ既ニ被召捕九條殿御家來之と今朝
來噂サいゝし候得ども未ゝ手ニ入不申由乱妨方刀壹本拾折姉小路へ拾
ひ置候右刀ハ薩摩鍛冶之作ニ而旁も薩摩風と申吏ニ承り申候同夜三條
とのも追欠候と風聞御座候

五月廿三日
水野和泉守ゟ貞阿弥を以渡候御書付之寫
去ル廿日夜姉小路少將退出之砌朔平門邊ニおいゝ乱妨人有之及刄傷
逃去候段不容易儀ニ付早々探索可致旨夫々嚴重ニ申達候間此段相心

得家來末々ニ至迄嚴重ニ申付聊ニ而も手懸り有之候ハヽ早々申出候
様可被致候
右之趣万石已上以下共不洩様可被相觸候
○亥五月十九日江戸おゐて
酒井飛驒守
領分安房國之内ニ而陣屋敷壹万五千坪余被下委細之儀ハ御勘定奉行
ニ可被申談候
○和宮様ニ之　御使として參向之橋本宰相中將との來ル廿三日京都發
途來月五日江戸著府之筈
○小笠原圖書頭との八日夜蒸氣船ニ而横濱ニ被相越左之書翰奉行より
外國人ニ申渡候様との支圖書頭とのニ而應接無之由
以書翰申入候邦内之人心外交を不欲候ニ付外國人を鄒ヶ港を鎖す

へき旨京都ゟ
台命ニ付拜呈謹言
文久三年亥五月　　小笠原圖書頭
亞英佛孛蘭葡各使へ
○五月廿一日戌刻過學習院御門前ニ張付有之
右之者姉小路へ同腹ニ而公武御一和ヲ名トシ實ハ　　轉法輪三條中納言
天下之爭乱を好候者ニ付早速辭職隱居不致おゐてハ不出旬日代天誅
可令殺戮者也
○五月十五日三條橋西端壁板ニ張紙有之
其方實父先年恐多　　井伊掃部頭
廢帝之目論見致シ惡逆無道枚擧難數遂ニ加天誅候処不憚御場所をも

今度上京致し候段大膽と申も餘り有弥滯京於有之ハ天下之有士深申合主従共可〔加カ〕誅天誅者也

文久三年

亥五月

○東武ゟ切取來候或人杞憂箭

横濱新聞相伺萬々奉謝候時ニ方今之形勢如何思召候哉奉伺度候愚案ニハ鎖港之儀も迚も出來申間敷開もゐもり出來間敷薩長土三藩之行末如何御所置付可申哉

等持院三代之木像之首を梟而

主上御心地よしとの事ニ候ハヽおゟし悪物ニ候御和睦とハ乍申

南朝の御裔ハ絶給ひ逆臣の奉たる御世ょ在せる

主上ゟ足利氏を梟し御愉快との御事ニ候ハヽ如何ニ候楠公新田を稱もるもちと憚りあるゐ似く周の代ゟ伯夷を稱もるょ似さり事の顚末

も不心付しく種々の暴をなせ云々の人々を鬪打ませるも木偶の首を拔く梟せるも同一途なり外國の事情も支り玉ハせ浮浪人なとの所業を悅ひ給ふハ何事ぞや漢儒共の申事を好し他國を一切夷狄としく自ふ《マヽ》尊天よ誇る宋の金ニ於ると同日の論よあふさる事を悟り給ハさるハ最我邦の不幸ゐして夫を助ゐ尊王攘夷を唱ふる孔雀大名の多きも又我　國の大不幸と慷慨ニ不堪奉存候此内憂よ費せとなゐの疲弊殆十年ニ及ひ就中去年春夏以來侯伯の蕩財可推知凶年ならせしく饑饉ニ至り可申欲長大息之至ニ御座候貴考御敎示奉希上候

○五月廿五日京ゟ書狀

當君様御著城之由目出度乍去御病氣之由なれ共又當地ゟ呼ニ參り候と申噂當世中々六ッケ敷時世ニ押移申候○十九日夜誅戮人書類相廻

申候又姉小路殿被切門迄ハ氣分慥之由ホれ共玄關ニ而斃レ被成候由
右切手更ニ相分り不申候幕府ゟ之人數を申見込相立候樣子ニ而中々
前樣ホと御暇之沙汰も無之込り入申候廿一日ゟ六門御固メ初是も別
紙ニ有之廿二日公家惣參
內　前樣會津公も參內之由廿三日御老中若年寄會津河原御殿ニ參會
之由滋野井四辻出奔ハ次男家之由ニ而裝束を取出し迯去候よし
一花園事右之時勢ニ先々見合候方御座候半哉サハラン神ニ而御座候付
而ハ參り候而も宜敷御座候へ共社中も相談仕候処先々見合方宜敷と
申出候半と存居候処と被申居候付先思召をも鳥渡奉伺候
一大樹公も明日大坂ニ御出之処昨廿四日御參
內無之候付又々延引相成申候由御小性組家來之咄承り申候
五月廿五日

○五月廿日夜二條と三條との間河原ニ首壹ッ晒有之左之高札建有

家里眞太郎

此者之儀元來姦佞之性質を儒者と稱し上木を業とし書画賣買候義ハ猶も小罪ニ候得共幕府之吏人ニ内通し名教ヲ紊シり正義を欺ク公武離間之もあり事を廻し候段不屆候先達而逃去り候処又々立歸り候ハ自ラ天誅を招く者あり依而遂斬戮其余之姦曲罪魁を懲ス者也

五月五日

○五月廿日河原　御殿ニ御老若衆會津殿御呼寄堀田小六早馬ニ而呼ニ參り四ッ半比出

殿有之一旦引取貳度目七比又出

殿有之夕方退出夫ゟ

御所ニ參上隼人正殿御出此節堂上方惣參内右歸り姉小路騒動ニ及ひしといふ

同廿三日水野和泉守殿ゟ相渡候書付
去ル廿日夜姉小路少將退出之砌朔平門邊ニ而乱妨人有之及刄傷迯去候段不容易義ニ付早々探索可致旨夫々嚴重ニ申達候間此段相心得家來夫々迄嚴敷申付聊ニ而も手掛り候ハヽ早々申出候樣可致候
五月廿三日
右ニ付御所六門御固嚴重相成三十人程ツヽ勤番相成申候
一少將殿翌朝深手ニ而被相果候

○五月廿日出京ゟ
京都室町上立賣
大坂ゟ
井筒屋伊兵衛樣
河内屋善助
五月十八日出急用
益御安泰珍重奉存候然も今日下之關ゟ申來候書狀其儘寫取左之通入御

覽候

昨十日申刻異國軍艦壹艘此元田之浦沖ニ碇泊仕候処即刻御打拂被仰出俄大騷動市中荷物をか包《をカ》し老人子供遊所女共在郷ニ迯行若人ハ御役目被

仰付浪人武士數十人異國船ニ乗込弥御打拂之旨申渡相成同夜子之刻比ゟ石火矢數百挺打放し候得共地方ニハ少しも届キ不申長州様之御勢ひニ恐れ立去申候尤下り船ニ御座候処當瀨戸通路得不致候武士何千人鎧甲抜身之鎗陣羽織御著騎馬乗數百人市中燈火をけし出シ誠ニ大騷動幸ひ長州様蒸氣船貳双參り合居同船ゟ石火矢御打懸異船迯行候を追かゝ打相成二打之玉當り候由其後異船弥迯去終行方不相分様相成よふ〳〵今朝いつれも御引取まつ〳〵鎮り申候乍併跡々異船五六艘登り候風聞之噂承り候儀ニ御座候尤此後當瀨戸通路候ハヽ不殘御打拂ニ相決し候由委細之儀も後便ニ可申上候以上

五月十一日　　長州下之關出

五月十七日比

二條川端ニ而薩州藩士見事ニ被及殺害同士打之事故吟味不相願由會津廻り役ニ申立其儘罷成候由忘らる処同士討ハ外聞をいとゐ中僞候由他士と途中ニ而申爭立派ニ被切殺候事之由內實講武連之趣ニ風聞仕候由

○橫濱巷說

當三月十八日十九日橫濱表騷動之儀も全く內輪之儀ニ而外國人ニ關係いゝし候儀ニハ無之組頭若葉三男三郎井調役松田金十郎久保田泉三郎儀家財ホを密ニ船積ニ致し江戶表ニ相廻候樣取計置候処廻船改役之者見出し繪符無之ニ付不審ニ存及吟味候処右三人之荷物之旨相顯候付外

支配之者共承り類役共ニ何れ之申合も無之自分一己之逊支度而已いゐし候段不埒之旨ニ而多人數徒黨致し甲冑ニ而鎗銕砲ホ相携右三人を討取可申と致し候処横濱人民おゐくハ其譯合ハ不存して一大事起り候儀と一同騒立逃亡離散ニ及ひ騒擾いゐし候然処前顯之譯故奉行申宥め事濟相成追而三男三郎ハ外轉調役二人も是迄之通相勤居申候

一英船より申出候生麥一件ニ付日本より償金之懸合一旦ハ償金可被遣との義ニ相決候付其段鎭臺淺野伊勢守ゟ英人ニ及通達候処其後又々被遣間敷との事故伊勢守外國ニ對し信を失ひ候義を殊之外心配いゐし度々出府いゐし御老中方ニ段々右之趣申上候由其後圖書頭殿横濱ニ御越可有之旨被仰渡候得共追々及延引償金之義段々と延ニ相成五月四日ニハ弥應接之筈之処猶又相延候付伊勢守おゐくハ面皮無之當惑差迫候所へ幸ひ五月八日

一橋様神奈川御小休ニ付不取敢御旅館ニ罷出段々之始末申上候処同日

一橋様ニハ川崎御泊之所惣御同勢ハ右宿ニ御殘し御側向計被召連御乘切ニ而御歸館相成翌九日御登城被遊候処圖書頭殿ニハ八日夜四ツ半時過蒸氣船より横濱に御越左之書翰被遣候由

亞英佛公使《ミニストル》

孛蘭葡岡士《コンシユル》に

以書翰申入候然も邦内之人心外交を不欲ニ付外國人を邵ケ港を鎖すへき旨

京師ゟ

台命ニ候拜具謹言

文久三年亥五月

小笠原圖書頭

葡

右も其許ゟ政府に通達あらんを欲も

蘭
右も其許ゟコンシユルゼ子ラールに通達あらんを欲も
右本月九日申達候
奉行ゟ外國人に申傳候樣ことの事ニ付圖書頭とのニハ應接無之候乍然
右書翰相渡候已前ニ生麥一条ニ付極內々五十万ドル外ニ十万ドル奉行
所ゟ英人に相渡候由
一圖書頭殿よハ同十一日大坂表に被相越候旨ニ而橫濱出帆相成候由英佛
人前顯書翰受取書躰之をの差越候而已よく承知不承知の境ハ何ボ不申
出候由
一十一日晝後外國人程ヶ谷濱邊ニ而調練いゐし候由ニ而凡五百人程戶部
御番所に相越候付御番人共差止候処外國人共同所住居調役蘆名某森泰
助住居及乱妨酒飯喰散し立去候由
一當時滯在ハ英佛船計ニ而數十四五艘ニ而此內商船三艘有之由百間餘之

軍艦一艘有之由

一横濱住居外國人石造之家百五六十軒有之其儘泰然としヽ住居いたし居

交易之儀外國人ハ荷物水揚可致日本荷物ハ不相替買上候由

一石崎關內岡部筑前守人數相詰横濱ニ靑山大膳亮人數相詰神奈川ニ歩兵

組五組宿陣罷在講武所出役之衆も右近邊ニ相詰罷在候由ニハ候得共慥

ニハ不承候何れ茂外國人を防キ候爲とハ不相聞万一浪人致乱妨候節之

爲之よし

右も神奈川奉行支配同心口崎久米藏と申者横濱ニ定住之由ニ而此人ゟ

承候話之由

○五月十八日夜典藥安藤石見介宅江三十人計狼藉者仕懸候処當人程能迯

去候由又留守ニ候共申候其四五日前ニも一度仕懸候処兼而ピストル用

意致し二三發打出候ニ付迯去候と申事實否未詳

○江戸ゟ申來候由ニ而眞僞ハ不知らぼ
魯佛英和米葡孛之國々先年ゟ和親交易願出条約も取交候得共右も其
節之役人共
朝廷伺濟を不相待取計候義を其儘仕來候処昨年從
朝廷外國和親交易拒絶之　詔有之是迄取計方不宜役人共夫々嚴罰相
加候間其方共も長崎箱館横濱三港凡三十日迄ニ引拂一人も不殘歸國
可致候若於違背ハ可及一戰候条得其意可申事
右之通ニハ候へ共第一御留守と申殊ニ和蘭ゟ同様之御所置相成候義
ハ御主意柄難相分候ニ付右之御主意此度尾張大納言殿急ニ上京御
伺相成候間夫迄ハ是迄之通穩便ニ相心得可申事
○六月二日出江戸二八前宿繼
万石以上之面々向後朝覲之儀被　仰出候尤屢出京候而ハ不《可カ》及疲弊候
間家督之節上京

天氣相伺夫ゟ十ヶ年目一度ッヽ　朝覲候樣可被心得候且又江戸參勤

割合之儀も是迄之通可被心得候

但十万石以上之面々も尙御守衞交代上京之事ニ付別段　朝覲上京

候ニも不及候

右之趣万石以上之面々に不洩樣可被相達候

六月

○六月三日出江戸狀

今曉八時比出火飯倉片町五丁目火元ニ而折節南風烈敷余程燒弘り明

方比一旦鎭火之躰ニ相見候処再火仕南風弥相强く小石吹飛し候程ニ

而今朝ハ天德寺も危く相見候へ共先々無難ニ相濟四時比飛火西御丸

御玄關脇ゟ燒上り午刻過纔一時程之間ニ不殘　御炎上相成實ニ奉恐

入候御儀ニ御座候右比　御本丸御書院に飛火有之候へ共大變ニも不

相成火ハ相納り候旨火元之方《アキマヽ》　時比虎之御門京極殿半燒ニ而鎭火相

成申候由

六月三日

御上洛ニ付拜領銀被下置候事

大樹様元和九癸亥年七月十三日御上著（今文久三年まて貮百四十一年ニなる）

京都町人共江銀壹万貫目拜領被　仰付候事

大樹様寛永十一年甲戌七月十二日御京著（今文久三年迄二百三十年ニ成）閏七月京都町中

年寄共二條

御城内江被爲召寄柳生但馬守殿御取次ニ而公方様江　御目見申上候処

但馬守殿被仰付候ハ京都町人共御上洛目出度奉存御礼罷出候段　公方

様ニも御満足被思召候就夫　台徳院殿様御上洛之節も拜領銀壹万貫目

被下候へとも此度ハ半分ニ而御残念ニ被思召候へ共拜領仕候様被仰付

町人共難有奉存候御事

町數六百廿五丁上京二条北側ゟ之分軒數一万七千三百廿三軒同廿八丁大佛外境内分七百三十二軒同五百五十六丁下京二条南側ゟの丁數一万五千百十二軒分同六丁三条寺町ゟ東之分二百三十八軒同百十四丁両本願寺地内分軒數千四百六十九軒

惣數合三万四千八百七十四軒役是ハ古書ニ有之儘寫

右五千貫目拜領銀此數ニ割付壹軒ニ付銀百三十四匁八分貳厘ツヽト云

今般　大樹様御上洛文久三亥年三月四日御上著同月九日明六時古京組之惣代年寄五人組三丁宛御召出シニ相成則御白洲ニ而結構ニ被仰渡御銀頂戴仕候

西御町奉行 瀧川播磨守様　東御町奉行 永井主人〔水カ〕正様　大目付 伊澤美作守様

御目付 大久保權右衛門様　御徒目付 伊藤治郎介様　御小人目付 彦根銀次郎様

御使 池永龜三郎様

右列座

拜領金　銀五千貫目代り金六萬三千両

十箱外ニ紙包金百両包十包

二分判　三カ
金六千二百両入
亥一月九日

右如舊例之樣側へ並有之重立る者夫ゝ手口ニ而門前ニ而車貳輛ニ積

御請計　洛中町人惣代ゟ

御上洛之爲御祝詞洛中町人共ゟ銀五千貫目被下候間冥加之程難有可奉存候右金六万三千両下ヶ渡候間頂戴可致候

右之通被仰渡金頂戴仕冥加至極難有仕合奉存候尤割渡候義夫々勘辨仕相應ニ割渡候樣可仕候是又其段被仰渡候ニ付奉畏候仍之御請書奉差上候以上

文久三亥年三月九日　洛中惣代

洛中軒數三万七千六十四軒貳分

上　一万八千廿軒半

下　一万八千四十三軒七分

洛中町々裏借家ニ至る迄金壹両壹分壹朱ト五十六文拜領仕候難有仕合君の代萬々歳祝候

　兩本願寺地内町々同様ニ被仰付候

○五月十三日出十六日夜四半頃著

然ハ昨年御殿山異人館燒亡幷加奈川生麥与申所ニ而島津一件右貳ヶ条段々懸合ニ相成英夷申候ニハ洋銀五十万を以和熟可致由此義聞届ヶ無之ニおゐてハ船將之存寄通りニ取計可申由ニ而既ニ七日夕方ニも軍艘〔艦カ〕貳艘品川御臺場際迄乘込海岸筋殊之外心配致し翌八日御老役様彼表ニ御出張御應接有之則異人願通洋銀四拾万數但し日本金ニ而して三拾万両也右ハ車拾七輛ニ積九日朝六時異人館ニ引込申候

横濱御觸寫

今般外國人居留地其外ニ而鉄炮相備候儀全商館之要害ニ而戰爭可
致義ニも無之仍之商人共無心置渡世營候樣可申聞候事
五月九日晝
伊藤岩一郎
森　泰三郎

右之趣被仰渡候間此段御達申上候
町會所

同日夕再御觸
昨今市中不穩儀ニ相聞以之外之儀ニ有之候向後騷敷儀無之間市中安
心いたし候樣小前末々迄不洩樣可被相觸候尤是迄之通商人共無心置
相勵精々可致旨被　仰渡候

○一書曰
橫濱ゟ急便ニ差越候書面幷命令之寫

五月九日出十二日夜著
取急キ前文略扨此比節句前異人懸合之儀も一旦異人方にトル五十万
御渡相成事濟ニ相成候趣ニ候処又々模様替り御止メ相成候付夫故當
月四日より又々市中騒敷相成實ニ心配仕候太らゐ所當地運上所ゟ諸
役人様方御評諚ゐく彌異人ニトル五十万御渡相成事濟与相究申候仍
ゐ今日四ッ半比三ッ井ゟ運上所に五十萬トル引込直様御渡相成事濟
致し候付九ッ時市中に廻狀相廻候付寫指上申候間先々御安心可被下
候以上
五月九日　　九ッ時認
右廻狀寫
先比中より騒敷儀ニ候処今般御談判被爲行屆安泰之筋ニ相成候間
市中商人是迄之心脳を拂諸商賣精々心懸以來心配不致候樣小前末
々迄不洩樣急度可申渡旨被

仰出候
五月九日

○東都五月十二日出
外夷一件平穏ニ相成段々應接之上爭端ニ不及次第ニ成十日拒絶与申
儀も更ニ御沙汰廃止ミ軍之可起躰無之全躰之
御主意ハ未知都而靜謐ニ成申候市中廃安穏ニ成武家廃陣を引申候

京便
細川越中守歸國御暇被下京地發途外諸侯此節上京之向有之旨之細川
之家老某供馬騁之由
尾太公御物見ゟ御目留り之処細川家歸國故遮而御所望之趣先方ニ
被相達候処家老ゟ御斷申上其段主侯ニ申達則越中守殿ゟ御贈進相成
候由云々

此度攘夷
聖旨を奉し東下仕候処
關東閣老并大小有司同心仕候者壹人茂無之
敕旨貫徹仕候事中々以不相成
關東情實并宇內形勢不相察短智不才之身を以攘夷奉
命仕候段不措恐懼候罪　闕〔闕カ〕下ニ相待候間當職
御免被成下候樣
天邊江
御內奏伏而奉願上候
五月十四日　　　　　　　　　慶　喜

償金之事
去九日於武劦橫濱小笠原圖書頭以獨行〔斷カ〕償金差遣候処以書狀申越候由

昨廿日松平肥後守水野和泉守板倉周防守參
内前件之次第對
天朝ニ申譯無之何共恐入存候此上ハ老中歸府應接いたし候而茂迚茂
難及力
大樹自身小田原驛迄相越奸吏共相罰之一橋水戸等呼寄
關東之情實篤ト聞正シ候上急速攘夷成功可
奏上何レニ而も
大樹自身發向願度事
五月廿一日

○

房州小湊村
庄藏
亥三十八才

亞國ワイラシン船ニ水先案内として乘組罷越候始末御糺ニ御座候此段

上候私儀五月廿八日亞國ワイラシン船水先案内として乘組横濱湊出帆豐後土佐兩州之間より周防灘ニ掛り當六月朔日四ツ時頃長州下之關海岸通航之砌合圖ニ而も候哉岸上ニ而炮聲兩度相聞引續臺場より數發打懸ヶ尤其所ワイラシン船將儀長州手前ニ而申聞候ハ本國商船下之關通航之節大炮打懸ヶ候趣ニ付此度も同樣ニ可有之左候而ハ當方ゟも炮發致し一戰ニ可及其心得ニ可罷有旨申シ前條長州ゟ大炮打懸候ニ付亞國イ船ゟも炮發致追々打進ミ遂ニ名不知孤島と長州地方と僅二町程之折所ニ長州軍艦備有之候場所ニ趣右三艘之間ニ乘組左右之船幷陸手之臺場市中ホニ數發打懸終ニ燒玉を以三艘を打立候處一艘ハ乘迯二艘ハ燃出し候ニ付乘組水主ホハ水中ニ飛入多人數泳《チヨ》き候を見受罷有候且九ツ時ニ至候而ハ臺場よりハ炮發打絶亞船之方ニ而ハ兩船を燒砲臺ニ而も砲聲絶候ゆへ十分之勝と存し候樣子ニ而迯去候蒸氣船を追打致あらふ右場所を引取候趣始終亞船ニ而ハ砲發いたし候目的ニ中り候得ハ銘々冠物

を脱し大聲ニ而祝し申候且長汤ゟ打懸候數發之內亞船にも二十九ホド
中候哉卽死五人怪我人三人有之尤死人ハ帆木綿ニ包兩足に彈丸を結付
水底に沈候儀ニ有之前書四ツ時ゟ九ツ時半頃迄ニ而戰爭相濟直樣乘戻
し昨四日夜當湊に入津仕候儀ニ御座候
一讃汤栗島　安藏儀も一同水先案内としく乘組罷在候處右戰爭ニ恐怖い
さし倶ニ水中に飛入可迯遁与申聞候得共迚も可遁手段無之旨申諭置兩
人無滯歸府仕候
一月日不覺先達外船水先案内ニ而通船之砌も長州ニ而臺場無之樣覺居候
處此度見請候得も四ケ所築立有之候
右之通御座候
亥六月五日
(原朱)亥五月廿五日

佛蘭西軍艦ゟ長州下の關ニ而鉄炮打懸候儀ニ付申上候書付

服部長門守

當月十七日神奈川出帆當湊ゟ相廻り候

佛

船号

キンミヤン

瀬戸内通船致し候ニ付水先案内として肥前大村水夫米太郎乘組參り申候同廿三日朝六時頃長州下之關乘通候處端船ゟ大筒數發打懸乘組之者頭上通拔或ハ船緣左右打拔車覆胁をも打碎き其外所々損所出來候得共差而之怪我人ハ無之漸々乘拔候よしニ而昨廿四日當湊著船致候儀之旨前書水夫米太郎申上候仍之此段申上置候以上

五月廿五日

服部長門守

和蘭軍艦より承り候儀申上候書付

昨廿四日午後當湊碇泊之和蘭蒸氣船軍艦メジサー出帆横濱〻渡海罷越候ニ付支配向之者〻何レ之方渡海致し候儀相尋候處下之關通行致し候趣就而ハ軍備相整置彼方ニ而發砲致し候ハヽ直ニ戰爭ニ可及積ニ申聞候右爲御心得奉申上候以上

亥五月廿五日　　服部長門守

以書狀致啓上候然ハ拙者共儀昨五日四ツ半時過當表到著横濱表佛公使館〻罷越引合可申与存候處公使儀英國アトミラル方〻罷越居いまだ歸館不致候旨ニ付直ニ和蘭公使館〻相越コンシユルセ子ラアール〻及面晤候長州表之事情承糺候處日之丸旗章ニハ無之上ニ一文字旗章而已相立候船より砲發致し和蘭軍艦乘組之内卽死四人手負四人有之趣申立候右ハ本國政府より表向御懸合申上候儀ニ存候と而已申立候且又昨夜運上所ニ而承り候ニハ當節出帆之亞國軍艦ワイラシン昨曉入津候處右も

長州沖ニ而異變有候よし其儘難打捨候ニ付昨夕第六時ゟ同國公使井船將江引合候處公使ニハ病氣ニ付乘組不申船將而已乘組去朔日彼地通船之處砲臺井軍艦より數《放カ》發致し候ニ付亞國軍艦よりも長州軍艦江向ケ發炮致し双方打合之上長州家之軍艦一艘を打沈め候積一艘ハ打破り候趣申聞候且亞國乘組之内即死五人手負七人有之候旨申立候右之儀ニ付公使より御老中方江書簡を以昨日申立候よしニ御座候佛國公使昨日ハ用向有之彼方ゟ斷およひ候間今六日第十時迄ニ罷越引合候積ニ有之候委細之儀ハ歸府之上可申上候得とも先不取敢此段申上候老中方江被 仰上被下度右可得御意如此

六月六日

松平石見守印

小笠原攝津守印

川路左衛門尉様

村垣淡路守様

菊池伊豫守様
柴田貞太郎様

○横濱來簡

此度於長州アメリカオランタフランス三ケ國共打拂申候打され候亞墨利加船當港ニ罷越申候右船即死四人疵人八九人有之玉之跡十九程有之候皆打拔を穴明居申候長州ニ而三百發程打候由アメリカニ而八十發程打候今日アメ壹艘入港いたし候是も長州を打當港ニ罷越候旨申聞候乍然誠ニ戰爭之樣ニ無之穩ニ御座候

一先日跡ゟ歩兵組上坂いたし候船名ラシヤ船同アキン船貳艘不殘送り屆昨四日罷歸り申候今度上坂いたし候役々之用意金食料不殘神奈川御役所之御入用ニ御座候右等取扱として神奈川支配向も罷越候奉行淺野伊賀守抔ハ實ニ大役万事圖書頭殿御後見と申事ニ御座候神奈川

之御役も差置妙ナ勤向ニ相成居申候

一説ニ打崩し船ハ商船ニ而長州ゟ注文有之立寄候様申越候処本文之次第之由長州軍艦二艘ハ無之筈ニ付壹艘ハ薩州軍艦ニ而可有之左候ハヽ薩州と申合せ候義と亞人申居候由

一今日著アメ船壹艘云々と有之候ハ類船貳艘ニ而長州江報讐としく相越同所之軍艦二艘ハ微塵ニ打摧キ領分海岸盡く其内下之關人民も氣之毒ゟ亞人申候由此節ポルトガル船壹艘參りかヽり仲人ニ可相成由申聞候処長州ニ而償金之儀迚も出來間敷と亞人斷候処强而仲人ニ相立申候乍然懸合行届兼又々跡ニ而戰爭ニ相成海岸等打崩され□と申候由

一本牧近邊江フランス人願之上炮臺築立此所ハ此邊ニての高ミニて眺望宜候処絶頂ニ樓臺一ヶ所築立候付目ニ碍るものも無之四方ゟ攻候其防くニ宜キ要害之由此所元來英人御殿山下へ炮臺築立之儀願濟相

成居候付其代りニ願可申哉と申合居候内フランス人願相濟候由日本役人如何之存念歟弥砲臺成就之上ハ百萬之軍勢を以攻候共たやもく落申間敷と申英人笑候由

一横濱ニ外國人廣大之居館築立中ニ而交易弥盛之由

六月五日

○六月七日朝其筋之仁ゟ内々承候趣

當月朔日長州沖江亞墨利加軍艦一艘通船候処長州ゟ貳艘之手船ニ而大砲發候付亞船ゟも破裂玉長州船江炮發焃氣之筒を打候処二町餘飛廻り且水中江飛入候者も有之定而怪我も可有之今一艘も破裂玉打掛候処船損シ候哉其儘沈候内臺場よりも打出候付亞船ゟも臺場江破裂玉二度打懸候処其後砲聲も無之候間其儘場所退散仕候旨併氣之毒成事ハ大分市中燒失も有之候段亞人ゟも横濱役所江届申出昨六日横濱役所ゟ注進御座候尤去月中亞船江打懸候義有之候間通行之節猶又

打懸可申とて其心組ニ而相越候処案の如く打懸候亞人も三四人即死有
之趣ニ御座候十二時ゟ二時之間ニ相濟候由
六月七日
（原朱）私曰十二時ハ　皇國（午カ）刻　二時ハ我一時
○閣老御通用書
公方樣益御機嫌克被成御座御膳ホ御快被召上候將又今三日巳刻爲御
暇
御參
內於
小御所
御對面
天盃幷　酒饌御頂戴且眞御太刀一振鞘卷御太刀一振幷御小直衣一領

御料紙御硯箱一具御拜領且又於
當御殿
禁裏　親王　御對面從
禁裏
御思召を以御內々御文庫之內御頂戴將又親王准后ゟ者被爲入酒菓御
頂戴且又
禁裏御初ゟ御頂戴物有之御作法萬端首尾能相濟候御機嫌不斜誠ニ以
目出度御事候以上
六月三日　　板倉周防守
水野和泉守
松平豐前守殿
井上河內守殿
禁裏ゟ

錦形御屏風　一双

親王ゟ

御末廣二柄　一箱

御手鑑　一箱

准后ゟ

御歌書　一箱

御机　一脚

以上

中川宮樣御參

内ホ之節途中御警衞として御行烈《列カ》之内御先ゟ四人御駕籠脇ゟ四人都合

八人御借用之儀前大納言樣ゟ御賴被仰入候趣有之候付大筒役小川半兵

衞荒川弥五右衞門之内壹人高田坊ニ罷在候福屋内藏次郎始之輩ニ而御

駕脇ニ御附添相勤御先ニ相立候四人之儀も半兵衞弥五右衞門附屬大砲方之內ニ而相勤候筈夫々申談臨時御差支無之樣大筒役并大砲方之儀も日々守り相立河原
御殿御玄關御式臺之內ニ可相詰旨をも申談候
六月四日

○六月十七日出磯野三右衞門ゟ之書付

薩州藩士
田中雄平
仁礼源之丞
外ニ下部壹人
遊學之者

右去ル廿六日朝會津ニ召捕ニ相成直ニ町奉行所ニ引渡ニ相成
一今度各召捕ニ相成候吟味之儀町奉行ニ而ハ無之左之面々ニ被　仰付
但三寳院吟味有之樣被
仰出候由

松平肥後守
上杉彈正大弼
松平備前守
松平紀伊守
一柳兵部少輔

薩州四人之内去ル廿七日仁礼源之丞切腹致候由
右ニ付町奉行永井主水正差扣相伺候處伺之通差扣被　仰付候
一右アキマ、も姉小路殿及殺害候趣ニ相聞申候
一御所御門々々固之内薩刕乾御門固之処昨日ゟ御解ニ相成候由御座候
大不首尾ニ相成申候

○六月十六日

小笠原圖書頭

思召有之御役
御免

水夫口書摘要

横濱ニ罷在候水夫佛人長崎表ゟ相越候水先案内として當六月朔日佛軍艦ゟ乘組相越候処土佐豐後之間ゟ乘入可申旨ニ付同所ハ是迄通行いたし候義無之不案内之由申斷候処佛人共心得候間不苦旨ニ而乘行次第ニ長州近所ゟ相越候処佛朗西小軍艦相待居候樣子ニ而相伴長崎ニハ用事長州小浦ゟ立寄候儀之旨申聞同出會五日大炮ニ玉込等致し候付大ニ驚愕致し候へ共今更致度《方カ》も無之同船罷越長州領砲臺ゟ近付候処長州ゟハ砲聲も不發候処佛軍艦ゟハ大砲三拾發程打放し砲臺崩レ損候節軍艦を海岸ゟ寄可申旨ニ付遠淺ニ而乘附難く之分申答候処バッテーラニ而致上陸民家を令放火此節長州ゟ貳發程致砲發候処一向不取締武士三拾五

六人討取大小砲火門へ釘を打用立不申様ニ致し鎗拾本程鎧五六領幘（幀カ）餘程奪取船ニ積入候由此節之「此節之」（衍カ）戦争水夫ハ上陸不致候付委敷義ハ不存佛人も貳人腰之邊銕炮疵を請候由夫ゟ横濱ニ乗戻候義口書席上ニ而見申候暗記之儘認取進し申候追而貸（借カ）請寫しこ可差上候事

六月十七日

十日出御書狀無滯到著致披見候御地ハ遠方ニ濕り有之候ニ而暫凌よく相成よし此表久々乾魃隨而炎暑難堪御座候晝後ゟ雨ぬり出し雷鳴も少々有之候処無程上り候へ共北之方へも黒雲有之南よりも黒雲登り候付今暫濕りも可有之歟ニ而候大ニ凌よく相成申候ケ様ニ認候処へ急キ狀箱持參不取敢ひふき候処

公方様只今御軍艦ニ而濱御庭まて御著之旨御城附ゟ申來候旨ニ御座候先以恐悦至極是ニ而天下泰平相成可申と難有奉存候御揃弥御清適珍重

之至ニ御座候併少々御腹合御勝不被成候由輕キ御事之由ゆへ只今比《マヽ》ハ
御全快と奉存候乍去御加養專一と奉存候御子息悴方へ御訪被下度小恙
快日々登
城之条安堵いたし候
一橋本殿ハ病キニ付退職之由ニ候
一一橋樣御寃口採要申ものハ見申候得共　水戶樣ハ一向不存候
六月

○風說
將軍家京都大坂ヘ御發駕献毒之事有
奉る御膳伏見稻荷顚覆し給へり故ニ伏見知行增ト云

○京都流行歌
兎角忠義ハ後《アト》後《サキ》見ぞニ無分別なよ實がある

(原朱)此御持頭組共御出入之節計二組

(原朱)御使之者　御持組同心

(原朱)御使之者　御持組同心

(原朱)御使之者　御持組同心

御持組同心　同　同　同　同

玉薬箱貳荷　御持組同心　同　同　同　同　御持組同心

御持組同心　同　同　同　同

御持組同心　御持組同心　同　同　同　同

玉薬箱貳荷　御持組同心　同　同　同　同

御持組同心　御持組同心　同　同　同　同

御先手組同心　御先手組同心
御持筒頭　御先手組同心　玉薬箱マ、荷　御先手組同心
御先手組同心　御先手組同心

同　同　同　同　御先手組同心
(原朱)御先手物頭組共御出入之節計二組
同　同　同　同　御先手物頭　御先手物頭　御先手組同心
同　同　同　同　御先手組同心

御先手組同心　同　同　同　同
玉薬箱マ、荷　御先手組同心　同　同　同　同　御先手物頭
御先手組同心　同　同　同　同

(原朱)三四十人程ツ、御出入之外半數

大御番組　同　同　同　同　大御番組與頭

大御番組　同　同　同　同　大御番頭

大御番組　同　同　同　同　大御番組與頭

御手筒　同　御使之者

玉薬箱マヽ荷　御手筒　御使之者

御手筒　同　御使之者

御長刀　新御番組頭　之内壹人
小十人組與頭

小十人　同　同　御刀筒

小十人　同　同

小十人　同　同　御刀筒

小十八組　御新番組頭 小十八組與頭 之内壹人　新御番
御同朋
小十八組　新御番組頭 小十八組與頭 之内壹人　新御番

御床机廻貳拾五人　新御番　（原朱）御出入之外半數ツ、　同　小十八組
御小性　中奥詰　御小納戸
奥向之輩
御　御小性　中奥詰　奥御醫師
御床机廻貳拾五人　中奥詰　御小納戸
（原朱）前ニ同し
新御番　同　同

人別（原朱）御出入之外半數
両番之内　同　同　同　同　御徒目付　枠立御鎗　同　同
同両番之内　同　同　同　同　御直鎗
御持鎗　十文字御鎗
同両番之内　同　同　同　同　御小人頭　御鍵鎗
同両番之内　同　同　同　同　御草履持　枠立御鎗　同　同

押鳥毛御鎗　御茶辨當　御挾箱　同

御具足　刎盞御挾箱

押鳥毛御鎗　御水荷　御挾箱　御簑箱

御雨傘

奥向之輩

御敷物

御草履箱

御藥箪笥

御馬　同　同　雨具枠

御鞭

御菅笠

沓籠荷

御床机

御用人騎馬之輩　御先手組同心　同　同　同　同　御先手物頭

（原朱）此先手物頭組共御出入之節計二組

御先手組同心　同　同　同　同

御先手組同心　同　同　同　同

御先手組同心　同　同　同　同　同　寄合組（原朱）三四十人程ツヽ御出入之外半數
御先手組同心　同　同　同　同　同　御先手物頭　寄合組
御先手組同心　同　同　同　同　同　寄合組

同　同　同　同　寄合組與頭
同　同　同　同　御年寄列　明騎馬
同　同　同　同　寄合組與頭

御要用
御道具類　駕籠御供之輩　同勢　御年寄

○京師ゟ來御書付

右傍ニ線ヲ施セルハ原本朱書以下之ニ従フ　校訂者識

洛中住居

辭退被　仰付
（イニ停止被　仰付）

伺之上差扣
（イ官位御召上愼）

永牢

九條入道前關白
久我入道前內大臣
千種入道前中將
岩倉入道前中將
藤　式部
中務少輔父
押小路二位（イニ姉　又イニ富）
岩見（イ倉）大夫
押小路娘
大和局

思召有之蟄居
辭退之上入道（イ官）

御役義　御免愼

官位被差止入道（イ召）
之上永蟄居
御役義退去（イ御辭退）
其儀不及
永蟄居

岩倉中將
千種中將（イ二姉）
押小路中務少輔（イ富）
坊城大納言
廣橋大納言
千種少將
中山大納言
正親町三条大納言
堀川侍従娘
權曲（典カ）侍局

押小路家來
山本大膳大輔（イニ女）

九條殿家來
同　外記（イニ山本土佐娘）

氷（イニ有）室主膳

橋本内匠

遠嶋

御調中

七月

○藩士大御番組安藤十次郎屋敷白壁町坂下筋西南角妻なし（已ニ歿せしや嘗て娶らざりしや未聞）妾有曾て一女子を生男子なし近ごろ召遣ひ婦女を寵して孕り主人老妾ニ謂て曰婢孕《ゲジョハラミ》たりこれを他所ニ産せしめんと思ふと妾曰尊慮を労しめ給ふ事なかれ是君の子なり何の憚る所あらん亦誰かこれを疎略ニせんや必他よ赴しむる事なかれと主人老妾の言を然りとしてこれを他よ託せる事を

止め宅内の下房に産せしむ男子を生めり乃これを一室に移して愛育せしが三日にして其兒死したり婢ハ下房に臥て兒の側にあらざれハ其病故を悉にせざれバこれを聞て大に悲ミ疑ひて思へり是らならバ老婆が姦計に死せしならんと爰に於て血液《チ》上昇《ノボリ》し救治《リヤウヂ》效なく亦終に死したり其未ダ死せざる時より老婆も亦病を發せ醫に診せしむるに病名を辨ぜる事能ハざれバこれを玉廣狐《イナリ》近年建中寺の東百人組邸の邊東郊に祠を建一婦是に給仕ス祈託皆驗ありといふて人多く詣拜せに問ふに生《イキ》靈依《リヤウツキ》なるなりと云婢死せるに及で老婆が病苦甚し更に玉廣に問ふに曰宅内の乾方《イヌヰ》朴樹《エノキ》の幹《ミキ》に釘して呪咀《シユツ》せる者有其釘五頭あらん速にこれを拔去べしと主人朴樹を撿《キンミ》して釘四挺を得たり猶一挺あるべくしこれを索《モトム》れ共不得又是を玉廣に謀る玉廣曰今夜吾往て拔去らん前期《ソノマヘ》煎膏豆腐《アブラアゲ》二箇《フタツ》を樹枝に懸置べし吾是を取去るし是吾往たる證之釘ハ吾把て歸らん明日交附《ワタス》せべしと主人狐教《サシズ》の如くし詰旦《アサハヤク》樹を檢るに膏豆腐《アブラゲ》なし往て釘を玉廣に求むるに乃是を交附たり還りて其釘を曾て拔たる四釘と照《アハ》

考《セミ》もるよ毫《スコシ》の異なる事なし然るみ其夜より朴樹頭よ一團の陰火を現ぞ樹巷《トオリスジ》街よ近々れバ路人おれを見傳播して夜々來り觀る者多し主人婢が爲ニ佛事を作し冥福を祈る事丁寧なりしらバ數日の後ハ消散して見えぞと云

○御本丸番若林悅次郎 屋敷高岳院前地之端年齢廿壹貳才 新婦を娶る 大御番組屋敷同しく高岳院前 佐久間鍋次郎女之此女曾て他よ嫁もる事 欠マヽ 度六月廿五日夜寄合組里見幸八方に 里見ハ實佐久間弟よて新婦の仲人之屋敷寺町先田面なり 新婦も同道ニ而罷越候処途中おゐて若林尿せし故新婦一足御先參るへしと行候処法華寺町駿河町ガ南に入東側なる髮結床ニ大工兼といへる者有之所 是ハ新婦の密夫之新婦のぞき見て呼出せしとも又ハ大工兼髮結所ガ出候処此女と顏見合連立行し所跡より悅次郎來りて 聲らけて我ふら妻よ如何成故を以て戯れ物をいふハ無禮なりととが免々るみ大工兼答へて我ふが妻なとヽハおおがましく此女ハ我女房なりといふと其儘刀拔もなせし故御免あれと迯出た所を後

ゟ右之手を打落せしとき陶器の錦手を書く内へ壹足入込ありふ討死せしとき其儘悦次郎二人連ニ而里見氏方へ罷越候処里見氏ニ葛木平三郎方ニ懸り人同内藏七といへるも・(の脱カ)來合居里見葛木若林三人連ニ而討捨候場所見分ニ來候処未た大工死ニきふぽ候故爰ゟ直様里見氏ハ佐久間方ニ爲知ニ行葛木氏若林ニ留メをさし候へと申故留メさゝんとせしみぽんとうみ死きふぽ首横向居くのんどへ差貫キ難く眞直ニ起し差給へといへと起し兼候を色々と申首を眞仰向よしてとゝめをさし候由夫ゟ御目付ニも何者ゟ途中於く無禮せしよしみく打捨候趣申達相濟といふ

七月六日夜鍋三郎女右方ゟ何方ニ欲立去り行衞しれずと云

○竹腰氏の臣某（宅ハ中屋敷西之方北側一區之内ニ有）妻其夫ト爭論し夫の家を出去る夫彼が意恨の餘變あらん事をおそれ人をして跟隨せしめしみ其親族の家（伯母の家なり）といふ又出く途み其親の家よ歸りきり跟隨せし者これを見送りく歸く告

て夫安して寐なりしが深更ニ及て妻密に來て夫の家の井中に縊首を井ハ
近年鑿て屋内にあり夫未明ニ起て井を汲んとせしに礙《サハル》る物あり燈を照して是を見
て大ニ驚きしとぞ
縊死ハ繘《ツルベナハ》を攀て入り井の半に至て縊を頭ニ前カキを當て其上ニ紐を
系《カケ》なりと言六月中旬の事之

○春日井郡上野村百姓元七と云者一子今年拾壹才一日在所を失ひ是を尋
ぬれとも不得一晝夜鉦太鼓にて村中尋ぬれと不知玉廣狐ニ祈願して百
度參りをして往來せしに八十五度目ニ見忽然として其途中に亻立なり
と

○六月七日夜新出來町天王祭に會せし者共天狗の事を罵詈せしゟ西之切
柏屋ゟ貳軒おゐて大工の家あり初ハ車の上に三人が番をなし居なり夜
中雨降り候節美婦人壹人蛇目傘指來り雨やとりさし呉よと申來りし故
色々と戯をなる事中居なりしに宅にてハ博奕致し候処長持程有之火之

玉飛入大ニ家の中大ニ震動しく崩るゝが如し壹人としく仰向こし者無し其内ニ壹人老人少し首を上ヶ見しよ彼の火の玉三ッ四ッと成表の方へ出東の方へ行しと云

○六月八日夜御塩焇藏の邊ゟ團火《ヒンタマ》出く飛去りしといふ

○久屋町誓願寺南隣阿部主膳殿藩愛智庄司士第ゐく大なる墓を殺せといふいまゝ其詳悉を聞を

○濃州中嶋郡小籔村ニ螽《イナゴ》大ニ出きく穀物類の葉をくふひく災をなせ故六月廿七日笠松御陣屋ゟ見分有之實ニ大そう成事之由珍ふ敷事之

○四月廿一日水野和泉守殿ゟ御渡御書付貳通

淡路島之儀も海門之要衝候間守衛之備充實無之候而も不相叶候ニ付嫡子淡路守義出張軍事之指揮致し防禦之策略十分行届候樣可有盡力右被仰出候条可被得其意候

松平阿波守

攘夷之儀被　仰出候ニ付而も紀淡海上之義も攝海之咽喉之要地ニ付非常之節領海防禦等嚴重相心得彼ゟ兵端を開候義も有之節ハ御國辱不相成樣可被心得候右ニ付松平兵部大輔領分播刕瀬戸之儀も攝海之關門ニ有之御固專要之場所ニ候間四ヶ所砲臺之內淡州江距離不遠地位ニ今一層堅牢改築可致旨兵部大輔江相達候間其方ニ而合應〔マヽ〕繋行屆候樣被　仰出候

○四月廿一日野宮殿ゟ御渡之御書付貳通

淡路島ハ海門之要衝ニ候間守衛之備充實無之候而も不相叶候間松平淡路守義出張致軍事指揮有之候間防禦之策略十分行屆候樣可有盡力被仰下候事

四月

淡路嶋防禦之爲松平淡路守義出張有之候樣被　仰出候ニ付而も家臣蜂

須賀駿河隨從有之淡路守補佐海防實備行屆候樣周旋可有之申付候樣
御沙汰候事
四月

○四月廿四日野宮殿ゟ在京役ニ御渡之書付

水戸中納言舍弟
松平余四郎麿

此度大樹爲海邊巡見下坂候ニ付同樣下向同所御手薄之儀兼々苦心ニ
付此上實地之形勢巡察致し廉々建白も有之度旨ホ神妙之至ニ被　思
召候間願之通被　聞召候尤巡檢濟之上早々上京可有之　御沙汰候事

水戸家老
武田耕雲齋

此度一橋中納言歸府候付隨從之趣松平余四郎麿滯京被　仰付候ニ付
爲補佐被　召止度　思召之旨一橋中納言い　御沙汰相成候処何分召
連周旋被申付度旨ニ付東下御暇被下之尙出府盡力可有之一橋中納言
著府之上再登京余四郎麿補佐周旋可有之候樣被　仰出候事

○板倉周防守殿御渡御書付貳通

當地大坂藏屋敷詰之家來有之面々にも達相濟候猶於江戸表も御達可有之候得共急場之儀ニ付別紙貳通爲心得相達候以上

五月八日　　伊澤美作守

青山大藏大輔殿

留守居

非常之節

攝海人數出之面々人數銃器ホ割合

壹万石ニ付

人數四拾人程　士分七人程　足輕三十八人程　小者勝手次第　大砲

五六［百脱カ］・目以上一門　小銃廿挺程

右之割合ニ可被相心得候

覺

青山大藏大輔　脇坂淡路守　朽木近江守

三浦備後守　小出主税　丹羽長門守
一柳土佐守　小笠原幸松丸　建部三二郎
高木主水正　永井信濃守　柳生但馬守

外夷拒絶被仰出期限以後夷船攝海ヘ渡來可致も難計候ニ付此度海岸御巡覽防禦筋手厚ニ被仰付候事ニ候就ゐハ畿內近國於諸家も別ゐ武門之職を勵ミ勤王之名義ヲ盡し候時ニ候間急々大坂表ヘ人數出張之儀於江府相達ニゐ可有之候然処右之內ニも江戸ニゐ御門番其外夫々御役當り被仰付候面々も有之候間攝海御警衛として人數出被　仰付候上ハ御門番其外御役當り都ゐ　御免代り被　仰付候得共御用柄ニ寄代りえもの參府之上交代致し其上ニゐ人數差出候樣ニゐハ時日も移り急場之御間合兼可申候時勢切迫之折柄ニ付二重之御役當ニ相成難義可有之候得共暫時之事ニ付別紙割之半減も此節な在番所ヘ備置於江府攝海ヘ人數出之儀相達次第直樣大坂表ヘ差出殘り人數ハ交代

才相濟候上可成丈差急差出候樣可被致且又江戸表ニおゐて御役當り
無之面々ニも別紙人數割之通聊無遲滯可被差出候
右之趣爲心得早々可被達候事
五月
○一橋中納言殿差添爲御用昨夜歸著仕候処旅中ゟ胸痛強ク御屆參上難仕
以使者御屆申上候以上
五月九日　　　　　　　　　　　岡部駿河守
○長州下之關ゟ五月十一日出便を以大坂ニ申越候趣
昨十日申刻比英國軍艦壹艘爰許田ノ浦沖ニ碇泊致候ニ付弥打拂与相
決俄ニ大騒動老人子供女子不殘近在ニ逃去若キ者ハ御役被　　仰付同
夕浪人武士數十人異國船ニ爲御使乘込弥打拂之趣申渡罷歸同夜子之
刻比石火矢數百挺打放候処異國船ゟ茂數十挺打出候得共陸地相屆不
申尤下り船ニ御座候処當瀬戸通路不相成又々跡へ退船仕候御出張之

御人數ハ騎馬貳百騎歩行千人餘り鎧兜陣羽織拔身之槍を揃へ町家不殘軒別ニ明りを燈し前代未聞之事ニ御座候然処異國船迯行途中長州樣之蒸氣船通り合同船尙迯行を追らけ又々打掛候処貳貫目之玉當り候由其後何方へ迯行候哉不相分候付漸今朝引取ニ相成鎭申候又々異國船登り參噂承り申候寂早此後尙瀨戶通路仕候ハヽ皆々打拂ヒ相開候此段不取敢申上候

猶々右船も亞墨利加軍艦ニ而佐賀之境さして迯去候樣子ニ御座候

○

昨十日夕異國船壹艘上筋ゟ渡來領海田浦沖致繫船候ニ付早速問聞船差立相糺候処アメリカ船ニ而從江戶表長崎表に罷下り天氣相ニ付明朝出帆之積之趣申立候右ニ付密々番船付置申候然処同処四ッ時比ニ至長州領ゟ異國形船乘下り右異船に向大砲貳三聲相發同領持地ゟも四五聲致放發候樣子ニ御座候処異國船ゟも大砲二三聲相發頓而乘戾

上筋を向乘行候依之手當人數ㄘ穩便ニ用意仕浦々念入申候処領海何之相替義無御座候尤夜中之儀ニ付聢と難相分此段御屆申上候以上

五月十一日　同廿三日

小笠原大膳大夫

〇五月大坂表ニ而

長崎奉行
大久保豐前守

大目付被　仰付

町奉行
井上信濃守

御役　御免

御小納戸
戸田鉡三郎

同
佐々木修助

御目付被　仰付

〇三月晦日大膳太夫に對州表糧食并援兵ㄘ之儀御達有之候就而ハ防禦筋

行屆候樣可致候依之兵庫表御警衞も被成　御免候尤是迄大膳大夫相勤候御固場所々々も松平三河守樣龜井隱岐守樣中川修理太夫樣ゟ被　仰付候間右御三家ゟ御人數被差出候筈是迄之通相心得可有之候旨留守居之者ゟ御書付を以被　仰渡候段大膳大夫承知仕候上御禮之儀如何相心得可申哉此段奉伺候以上

五月十七日

松平大膳大夫內
遠藤太市郞

付札

飛札差越候樣可仕候

○

五月十七日御留守居渡候書付　酒井飛驒守渡ス

和宮樣ゟ爲御使橋本宰相中將下向被　仰出候尤發駕日限未治定無之由ニ候得共先ッ來廿三日發駕ニも可相成趣申越候

右之趣

和宮樣入　御聽候樣老女衆ゟ可被達候

五月十七日

同文言　天璋院様

○御留守居ヘ

橋本宰相中將下向ニ付於御廣敷　和宮様御對顔ホ之節其方共始メ御廣敷役々ホ隨分敬礼を盡し失敬無之様其筋々ヘ可被申渡候

○御留守居ヘ

御誕生日ニ付御留守中ニ而も例年之通御祝有之候間老女衆ヘ可被達候

五月十七日

○五月十八日

小笠原圖書頭

去戌年中大坂表ヘ急速出立ニ付大坂表ヘ内金五千両拜借被　仰付候処彼地ゟ京地ヘも度々罷越入用相嵩此度又候彼地ヘ出立ニ付而

路度々之往復入費不少殊ニ部屋住ニ而御役勤御充行少之儀候依之別段譯を以去戌年拜借之分ハ不及返納ニ其儘被下猶又金壹万両拜借被仰付候

右於御用部屋河內守申達書付渡之老中列座

○五月十八日

浦賀奉行
大久保土佐守

其方組與力共製造之大炮車臺共此度差上心掛一段之事ニ候譽置候樣可被致候

同　人

與力共製造之大砲車臺共此度差上候付相應之御褒美可被下処御時節柄深く相辨堅ク御斷申上候尤格別奇特之事ニ候此段可被申聞置候事

五月十八日

○和宮樣江　御使之公卿家御馳走御用懸り

御勘定組頭勤方 西村環助　御勘定 山岡國太郎　御代官 大草太郎左衛門

御代官 森孫三郎　御勘定吟味方改役 保田左七郎　御普請役懸り 林金七郎

右之通御座候

○

口演

兼而奉願置候拜借之一条當節御多端之折柄奉恐入候得共格別之御評議急速　御沙汰被成候樣偏奉願候事

五月十八日　松平修理大夫内 脇田仁兵衛

○於大坂向々ゟ渡候書付

津田近江守

松平勘太郎

攝州神戸村海軍所御取建之御用被　仰付候事

勝　麟太郎

攝州神戸村海軍所御取建相成土著之者追々御引移可相成候就而も海軍所御入用幷稽古入用として年々金三千両ツヽ可相渡候間御取締ハ勿論御實備相成候樣取扱年々御勘定仕上ケ致し可被差出候尤津田近江守松平勘太郎ニ掛り被　仰付候間可被談候事

同　人

其方拜領高之内五拾俵攝州神戸村最寄ニおゐて地方ニ御引替被下候間委細之儀も御勘定奉行ニ可被談候事

同　人

攝州神戸村最寄ニ相對を以地所借受家作致し海軍教授致し候儀勝手次第可被致候事

五月九日

○五月十八日

細川若狹守
山内遠江守
扣

右參向之公家衆御馳走役被　仰付候事

○五月十九日京地御届書

當月十日夜亞墨利加船壹艘上筋ゟ颿來長門國豐浦郡府中ニ介碇泊候処大膳大夫所持之軍艦貳艘家來之者無□致出會候ニ付大砲數發打掛候処何所ニ迯去候哉暗夜之事ニ付行方不相分段同國同郡赤間關出張之家來ゟ遂注進候此段御届申上候樣大膳大夫被申付候以上

五月十九日

松平大膳大夫内
小幡彥七

○京都ゟ書狀之寫

別紙申上候昨夜亥之刻比傳議其外役々衆退散之砌有栖川宮於御門前姉小路少將ニ亂妨致し候者有之由尤三人之趣ニ有之風說ニ而も　幕

府之奸吏之致し候事と申候實説ニ候ハヽ

主上御座近く之儀是迄　御尊奉之儀も水の泡と相成候而寂早内乱ニ及

生し可申と日夜苦心此事ニ御座候何卒此上乱妨人一日も早く御探索

之上自關東嚴重罪科ニ御取行之程奉渇望候事ニ御座候以上

五月廿一日

二白風説ニ而も翌朝少將殿御落命之趣御座候今日在京大名井公家衆

も過半參

內大評議之樣子ニ御座候早々申殘候

又申上候少將殿家來壹人勇猛ニ而先方之刀奪取候趣彥根と違ひ手か

ふと感服之至御座候以上

○彥根ゟ被　仰渡書付

井伊掃部頭

外夷拒絕被仰出候間期限已後夷船攝海邊ゟ淀來可致ニ難計候付此度

攝泉紀淡州海岸ホ

御巡見防禦向手厚被　仰付事ニ候就而も畿内近國諸家之義ハ攝海寄ニ而有之候間別紙之通人數銃器ホ急々大坂表ヽ相廻シ御警衛向相心得候樣殘人數之儀も且在所表備置非常之節御沙汰次第早々駈著候樣可被心得候依之神奈川表御警衛之儀も被成御免候間右人數早々難波村邊ヽ相廻シ候上其方儀大坂表ゟ直ニ參勤候樣可被致候

別紙

非常之節攝海人數出之面々人數銃器ホ割合

壹万石ニ付

人數四十人程　士分七人程　足輕三十人程　小者勝手次第

五六百目以上大砲一門　小銃廿挺程

右之割合ニ而可被相心得候

○井伊掃部頭儀去十五日於京地水野和泉守様ゟ別紙寫之通被　仰渡候ニ付御暇之儀傳　奏衆迄相願候処別帋之通坊城大納言様ゟ被仰渡候依之早速出府可致之処發足之儀ハ暫見合候様雜掌を以御達有之候付未出府不仕候此段御届申上候様京都表ゟ申付越候以上

五月廿二日

井伊掃部頭内
加藤彦兵衛

○水野和泉守様ゟ御渡御書付寫

大坂表御警衛人數出之儀も於江戸表可相達候得共此節召連候人數を以難波村邊ゟ早々出張致し堺表援兵相心得候様可被致候猶又臨機之節大坂御城ゟ相達次第手薄之場所ゟ應援致し候様可被心得候尤横濱邊御警衛　御免之儀於江戸表可相達候付左候ハヽ右人數早々難波村相廻候上其方儀大坂表ゟ直ニ參勤候様可被致候大坂警衛之面々井松平伊豆守ゟ可被談候

坊城大納言様ゟ御渡之御書付寫

過日來上京之処今般堺表援兵之爲難波村ニ致出張候付御暇願之旨も
被　聞食猶早速彼地ニ罷下警衛策略盡力精勤可有之候樣
御沙汰候事

五月

○井上河内守殿宅ニ松平越前守殿家來差出候書付寫

先般攘夷拒絶期限被　仰出候付而も
皇國危急存亡之儀今日ニ相迫り實以痛心之餘り不顧恐憚先達微忠建
白被致置候処亦復今度條約之國々壹人も不殘三十日内引合可被仰出
段
御内諭之趣拜承奉恐入候既ニ彼我曲直之名義も分明ニ有之御國之人
民塗炭ニ陷り迚も不可挽回御時運不堪悲歎被奉存候就夫尚又奉伺置
候不日諸夷江戸海ニ乱入可仕と奉存候左候得ハ兼而御預りの二六御
臺場守衛之人數徒ニ煙塵之下ニ粉虀と相成候事兼而區々之微衷被申

上置候心底ニ對し無名義如何ニ而難忍被存候故臨機應變御臺場爲引取候義而可有之御座候間此段も兼而入　御内聽置候以上

五月廿七日　　松平越前守内　澀谷弥祝ヽ、

○月日未詳

轉法輪三條中納言

此者姉小路と同腹致し
公武之御一和を名とし實ハ天下之爭乱を好急速ニ不致辭職ニおゐてハ不出旬日を行天戮令殺戮者也

右之通相認三條家之門ニ張置候ニ付細川家土州家ゟ人數指出三条家屋敷内相固候由尤大砲ホ用意之由御座候

○五月廿三日京都　御所御門々々御固被　仰付候

堺御門　松平大膳大夫　下立賣御門　松平陸奥守

蛤御門　松平肥後守　中立賣御門　松平相模守

乾　御　門　松平修理大夫　今出川御門　松　平　備　前　守
石藥師御門　松　平　阿　波　守　寺門（町カ）御門　細　川　越　中　守
清和院御門　松　平　土　佐　守

○五月廿六日大目付

此度御警衛場所ゟ人數出・致（張脱カ）嚴重手當可有之旨相達置候処外國談判之儀ニ付此度小笠原圖書頭致上京候間一ト先人數引纏メ銘々屋敷々々ゟ相備置時變ニ寄差圖次第早速出張之積兼而手筈可致置候尤持場々々振付有之候大砲ハ勿論却而武器類ホ其儘差置番人附候樣可被致候

右之通海岸御警衛之面々ゟ可被相觸候

五月

右書付河內守渡之

○五月廿七日御留守居ゟ

去ル十八日臨時御參　內被仰出四半時之御供揃ニ而午刻御參　內於

小御所御對顏攝海　御巡覽幷防禦之御所置　御奏聞戌刻御機嫌能
還御被遊恐悅旨注進有之候右之趣
和宮樣天璋院樣入　御聽候樣老女衆に可被達候尤相達可然向々にも
可被達候

五月廿七日

○井伊掃部頭家來差出候書付

井伊掃部頭領分江州蒲生郡神崎郡村々先達而上知被　仰付代知之儀も追而可被下置旨被仰渡候然處其後拾萬石減知被　仰付候ニ付而も彥根付二十八万石之内殘高十三万石程之城附ニ而半減餘ニ相成是迄從來之要害向以後之処何分行屆兼可申哉ト深心配仕候右も彼是御歎ヶ間敷奉申上候段も平ニ奉恐入候得共當分武備專要之折柄城下地續之鄕村過半減少仕候而も領內必死ト衰弱ニ陷り大切之御軍儀相響候義ニ付無餘義奉歎願候何卒二郡上知之義十万石減知之口結ひ込上知

相成候樣仕度奉願候格別之以御評儀〔議カ〕御許容被成下候ハヽ軍備も相立私共ハ勿論一藩擧而難有仕合奉存候依而參上只管御内願奉申上候以上

五月廿九日　　井伊掃部頭内 宇津木兵庫

○書狀之内拔書

一五月廿日佛蘭西國軍艦一艘横濱表出帆致同廿四日長州下ノ關通路之処同所臺場ゟ發砲ニおよび候ニ付彼方ニ而ハ怪我人九人程も有之船も悉く損シ長崎表ニ入津ニ及候樣子ニ御座候

一五月廿六日和蘭陀國軍艦一艘下ノ關通路之処同所八ヶ所臺場ゟ發砲被致通路難相成候ニ付不得止事右軍艦ゟも發砲九十四發ニ及候趣長州臺場ゟハ三百發程ニ而彼軍艦ニ中り候も十九發之由玉目大小有之大キ成も三十ポントト小ハ百目程ニ有之由右軍艦乘組之士官貳人即死怪我人重手之者三人淺手之者七人船も悉ク損シ通路難相成候処よふ／＼よいゐし候而當月二日ニ横濱表ニ著船致船將ゟ云々申上候ニ付來意相尋旁右

船取調候処大損場所七ヶ所小損之場所拾貳ヶ所有之候船將申立候而已ニ而も實事難相譯候ニ付長崎表ゟ右船乘組參り候水先キ案內之水夫貳人有之候間右之者呼出し一々取調候処船將申立候趣聊相違無之由ニ御座候

一五月晦日六月朔日佛蘭西國軍艦貳艘横濱港出帆致候処右ハ長州表ニ罷越戰爭ニ及び可申由ニ御座候間六月四五日比ハ打合ニ及候哉共被存候由御座候

六月五日

○六月八日京都ゟ江戸表ニ著

公方樣益御勇健被成御座　御膳并御快被召上云々

○六月七日豐前守宅ニ銘々家來呼可渡書付

毛利讃岐守

愛宕下廣小路屋敷家作共內願之通可被差上候

遠山美濃守

常盤橋御門内屋敷御用ニ付家作共可被差上候愛宕下廣小路毛利讃岐守屋敷家作共被下之度々屋敷入替被仰付候ニ付爲御手當銀千枚被下之御勘定奉行可被談候

○遠山美濃守家來呼達之覺

當時在邑中ニも候得共此度御用ニ相成候屋敷之儀も手操致し早々御作事奉行ゟ引渡候樣可被致候事

御勘定奉行 一色山城守

常盤橋遠山美濃守屋敷貳千百廿六坪余虎御門外御役宅燒失ニ付書面之場所御役宅被成下候御作事奉行可被談候

宗對馬守

粮米爲手當三万石ツヽ年々被下之依之年々金壹萬貳千両被下候分ハ以來不被下之候猶又野州之領分追而取調之上四國九州邊ニ而振替可

被下候支

竹内下野守
淺野備前守
大井美濃守ニ
杉浦正一郎
立田錄助

去ル三日巳刻御暇御參　內被　仰出候段所司代ゟ申越候趣も有之候間無程

還御可被遊旨夫迄ニ消防荒箇所皆替出來不相成候而も御差支之事ニ付一同精入速ニ出來候樣可被取計候事

六月

○先達而横濱表迄くり込置候所之

騎兵組　步兵組　大砲組　〆人數千拾四人

右之人數半隊ハ船半隊ハ陸路ニ而當六月二日出拂候由ニ御座候

六月六日

一筆令啓候

公方樣弥御機嫌克被成御座

目出度御事候將又大坂表防禦

主將之義兼而従

御所被　仰出候趣有之方今之

時勢難被捨置場所ニ付我等致

鎭撫候筈被

仰上候間早々登坂攝海防禦筋

其外共十分致指揮候樣ニ与被

仰出候忝仕合奉存候依之老中

迄申入候間如斯御座候

六月九日　　尾張大納言

茂徳

○六月十日於大坂

小笠原圖書頭

思召有之御役

御免被　仰付旨昨十四日此表小笠原屋敷〻急飛脚を以申來候由表向

之飛札ハいまゝ不參由ニ御座候

○六月十日熊谷宿迄罷越候も厥〔蕨カ〕浦和之間ニ而四人之由靑網掛駕壹挺差添

之侍拾人余前後ニ切棒駕貳丁鎗を爲持尤鎗印無之由道中制止到來候由

江戶の方へ參り候旨申聞候

○封廻狀

京都ゟ東海道六月十一日江戶著

小普請組
戸田民部支配
忠左衞門次男
朝倉孝之助 亥二十才

巣鴨火之番町
一ト通尋之上
揚り屋に差遣ス
右阿部越前守御役宅同人申渡之立合無之
六月十二日

一筆令啓上候其方儀未〻
參向之時節ニも無之太儀
被
思召候得共
還御後御相談之儀も有之

候付早々江戸表〻出府可
被致旨被
仰出候
六月十六日　　　　連　　名
南部遠江守殿
溝口主膳正殿
松平飛驒守殿

○去ル十六日晝四ッ半時比私大手ニ罷在候処御目付壹人御小人目付一人
野服ニ而駈入來只今
還御之旨大手御番所〻申達直ニ御城〻駈入申候夫より一橋様濱御殿〻
御出迎水戸様初溜詰御登城有之八半時比　濱御殿ゟ川舟ニ而辰之口迄
是ゟ御歩行ニ而　御歸城被遊候帝鑑之間鴈之間菊之間ホ御出迎無之候

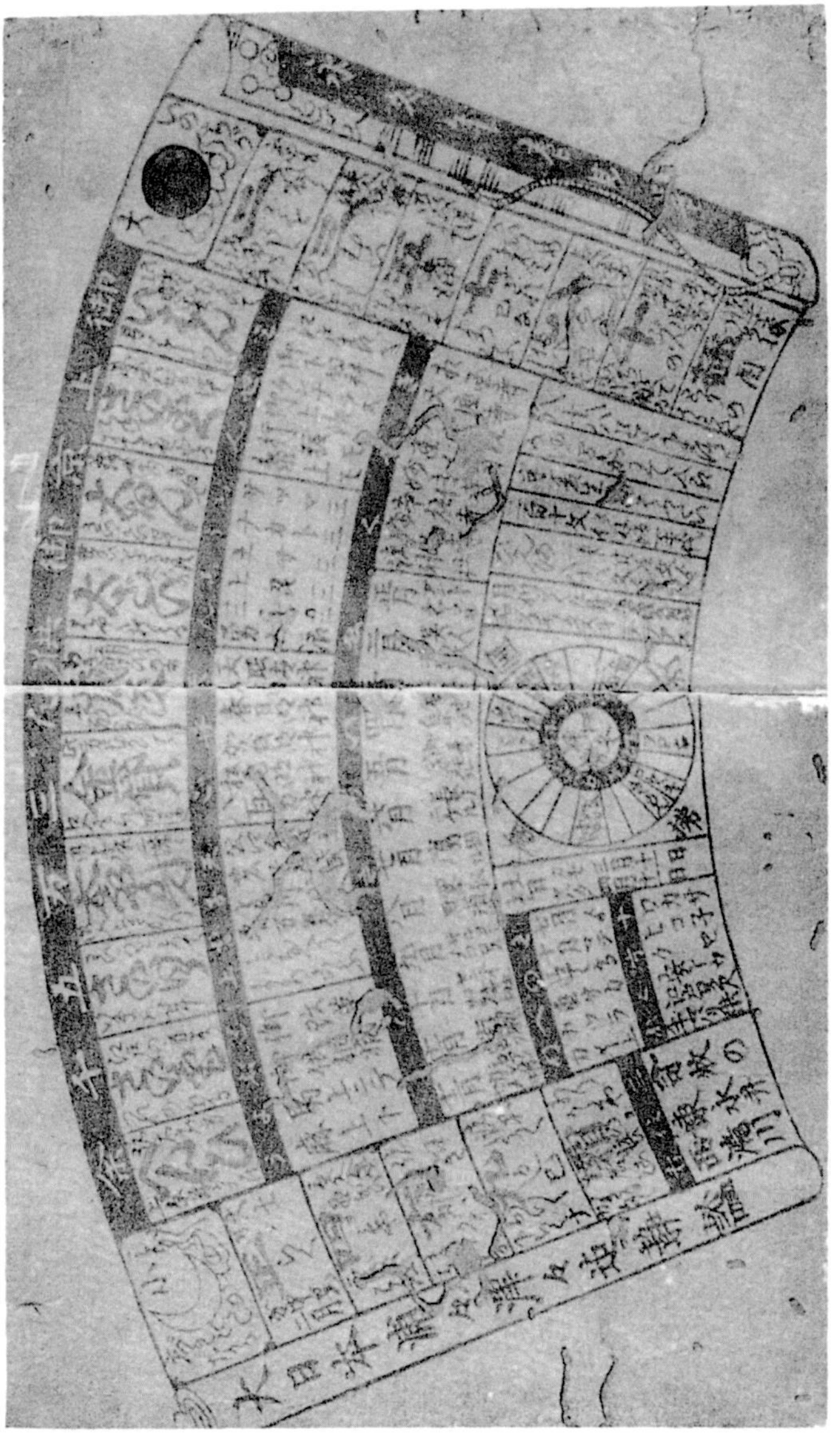

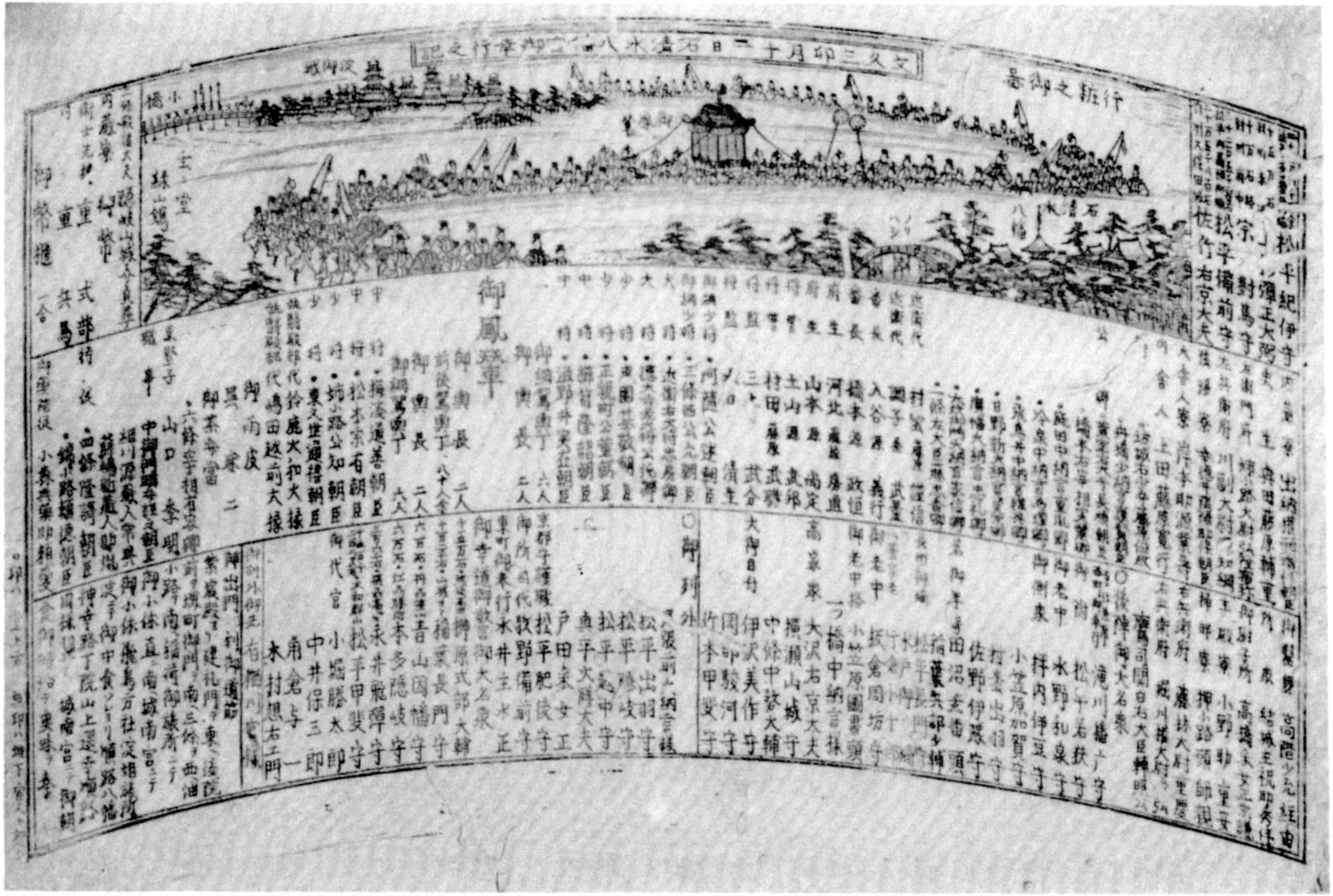
御鳳輦

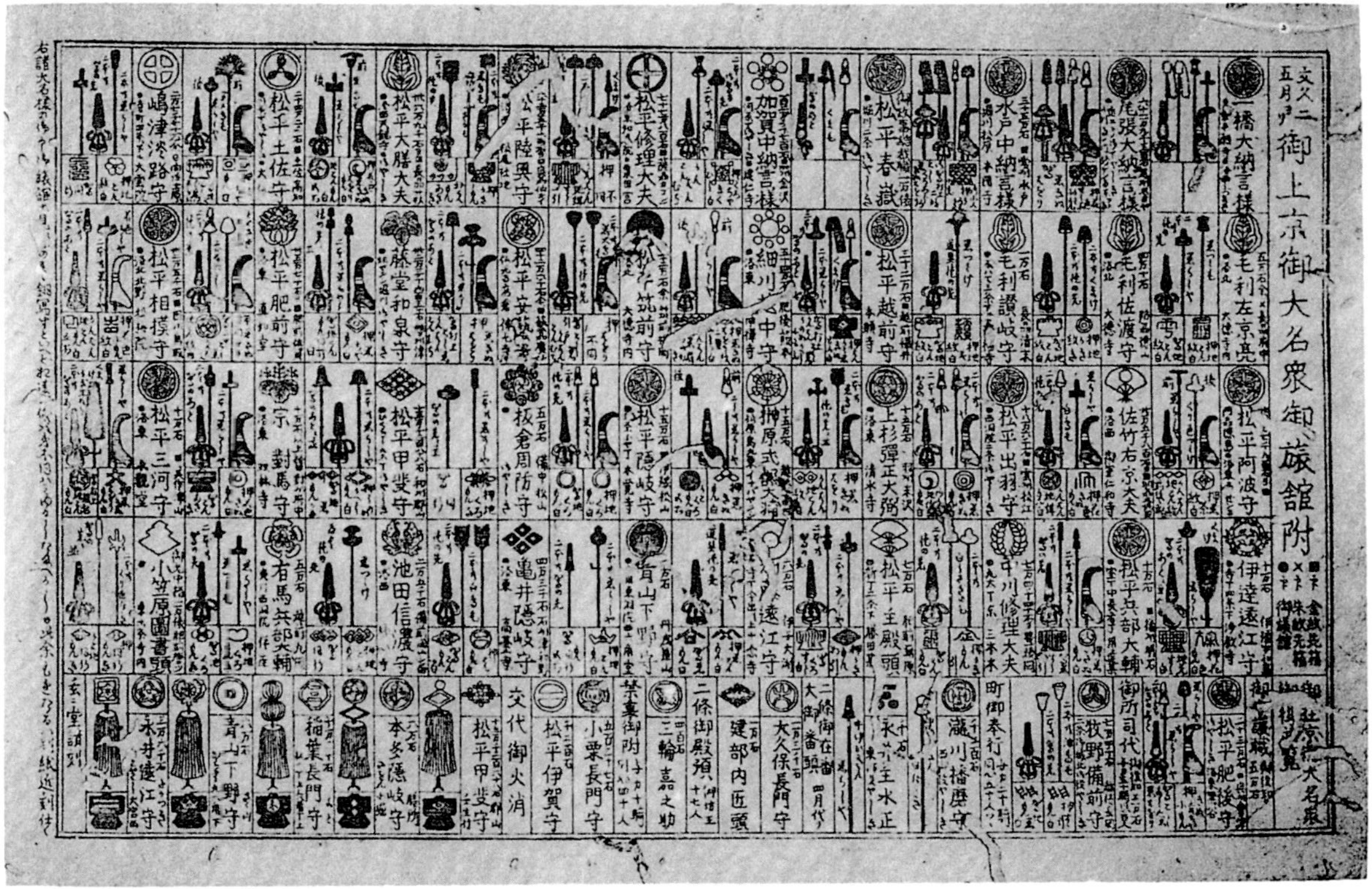

文久三
五月ヨリ
御上京御大名衆御旗館附
一橋大納言様
尾張大納言様
水戸中納言様
松平春嶽
加賀中納言様
松平修理大夫
松平陸奥守
松平大膳大夫
松平土佐守
嶋津淡路守
毛利左京亮
毛利佐渡守
毛利讃岐守
松平越前守
松平筑前守
松平安芸守
藤堂和泉守
松平肥前守
松平相模守
松平阿波守
佐竹右京大夫
松平出羽守
上杉弾正大弼
榊原式部大輔
松平隠岐守
板倉周防守
松平甲斐守
宗対馬守
松平三河守
伊達遠江守
松平兵部大輔
中川修理大夫
松平主殿頭
遠江守
青山下野守
亀井隠岐守
池田信濃守
有馬兵部大輔
小笠原図書頭
松平肥後守
御所司代
牧野備前守
町御奉行
瀧川播磨守
永井主水正
二條御在番
大御番頭
大久保長門守
建部内匠頭
二條御殿預
三輪嘉之助
禁裏御附
小栗長門守
松平伊賀守
交代御火消
松平甲斐守
本多隠岐守
稲葉長門守
青山下野守
永井遠江守

十八日惣登　城御祝義申上有之候
○六月十三日朝大坂表御出帆　御召船〆五艘
御召
順動丸　朝陽丸　蟠龍丸　威臨丸〔成カ〕　鯉魚丸
一今十六日朝四ッ半時比　御著城之旨注進有之
一濱御殿ニ而晝御膳被召上夫ゟ川筋御船ニ而日本橋川筋辰口御上り場ゟ
御上陸夕八ッ時過　御著城被遊候
一一橋樣御乘切ニ而濱御殿迄御出迎辰之口迄御同船被遊候
一水戸樣溜詰松平左膳樣酒井雅樂頭樣本多〻の守樣　御著已前御登　城
有之由
一晝九ッ過御老若井上河内守樣有馬遠江守樣御乘切ニ而御城ゟ濱御殿に
御出有之即刻御歸城有之候
一松平豐前守樣諏訪因幡守樣御城ニ而御待受

一奥向初惣御供之衆ハ十五日大坂表出立之由
一鯉魚門（丸カ）大船之由十三日朝天保山ゟ乗込八王子同心乗組御供石炭不足ニ付兵庫迄罷越十四日朝六時過出帆晝夜海上走り十六日朝四時過品川沖ニ著此船ニ釼付銕砲六十二挺乗組有之大手外下馬南之方ニ扣罷在候
一御老若板倉様稲葉様順動丸ニ御同船之由
一水野和泉守様ハ朝陽丸之由
一田沼玄蕃頭様ハ御跡殘ニ而陸御下り之由承申候

附箋
朝陽丸ニハ板倉乗被申候由前ノ棚倉様とアル則水野なり
箱館方御軍艦健順丸へ若年寄酒井飛騨守殿乗
同龜川丸へ大砲組并大砲乗船

○五月
姉小路及乃傷候者不相知候処去ル廿五日夜會津侯御家來傳奏坊城殿ニ

御呼出し薩藩田中眞平仁礼源之丞と申者高倉通ニ旅宿致居候処御不審
相懸り候間早速召捕候様御達之由然処弥之儀も惜ニ幕府おゐて穿鑿ニ
而不相成事ニ付容易ニ御召捕之儀御心配之様子ニ候得共
朝命之事ニ付翌廿六日早朝御人數御繰出旅亭相圍之頭役人面會申込御
不審之筋有之召捕候様城《坊カ》城様ゟ御達有之候へ共武士相互ひ之儀ニ付繩
ハ懸不申候只今ゟ同道町奉行所ニ連行候趣應對之由之処當藩留守居ゟ
何等不申談候間御根廻り有之様申答候由ニ付即刻御留守居迄右之趣使
差立相成候処他行ニ而間ニ合不申候右田中初両人ハ根之儀談無之候而
も參り不申趣再應申候由之処
朝命之儀ニ付他出先迄尋遣候猶豫難出來此上彼是被申候而ハ
朝命ニ被背候筋ニ付無據候間此方ニ而所置有之趣相對ニ付力なく両人
共納得尤帶刀之儘會藩御人數附纒御奉行所ニ連行候由薩藩ニ而も會藩
情有之所置と申居候由然処両人共町奉行所ニ而も両刀其他渡有之譯ニ

候哉同日ニも無之候得共切腹致し候由右も町奉行衆御尋方一分難相立御所置有之奮發之上自殺之趣相聞候へ共全不存事ニ候ハヽ主家迄後闇筋ニ運候譯故外事ハ御不審筋申開快晴候期迄ハ勘辨致居候筈之処右之所置如何哉ニ被存候得共何分慥成事ハ不相分果候事ハ相違無之樣子ニ御座候

○六月十五日出京便

姉小路殿殺害人相分右も藤堂和泉守家來齊田何某初三人之先晚被立退候滋野井殿四辻殿ニ被賴候而之由四辻殿御差圖ニより前顯三人祇園新地於遊里薩藩之刀と摺替右刀を以乱妨致右刀より露顯先日薩藩両人會津ニ被捕段々及拷問候へ共實正不存儀故且刀を被取替候而も薩國之掟切腹之筈仍心外之余り被捕中壹人切腹致し壹人も吟味中致病死候右滋四両卿も姉小路之從弟ニ御座候深キ遺恨有而之事と相見申候

○六月廿六日小栗長門守ゟ關東ニ被　仰遣候大樹數百年之興廢典

上洛有之万事恭順君臣名義改正之儀深
叡感ニ候処去九日賜暇下坂有之已前
奏聞之件々始末不分明殊ニ蒸氣船ニ而速ニ歸府第一攘夷期限等之儀
ニおゐて不都合之次第非一候間屹度御糺可有之候得共深
思召も有之追而可被
仰渡
御沙汰候事
同
日會津侯ゟ
大樹東下以後關東之形勢如何と　御不安心被
思召候事情熟察曲ニ可有言上且攘夷之儀叡慮貫徹候様可致周旋
御沙汰之事
○六月廿六日江戸表ゟ

今度海岸付之外大名様方被爲召候由
和宮様より
天盃被下候旨ニ而尚又諸家奥方罷越候様ニと被　仰渡候由
○六月廿八日出京ゟ之書状之端ニ
前文略
京地ゟ諸侯方ゟ入替り當時ニ而も一向殘少ニ相成申候右故ヵ欲連夜切ふれ有之今朝ハ高瀬川且三条下ル所ニ侍壹人被切殺侍五六人集未明ニ取片付候由ニ承り申候廿六日夜ニも千本通三四条之西ニ壹人切ふれ廿五日夜ニも新町通ト立賣邊ニ而町人切ふれ候由廿二日夜ニも加茂川通り松原上ル所ニ而貳人くゝり切ふれ候由是ハ土佐之者之噂サ大丸屋ニ而金子らゝり候事相知れ同夜中ゟ切候よし之咄ニ御座候委敷事ハ不承
○頃日姉小路少將との朔平御門ゟ退出之砌途中おゐて何者とも志れば乃

傷ニ及終ニ不幸ニして即死セらる

右川柳の題ニして

少將の疵でハなれと

奏問し

魔	夷	神
穢	國	皇
變	親	成

銀	君	金
臣	不	臣
金	君	銀

臣	天	君
生	失	地
仁	光	義

民	公	武
衰	家	朝
貧	鈍	賊

我	天	君
惜	命	身
輕	背	重

商	士	工
苦	皆	農
悲	臆	患

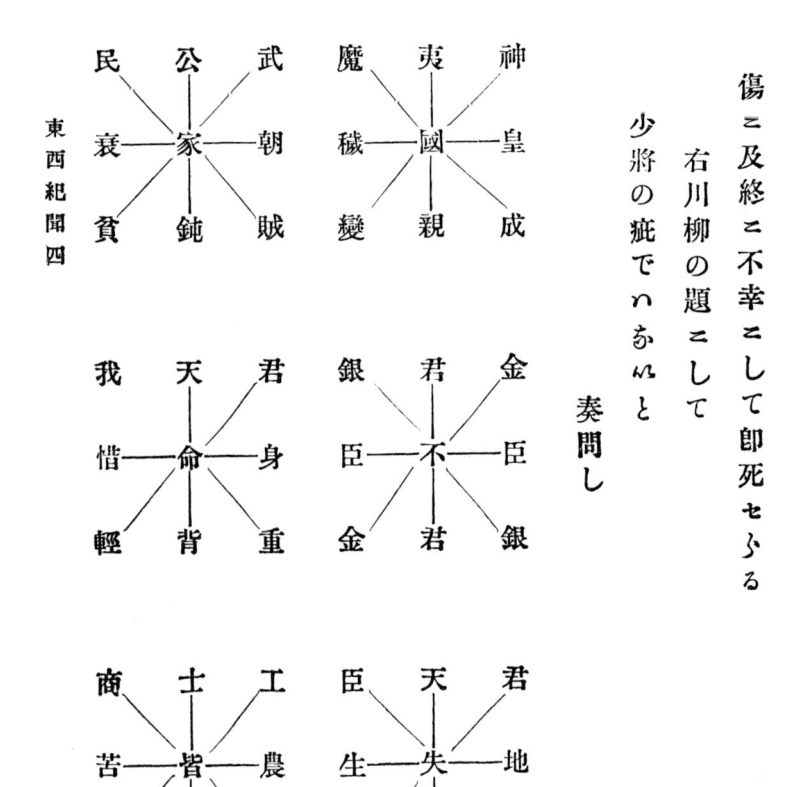

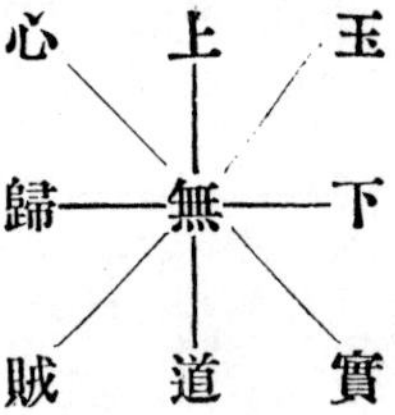

川柳
春獄の山らくづきく獄屋入り

騒ぐぞい逃ましものを市人の
跡よりはらる空のなくせ川

大田道・淳脱カ

よう出ゝナア

軍より交易するゝ無事の山

三國一のおもふひのゝゑ

癸亥東西紀聞

五

○長芴侯建白

今度非常之震（宸カ）斷を以四海之大寇を拂攘し皇國之武威を八蠻に御輝被

遊候

思召ニ付必竟御親征をも不被爲候而ハ不相叶御時節と奉恐察候癸丑

己未（已來カ）度々伊勢加茂石淸水に攘夷安民之御祈願被爲遊候事ニ候得共此

度攘夷期限御決議ニ付早々奉幣使御發遣有之度就中加茂神社も御間

近キ所ニ付非常之御破格を以　　御社參被遊且泉涌寺之

叡靈に御告無之ハ不相叶義と奉存候此儀も大堰嵐山之

行幸之類ニ無之未曾有之御耻辱を被爲雪皇國を堅猛ニ被爲固度御孝

憤之御至誠四海ニ顯赫被爲在度所謂天行健と奉存候加茂泉涌寺に御

參詣ハ則御親征御巡狩之御基本ニ而草莽之者共

鳳輦翠美之御餘光も奉仰候ハヽ如何計欲感激奮輿可仕攘夷之　御大

業從是相立可申候不堪歎願之至奉存候□

亥二月□日　松平大膳大夫

又

先般加茂泉涌寺御參詣御親征御巡狩之御基本ニ而有之樣及言上候処如何ニ候時勢相迫り夷艦攝海江不日ニ闌（闖カ）入仕候処實以皇國之安危此時ニ相決候事ニ付防禦警衛之者共決鬪能戰仕候義ハ勿論候得共至尊深宮ニ被爲在候樣も無之膺懲之御偉擧不爲達候而ハ不相叶儀ニ付何卒

鳳輦を里山邊江御進メ天下之志氣を御振勵被爲在候ハヽ畿内江馳集之者螺（蝟カ）集仕防禦之士ハ益威（感カ）奮不仕者ハ有之間敷左も無之候ハヽ如何ニ候

列聖江被爲對不容易御時節

御聖算被爲遊御親征之宸行有之度爲神妙（州カ）奉希上候

亥三月　松平大膳大夫

○三月十七日夜三條河原橋南ニ坊主貳人首落し有之胴も少し南之方両所ニ有之

正　惇　三拾四才
光　惇　貳拾九才

往日於三條河原致斬首候僧徒ハ所謂破戒之僧徒ニして乱國之奸賊よ黨し其指揮を受て忠誠報國之義士を廢涸せんと欲し種々の密謀奸計を逞くらし又叡山之衆僧と合力同心恐多くも御忌諱之事其姓名確證顯然として在之然則神州之奸賊ニ天地神人共よ不可容者也我々慷慨奮發代天加誅戮候餘黨早く不改志又如奸僧耳

文久三亥

三月十八日

天下

義士

○五月□日夕姉小路殿

御所ゟ下られ候を有栖川宮の脇邊ニ而士両三人待居候哉姉小路殿を切掛候処姉小路殿供之者働キ狼藉者ぇ手負ひ候由之処へ飛鳥井殿其外両三卿下り來られ候を加勢と存候哉狼藉者も迯去候由姉小路殿ハ屋敷迄闗よく倒れ候と申事ニ御座候

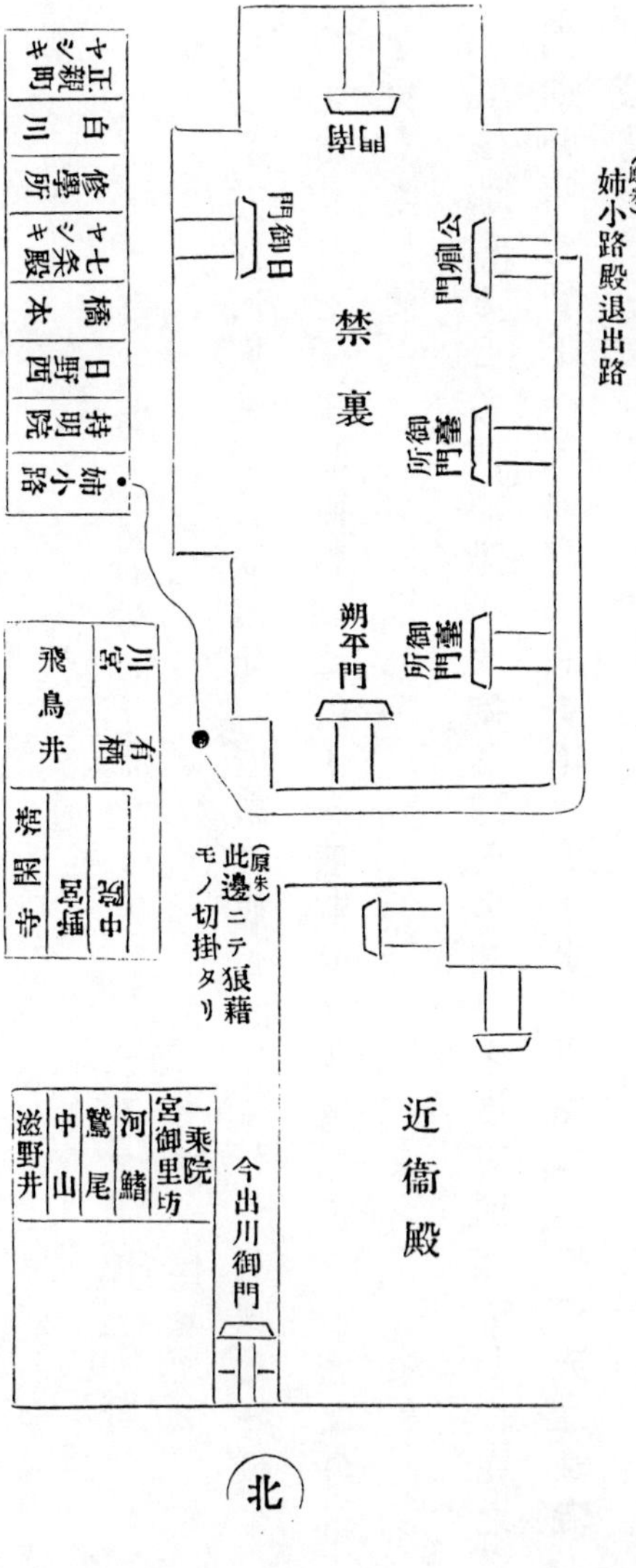

○五月三日　公方様淡路邊　御巡覽御船中ニ而御一泊被遊候由
一攝海岸　御巡覽被爲濟候付明十一日陸地御歸京可被遊旨被　仰出候
一五月十一日曉　公方様大坂表丑刻過　御發駕陸地ニ而申中刻過　御
城ニ　還御被遊候

○五月廿八日
宗　對馬守
攘夷期限被　仰出鎖港之儀及談判候付而も外夷朝鮮國ニ渡來屋宇ヲ設候聞も有之候処同國之儀も年來之御信儀〔マヽ〕も有之候間爲援助出張外夷根據之策を破り時宜ニ寄兵威を以服從可被致之処元來兵食欠乏之國柄ニ付粮米等之儀厚申立之趣尤之次第ニ候相聞候間願之通粮米爲御手當米三万石ツヽ年々三度ニ割合被下候間守戰之實備相立國力を盡し

御國威海外ニ輝候樣可被致候万一其效無之節ハ改ゟ御所置之品茂可
有之候間其旨可被相心得候且又器械軍艦御貸渡之義も御聞届ニ相成
候得共當時御數少之事故御都合次第追ゟ可相達候尚又惣ゟ國中取締
向之義願之通追ゟ
公義ゟ御差圖も可有之候得共松平大膳大夫共厚く申談可被取計候粮
米請取方之儀も御勘定奉行可被談候
右板倉周防守申渡書

○六月八日二條御城書
今度前大納言殿被致拜領候黑熊毛鞘對御鎗之儀常々登
城ホ之節行列內ニ爲持候樣被致度被存候右も不苦義ニ候哉此段各迄
及御內談候

（原註朱）成瀬家二代目ニ三所物拝領セラレシコトアリ其後ハナシ今度拝領ノ御三所物二代目拝領ノ品トクラベミラレシニ彫物少シモ違ヒナシ同品ナリト

○於二條御城拝領物（外註原朱）公義ゟ前大納言様御供ニ而在京之人々ゟ之拝領物之

御手自

御三所物

上意振

是迄も周旋格別骨折一段ニ存候猶此上共丹誠可致候

時服　三

成瀬隼人正

時服　二ッ、

田宮弥太郎

長谷川惣藏

澤田庫之進

尾崎八右衛門

水野彦三郎

御上洛中御用向彼是骨折候ニ付拝領物被仰付候

○將軍家御參　内御式初中終三度之御儀式之此余ハ御式ニカヽハラズト云

文久三年癸三月上洛同七日初參　内

初參　內

一當朝傳　奏入城之事今度無之
一行粧可任先例但可守質素
一於施藥院著改衣冠單
　於唐門透垣外ニテ 此二字衍歟 下輳
　籠沓太刀之役以大名高家可充之
一唐門內公卿殿上人昵近等出迎之事今度無之
一從車寄參上
一麝香間祗候
一傳奏車寄廊下絲櫻杉戶之外出迎誘引之吏
一茶多葉粉盃出之六位藏人役之
一非藏人太刀ヲ受取傳陪膳六位藏人六位藏人取之置大樹座後
一參　內隨從大名公卿虎ノ間祗候

四位以下鶴間櫻間等ニ祗候不論老中若年寄高家等官位次第著座

一御對面之式

先御對面作法有內見傳奏誘引

一進獻之品物小御所東庇ニ運送置

一傳奏小御所押妻戸邊廊下誘引

一出御　小御所御上殿

一進獻太刀目錄傳奏　御前ㇾ持參及披露

一傳奏伺　天氣告　召由

一大樹小御所之下段參進先一拜更ニ中段ニ參進於御横座拜謁座

敕語

一於東庭引進獻馬

但高家引之參進馬允請取之廻三迎ヘ、

一御盃之式

御陪膳納言御手長五位藏人役送六位藏人大樹陪膳五位藏人

一供御三肴
一供御盃
一大樹前居三肴
一持參御銚子渡土器
一供御酒三獻
一大樹賜天盃
其儀御陪膳戴　天盃於御銚子渡御手長持參大樹前役送持參御提
一賜御酒三獻有加
一撤御三肴
一撤大樹前三肴
一撤御盃臺
一御陪膳以下退下

一大樹退下　傳奏廳香間ニ誘引

一入御

一退出

經本路六位藏人蔦杉戸迄見送傳奏車寄廊下絲欅杉戸迄附添車寄階

下迄非藏人見送

一於初所乘轅

參親王御方

一於御門外下轅

一從車寄參上

傳奏車寄廊下邊迄出迎

一參候所

傳奏誘引

六位藏人茶煙草盆居之

一三卿出逢言上之趣承之
一三卿御返答之趣申述
一准后御方ゟ之言上於同所
一非常附之公卿出逢言上之趣承之
一非常附之公卿御返答之趣申述
一退出
傳奏初所迄附添六位藏人廊下衛立之邊迄見送
准后御方之取次階下之薄帖迄見送
一於初所乘轅
一歸城
一歸城之後爲歡傳奏昵近入城之事今度無之
贈酒饌參　內
一參內之次第如初參　內

但衣体行粧等准初參　內可有斟酌
一從車寄參入麝香間如初參　內
一賜酒饌　陪膳六位藏人役之
一議奏御獻奉行等挨拶
一參　內隨從之大名於虎間賜酒饌四位以下幷高家於鶴間櫻間等賜酒饌以
上陪膳非藏人役之
一議奏面會酒饌之御禮有之
一議奏御返答申出
一酒饌拜領大名一同以傳奏御禮申上
一內々　御對面御學問所
一出御　御上段
一關白前關白參上御中段東方西向著座
一大樹參上於御下段御正面一拜御橫座參進

但傳奏依御誘引

一有御酒宴之事

御陪膳公卿御手長五位藏人關白以下陪膳近習之殿上人

御暇

一參內之次第如初參　內

一御對面是又如初參　內

一賜物　御對面終ヲ於小御所下段賜之

議奏傳奏列座傳奏傳　仰

一御暇幷賜物御禮於麝香間傳奏言上

一傳奏御返答申述

一尾張水戶一橋等於廊下賜物議奏傳奏列座傳奏傳　仰

一退出次第如初參　內

一親王御方に　御暇

一准后御方ニ　御暇
参上之儀總テ如初参　内
一入洛日出立日等送迎之儀總テ無之
但由緒之邊チ以使差向候ハ格別之事
一京著爲嘉儀不賜敕使傳奏行向其餘總テ不行向
一總賜總参　內後之事
一勾當掌侍今度不行向
一攝家以下饗應申樂停止
一節朔　敕使幷月卿雲客爲嘉儀不行向

「○和宮樣ヨリ」以下六行ハ上段ノ大樹公ヨリノ項ト、親王ヘ大樹公ヨリノ項トノ間ニ入ルヽモ

禁裏ニ
大樹公ヨリ
御太刀一腰
○和宮樣ヨリ
白銀　三百枚

ノナルベシ、今凡テ原形ヲ存ス　校訂者識

黄金　百枚
御馬　壹匹
　但鞍置也青色
別段
白銀　千枚
御掛物二幅
御衝立壹對
青磁御香爐二箱
御料紙　壹通
　硯箱
御屛風　壹双
蘭絹　五拾卷
綿　千把。

純子　二拾卷
　天璋院様ヨリ
白銀　三百枚
紗綾　二拾卷

親王に

大樹公ヨリ

御太刀 備前銘雲生 壹腰

御馬代銀 五百枚

別段

黄金 二拾枚

御掛物 二幅

御書棚 壹

御花瓶 壹

大和錦 五拾卷

綿 五百把

△

△和宮様ヨリ

白銀　二百枚
純子　拾巻
天璋院様ヨリ
白銀　二百枚
縮緬　拾巻
准后に
大樹公ヨリ
白銀　五百枚
繻珍　三拾巻
別段
黄金　二拾枚
綾　五拾巻
御小屛風　壹双

御香道具　壹通
御手焙　壹對
□
□和宮様ヨリ
白銀　二百枚
色綸子　拾反
天璋院様ヨリ
白銀　二百枚
縮緬　拾巻
敏宮様ニ
大樹公ヨリ
白銀　三百枚
繻珍　二拾巻
別段

黄金　拾枚
綾　　三拾卷
　御文臺硯壹通
　御丁字風呂壹
　紅糸　五拾斤
右
勾當內侍に
　白銀　百枚
大典侍新典侍御両人に　白銀五拾枚ッ、
大御乳人駿河御両人に　白銀二拾枚ッ、
惣女中方に　白銀五百枚
親王
　高松御局に　白銀三拾枚

御乳人ニ　白銀二拾枚
惣女中方ニ　白銀五拾枚

准后上﨟
於八百殿御五百殿御両人ニ　白銀三拾枚ツヽ
御乳人御年寄御両人ニ　白銀貳拾枚ツヽ
惣女中方ニ　白銀百枚

敏宮様
惣女中ニ　白銀百枚
右黄金百五拾枚
銀合四千八百四十枚

○或説ニ云
薩摩隠密者浪人ニ化く江戸居住豪壯之者ヨリ四十八力ト自し（稱脱カ）江戸浪人

之頭と成其者密書を祕し持せるに落せしを浪人同士拾ひ披見せるに不容易事共有之　公を奉害密計之事抔を書載せるニ皆驚怖し此者を活し置候而も大ィ成災害出來浪人等之迷惑にも可及計略を以亡命せんと申合品川驛亭へ誘引酒興及酣夜陰沈面ゝしく歸るニ赤羽根ニ而闇討ニも密書ハ浪人等上京之節持參段々手を經て姉小路少將殿の手ニ入居候処薩摩方よく此事を承知少將殿を不討してハ始終騷擾ニ相成薩摩の越度にも可成事ゆえ終ニ計略を廻らし薩士の中を撰ミ姉小路家を及殺害候由之

○横濱港おゐて鎖港之義和夷應接書取之趣

亥五月七日小笠原圖書頭殿幷水戸殿家老武田耕雲齋ゟ外國人へ之談判
今度於横濱外國人へ償金御渡之砌鎖港之義我國素ゟ小國之儀交易之益も見へ不申候其上是迄獨立之國柄故未人心一定不致候付往々鎖港ニも

可及此段含呉候樣ニ与之示談候処外國人申候ハ今更鎖港之儀も不思寄次第弥右樣ニ決定候ハヽ各國ゟ使節を以被仰遣候歟又ハ外國應接之閣老方連名之書翰被遣候ハ夫々本國ゟ相達可申候得共餘り時勢ニ暗キ御所置ニ而御國之爲ニ宜かる間敷當今全世界通信貿易相開候ハ天道之然らしむる所ニ而右之段も兼而御發明有之漸開港ニ相成夫々條約相結永久信を不失爲ニ使節往來も爲し我々共も開港之場所へ國王ゟ被命候而致在勤商人迚も同樣之儀ニ而仮令拒絶之御示談有之候共於開港場所引拂候事ハ難相成候間夫々本國ゟ差圖無之内ハ退去候事不相叶抑天道之道理發明ニ而致開港候を如何ニ御國内人心暗愚ニ候者多くとも發明之者ゟ此道理を諭し説候ハヽ事理分可申且政府之權も立有之候処交易之儀　御國産物豐饒ニ而他之力をかり國力を増候事ニ而交易ハ却而國之損失と申是又天道ニ背キ私情ニ而全世界獨立之國無之時勢ニ至り候を不辨今更被致鎖港候与申ハ闇愚之極と可申候互ニ有益之法立候ハヽ永

續可致事ニ而談判行屆可申呉々も篤と勘辨之上富饒之國を御保チ被成候樣若御保ち無之事ニも候ハヽ實々歎ケ敷誠ニ御氣之毒ニ存候旨申聞候旨

○京坂風聞書曰

一四辻家滋野井家立去ハ當代ニ而無之住《部カ》屋住二男ォ逐電之趣ニ相聞候

一橋本宰相中將殿和宮樣ニ勅使被　仰付當月廿三日發途東海道旅行

六月五日比江戸著之樣子ニ而大津驛迄先觸出候処右ハ相止り候由

一八幡宮　行幸之節俄　御供奉

公方樣ゟ御斷被　仰上候右ハ男山ニ而不容易姦巧之次第有之儀及露顯候哉ニ而　御違例を被　仰立不被爲　入ハ誠ニ　御高運之御事と奉內評候

一會津侯井家士共文武之研究行屆守衞無懈怠雲上地下一般ニ評判能候

一山形松山両侯之劇務實ニ重大之事辛労且劬〔勵カ〕勉滋甚之処絶才之明惲〔マヽ〕欲天下之事先両員ニ而被行候其内松山侯之方縉紳家ニ而ハ少評不宜乎ニ候得共阿諛無之故之事ニ而大丈夫と目し候

一大坂ニ三重之殿守御再営と申事

○六月二日丑之中刻飯倉町五丁目ゟ出火同壹丁目まて久保町残らす西御丸金毘羅の社まて焼失翌日未下刻鎮火仕候

右六月六日著江戸状

○六月三日暁七ッ時比芝飯倉片町五丁目四辻ゟ出火西久保宕愛〔愛宕カ〕下虎の御門邊残らす焼失朝四ッ時過

西丸御廣敷ニ飛火ニ而西丸炎上西丸下大名屋敷数多焼失仕候よし荒増左之通

但四ッ半時過

西丸ハ鎮火いたし候得共

御本丸ハ御座之間ゟ飛火も有之哉ニ候処去れハ早速消留後由ニ候事

○芝飯倉片町五丁目鱣屋裏屋ゟ出火折節南西風烈敷夫ゟ段々西之久保町々屋敷共一圓焼失翌朝ニ相成風ハ益々烈敷榎坂上ゟ下ニ焼五半時赤坂桐畑邊最早焼落川越屋敷へ火移り隨て火勢強く相成申候然処火消なしき打交町々半鐘厳敷候間又々何れ欤ニ而出火候哉立騒キ候得とも麹町五丁目邊出火とも相聞去の火勢誠ニ黒煙立昇大火ニ有之赤坂見附内ニ飛火候処　西御丸と申事ニ付半藏御門迄相越候処見附中ニて壹人も入不申御土居松間ゟ火勢炎々と立昇誠ニ恐入候次第ニ候先西丸計ニ而九ッ過鎮火相成申候今以風烈敷昨夜西之久保火先ハ前ニ而申上候通大和との屋敷ゟ段々と虎之御門之方へ火先參り只今八半時過ニ而相成候処京極なしき類焼中ニ有之何れ御堀端虎之御門ニ而留り可申と奉存候先々

燒寂中荒増申上候

六月三日

八ッ半過右火事之儀兼而御觸之通三ッ拍子之出火欤と一同肝を潰し申候

○六月初長州を打六月五日橫濱ニ來候アメリカ・(船脱カ)一艘申出候ハ過日長州ニ而打放候譯聞ニ參候間通詞壹人借受申度申一人載セ參る其後長州ゟ歸り右通詞連來り返し候其通詞ゟ承候趣如左アメリカ船長州ゟ相越候処臺場ゟ打懸候得共不中依而蒸氣船貳艘乘出シアメリカを中ふし両方ゟ蒸氣船へ打懸然処其中を常の如くアメリカ船乘込其内ニ玉四ッ中り候と左右へかとしく打出し長州の船一艘ハ打碎られ壹艘ハ損し逭出玉盡候と外ゟ出玉込致し又ズイと入進退之神速ナル手ニ及ひ不申候由右ニ付寂早懸合之事不行屆迚通詞返し候由通詞之咄ニ候

右アメリカ船の名ハアイルミンと申船ニ而右節之事長刕ゟ蒸氣船貳艘日本大船貳艘ニ而両方ゟ挾ミ打然処米ゟ日本船貳艘打碎キ蒸氣船一艘ハ大成穴両方へ貫り岸江打上碎ケ候勢一艘ハ損し遁出し且臺場打壞し下之關燒打いゐし候

右ハアメリカの報仇之由

其後佛船一艘相越是ハ上陸致し三十八計出候を打すくめ其分取之様子鎧具足横濱江積來ル右跡ニ而騎馬千計押來是ハ船中ゟ打碎キ尤臺場打こわし是も下之關燒候由右節吉川ハ援兵出し不申近所欠字マヽより出し萩城ニハ居不申山手へ君侯居を移し候由

右佛ノ報仇之由

此上ハヲランタ報仇ニ參可申英も右近海へ參り銕砲打懸候ハヽ夫を名としく四國一同ニ懸り可申なと申候由

一長州之儀ハ最初アメリカ商船五六人乗之船泊し居候を銕砲打出ス米ニ

而ハ譯不分り申定而見違ひニ而も可有之哉と存バツテイラを出し申候
処夫をも打懸ケ候付少々打放し迯去候由フランスヲランタにハ軍艦ニ
打懸ケ右之次第ニ而も一言之應接も無之鉄砲打懸候ハ海賊之所爲とア
メリカフランスホ申居候由

右島田某ゟ承ル六月十六日明日明後日くふれよハ營中ニ而ハ長州ゟ
損し候人數多少ホも分り可申旨申候

一五月廿二日長崎表出帆之和蘭艦船号メデユサ船將カーセンブロート乘
組貳百廿一人大砲十六挺

一五月廿六日下之關ニ而戰爭致し蘭船ニ而も死亡四人疵人三四人尤船ニ
彈跡十九有之玉も餘程持有之候長州方之殺傷ハ不相分凡三百發も打候
よし蘭船之方ニ而も九十發余も打候趣右船ハ六月二日當港入港いたし
候

一五月廿六日當港出帆之アメリカ軍艦船号ワアイウヲミニク船將ナキド

ナル乗組百五十八大砲六挺
六月朔日比長刕おゐく戰爭ニ及ひ六月五日當港入港いたし候
一六月朔日佛蘭艦貳艘一艘ハ船号セシクシース船將ショーセース乗組七百人内壹艘ハ長州江相越セシクシース船ハ下之關手前分家毛利右《左カ》京亮臺場江砲發打破異人多分上陸民家放火之上番士屯所ニ有之候武器類奪取同八日當港江歸帆右佛人方ニハ先般之事も有之候ニ而罷越候処已前之長州之場所と心得砲發致し候趣分家長府方ニ而も打拂候存寄無之不意を被打候趣ニ而番士三四十人程大砲ニ被打散候趣之風聞又一説ニ佛人上陸乱妨之砌長府陳《陣カ》代罷出佛國士官之者江應接之趣是迄政府之御沙汰相待本家江茂宥方致居候処此處不意ニ乱妨之次第無余義後來ハ見懸次第筒先を向可申旨引合玉を拔三發致し引拂之趣佛國方ニ而も後悔いたし居候趣之風聞有之候
一六月五日當港出帆ニ而英軍艦長州江罷越候処長府ニ候哉日本方ゟ小船

ニ三人乗組罷越尋訊應接之上戰爭不致六月十二日致歸港候
一六月廿一日英國軍艦七艘薩州に向出帆之處若年寄有馬遠州俄ニ出張ニ相成差留候趣風聞候処同廿三日弥出帆いたし先般之模樣風聞ハいよ〱相分不申外國方調役始役々其外立會方能越候趣風聞有之候

○六月十二日出江戸表ゟ申來
下之關之戰爭米利幹二艘ニ而長州大負船貳艘打崩シ臺場散々之次第朔日之事之○右云々承り佛四英一横濱ゟ出帆五日下之關に參り臺所〔場カ〕近く相成長刕ゟ三ポンド位三四發打候而已ニ而逃去候樣子ニ付上陸致し候処人無之迯去候ニ相違無之鎗八本陳〔ママ〕羽織類冑類分取候由横濱に云々申出候ニ扠々日本之ボロヲ出し又大耻之次第之
横濱之人江戸柿元宅に來話之由
一フランス船一艘長州沖ヲ通行之節兼而長州ヲ惡ミ居候ニ付空砲相放候

処長州ゟ二艘乗出し異船に大砲實丸打掛三發異船ニ中り異人四人即死三人怪我仕候由異船ゟも大筒打出し長州之《にカ》船尾之打候由水入沈沒仕候由又一艘ハ蒸氣船の湯壺を打候ニ付熱湯溢出怪我人多出來之由異船にも長州ゟ船腹水上を打候間水入不申無恙横濱に歸帆仕候由又横濱ゟ外之異船長州に參り上陸下之關放火仕武器分取り臺場に上り銕砲之火門ニ釘打歸帆仕候由

三刕西尾ゟ申來是ハ六月朔日戰爭前之屆之

五月十日夜墨利幹蒸氣船長州豐浦郡府中ニ碇泊候ニ付松平大膳大夫所持軍艦二艘ニ而家來之者乗組名乗出會致し候而大砲打掛候処早々敵船迯去候由行方不相知尤暗夜之事打洩候右も毛利家ゟ注進珍事故鳥渡申上候

一長州騒動一條近江屋利兵衛京之商人かゞん折節參り居慥成所見ゝ參り候間荒増申上候

六月朔日異國・長(船脱カ)八十間餘壹艘四十間計一艘五十間計一艘六十間計一艘
都合四艘參り夫ニ付市中大騷動ニ而皆々立退申候右之船も上ゟ當港ニ
入込夫ゟ程なく上ニ歸り申候
同五日朝フランス軍艦二艘下り田の上沖ニ掛り長府御城を目懸ケ大砲
打放シ候得共何之事も無御座候然共御家中之奥方初メ町家共女中子供
ハ皆々近在ニ立退候付大騷動いたし方なし然る処異人前田村之御臺場
を目懸ケ大砲を打放し少々崩る其後同所ゟ西洋端筒(ママ)所持致し六十人許
上陸押寄候彼御臺場ハ掛り之御役人少々計故大筒迚無之候ニ付退キ候
処異人ゟ大イなる投玉を打掛ケ候処農家之屋根ニ中り折節南風烈ク百
軒不足燒失仕候夫より萩之御家中大軍ニ而出張同大砲打掛ケ百雷之落
るがおとく恐敷事申計も無之異人ニも怪我人少々有之何樣大船之事遠
見憔成所相分不申先方ゟ打候玉目方大之方凡廿五六貫目ゟ三拾貫目迄
至て小キ玉十四五貫目位有之又々元船ゟ右之大筒數百挺打掛大合戰ニ

相成未之中刻ゟ両方共自然と相止メ田ノ浦沖に引取碇を卸し夜中ニ上に歸り申候翌六日山崎ゟ中沖に浮ケ居申候噂ニ御座候右之次第ニ而下之關不殘明キ家ニ相成目も當らぬ有樣ニ御座候○六月七日

油屋庄次郎樣　㊉

一昨十六日丹波由良之船持元口屋德兵衞と申人下之關より乘船致し當朔日より騷動之樣子具ニ承り候ニ付又々申上候アメリカ船拾貳艘六月朔日早天ニ二手ニ相備へ下之關に向鉄砲打掛ケ濱藏不殘打拔乱妨致し夫ゟ長府樣も勿論萩樣夫々御出陣ニ相成両方ゟ鉄砲打掛船軍初り候処アメリカ人手強く右筒打掛候異人ゟ打候鉄砲ハ皆々火玉遠く參り的中スル所破れと云事ナク長州ゟ打候鉄砲ハ異船に屆不申譬ハ先方ゟ打候鉄砲十發ナレハ七發迄的中いたし此方ゟ打候大筒ハ十發之内三發ならてハ中り不申假令中り候而もさして異船損し不申候誠ニ々々口惜事ニ御座候暫く之間戰ひ其日ハ豐前小倉之方へ引取申候右ニ付長刕ゟ段々小

倉ニ引合有之候へ共小倉ゟ何分ニも手出シ不被成彼是大ニ六ヶ敷候
由何と被　仰候而も小倉ハ御出陣無之由ニ而夫々段々御工夫有之戰爭
之御手配有之候処五日卯之下刻俄ニ小船ニ而上陸致し頻ニ大筒打掛下
之關過半燒失致し長州よりも軍勢御操出し中江も村山八太夫廿八貫目
の銕棒を以く異人を打事猛虎の群羊江入がごとし（此條余り文勢江過候や）薩立々々大
合戰と相成異人之内四人生捕兩陳火花を散して戰ひ敵味方共死人之數
夥敷事ニ而相引ニ相成申候

一六月十九日午刻野々宮殿ニ而

叡慮遵奉之諸侯廿八人ニ御達し有之趣

攘夷期限之儀先達而布告ニ相成既ニ於長州遵奉

叡慮斷然及掃攘候間此後渡來候ハヽ無二念打拂可申候尤警衞之諸藩
互ニ相援盡力防禦可有之候樣被
仰出候事

一上杉侯御暇被下既ニ御出立之前夜騒然之内薩州藩御預之者出奔右ニ付
只今ニ學寮ニ御滯留ニ御座候御家中百人許宛手分致し山狩才も有之候
得共未手ニ入不申候由

一小笠原圖書頭樣越前ゟ御預と申事ニ而網乘物よそ米原より北國ゟ御出
と申事承り候實否不詳

○七月三日出川支ニ而廿一日著
澁三郎義昨二日尋參申候長崎ゟ來候蒸氣船ゟ乘り移候節大時化ニ而縄
階子ヲ引候ハツテイラゟふき無據海中へ落かゆうして揚り候節脇差と
懷中物取落し刀ハ持參端舟ニ取揚候処其後霍乱之樣ニ而永く煩ひ右も追
々快く相成候得共脚氣之氣味ニ而有之是ハ全久々船中ニ罷在土を踏ませ
候故之義之由ニ付此節も勤而致歩行居申候由ニ候乍去當春ゟハ血色宜
しく肉も締候樣ニ御座候云々

○七月七日出川支廿一日著
八十六度ゟ□午ハ八十八度之殘炎御座候処被爲揃益御機嫌能被爲入候半と奉恐悅候扠急ニ御歸ニ而可相成樣子之処意外ニ遲り內實ハ種々御聞合有之候処和泉樣暫御引籠夫ゟ御出勤之処誰人ゟ御書付御渡相成候哉即今難相分御困り中之由是を以くも十日や廿日ハ延ひ可申哉ニ奉存候○富士川ニ而支候由ニ而今日も定日便著不申候五日有馬遠江守殿加判之列被　仰付候未廿六才之由英才まして能辨〔辯カ〕の由　當君樣御在府中隔日程ニハ是非參上御密談數刻夜ニ入候よし兼而ゟうかゝひ居候よし之処雅樂頭殿加判之上座ニ被成候由然ニ雅樂頭殿ニも一日も出勤無之候由大老かふてハイヤニも候半欤と或人咄ニ御座候松平佐兵衛督殿紀州庶流是も繁々參上ありし人のよし今度壹万俵被下候よしハ時勢ゟ付厚存込之段中上候との大意のよし承中候
○外國人ハ横濱ニのミ罷在江戸ニも壹人も居不申候夫故更ニ見受不申

候新徴組是も見受不申候
神力丸も既ニ明日出帆之由ニ而與竹暇乞相見申候
七月十七日出池田澄三郎書状
六月十四日天保山沖に英大軍艦壹艘小船七艘計來ト云此一件當表ニ而
も追々御咄しも致し其地にも申上候積之処失念致し居候私六月十四日
伊藤方に相越候積ニ而上陸跡英船健順龜田両船之模寄ヘ繋纜致し直様
バッテイラニ而異人共上陸天保山際川方會所詰に應接之積ニ而相越候
処此川方會所ハ川浚之爲大坂町奉行同心壹人ツヽ出張居候言語不通手眞似ホ致し候而も片カナニ而認
候書面も不分無余義直様歸船否解纜いたし候後半道欲一里も飄候後天
保山臺場ゟ因州持也大砲玉入四發英船ハ不搆紀攝之間飄行申候大坂に英船
來候譯ハ長崎に相越候積之処石炭ニ盡候付途ニ而相求度と四國邊にも
碇泊之処私領ニ而も不行届夫ゟ兵庫に來相願候処大坂町奉行所持ニ付
懸合之上ゟふてハ不行届旨應接有之候付天保山沖に來候譯ニ而何も外

(原註)兵庫ニ而も昌光丸乗組方咄候由

ニ云々無之旨大坂ニも通詞等も無之候付迚も石炭買入不叶と見限横濱
江向歸帆致し候扨因州家ゟ放候砲玉健順龜田両丸之模寄へ來り候付両
船ニ而ハ大驚駭四發にして止夫ゟ水主共バツテーラニ而大坂江來因州
家ゟ御船々江向砲發いたし候旨屆來候付相談之上健順丸ゟ壹人龜田丸
ゟ私壹人バツテーラにて相越同《川カ》方會所詰同心江對面其次第承合候処異
人對話ニ而荒肝を取られ候上ニ而一發否臺場役人共對談致し候得共因
州ニ而も大混雜其内ニ都合四發ニ相成候よし右ニ付私共両人臺場役人
江面談異船解纜後御軍艦江向ケ砲發とハ如何之譯ニ候哉と尋問之処一
言之申譯無之只々恐縮々々ニ而御軍艦之印中黑細旗日之丸之御旗をも
見違へ異船と心得及砲發候哉と被存候表向懸合ニ而も因州家ハ勿論川
方會所詰同心迄も迷惑ニ付俱々相詫候付已後間違等無之樣能々申談此
度之義ハ内々ニ而濟し遣申候両船ニ故障無之候付内濟ニも致し候得共
若少ニ而も破損致し候へハ迷惑ものと奉存候此一条私共關係仕候次第

ニ付相違も無之候内濟ニ付余り他向江委しくハ咄兼申候間左様御承知
可被下候只今ゟ青山邊江相越候付早々申留候以上

○七月十七日出廿四日著　他見必禁
前略扨長崎《州カ》五ヶ度之合戰ニ日本船貳艘バック形壹艘蒸氣船貳艘此乘組人
數大凡五百五拾人山之後ロニ而被殺候武士五六十人蘭人申立候日本人
之死亡四五百人と見へ候得共千人程ニ當り可申候尤砲臺ニ而死亡之者
幷市中商民村家農民ハ員外ニ而如此候外ニ砲臺七ヶ所打壞レ下之關燒
失前田村燒失長州之損耗ハ夥キ事ニ而外國人共軍艦ハ損候計ニ而修復
出來候由ニ候呉々申様も無之事ニ而候死亡人をくらへ候ヘハ外國人之
死亡ハ百分一ニも當り不申候薩州も蒸氣三艘此乘組貳百人ツヽ〆て六
百人琉球形大船五艘乘組百人ツヽ千百人英人死亡十九人ニ而百分一ニ
有之候砲臺ヶ所同所死亡人數ハ不相分鹿兒島府市中造作場夜半迄燒拂

申候是も夥敷事ニ御座候尤両州共是ニ而戰爭相止ミ候譯其後も凶多し
く吉少く霜をふんで堅氷至るとやふん次第ニ上陸都城盡く被攻落可申
候是等之儀
御所ニも如何被　思召堂上方も如何被存候哉覽武士共大分亡び何愉快
之事なふん何分干城を失ひ御身の上ニ遂ニハ萬年之社稷も危キニ至り
可申候杞憂此事ニ而候
七月七日

御父上様　　池田潑三郎

○七月廿七日出八月四日著
朝夕秋冷相催候処弥御無異ニ候哉奉伺度此方何も𪜈平安ニ御座候扨十
七日一筆申上候後品川御船ニ罷歸申候當月上旬ゟ兎角荒風波高ニ而御
船ニ之往返六ヶ敷込入申候

一勝麟太郎殿ゟ間瀨公方之添書持參御目通致し候其節御咄ニ先月廿三日薩州家老御老中屋敷ゟ御呼立鹿兒島ゟ外國軍艦差向ひ候由天障〔璋カ〕院樣御始不容易御心配被爲在候間穩便ニ應接致し決而戰爭不及樣ニと早々國許ゟ立歸申達候樣被　仰出就夫品川繫船幡龍丸拜借被仰付廿四日曉當表解纜致し候乘組も御軍艦方追振之通ニ而外ニ外國方調役淵部某と薩家老之由然るニ相州沖ニ而船具損所出來之由ニ而下田と欤ニ而船修復致し廿七日同所解纜と欤申說有之候得共御用狀ハ今以不來由豐前小倉ゟ先月末何らかしよ朝陽丸御船被遣候由是も今ゟ左右無之由

一石川島ニ而軍艦方長十八間之蒸氣船新造器械ハ長崎ニ而出來船ハ當表之既ニ壹艘成就石川嶋沖ニ有之後ト貳艘當節造作中之由隨分宜出來之由勝殿御了簡ニも蒸氣器械數多拵諸侯方ゟ爲御拂被致度且御軍艦繰練所當表神戸長崎箱館北國邊ニ壹ヶ所取建度口明ケニ神戸ニ近

々取建之旨來月中旬御軍艦ニ而神戸ゟ被相越當冬歸府之由其内ニ長
崎ニも被相越候積之由
一當春箱館御廻し之積ニ而御買入相成候蒸氣船鯉魚門船号此表ニ不足ニ
而中々箱館御渡し不相成由且又鯉魚門《フイムン》ト認有之英國ニ而是をランム
ントト讀候よし唐人ニ而も認候哉との事ニ候
　右麟太郎殿御咄し荒增なり
一當十四日芝田町三丁目ニ而薩藩壹人の魚賣兩人何欤口論魚賣壹人も
卽死壹人もどふらり助りそふのよし薩藩も卽時ニ被召捕候喧𠵅ホ有之
候得も木戶を〆切候付逃る事不叶其砌前後三町之間〆切候よし水主
之者通り懸り一見致し候旨咄御座候
一當節コロリ病大流行死亡數多盃前品川の洲崎僅二三百軒之所ニ而二
日之間ニ三十四人死候よし先年之コロリと違ひ兩三度下痢致し候へ
も忽ちえよし隨分途中ニ而葬式ニ行逢候昨今少し減し候由

一廿日閣老水野和泉殿側役麻生某之咄ニ長州家老ゟ外國人ゟ對し奄忽之取計不致樣國許ゟ申遣候樣被　仰出候由其時分寂早兵端を開居候比ニ而何も役ニ不立と申居候且長刕侯御屆ニ異人五百人程打取家來共五百人程討死之御屆末ニ此上如何樣被仰出候とも御沙汰ニ随ひ可申と云書面全僞物之旨咄ニ候實物未見と云松平兵部少輔殿三州奥殿下屋敷三田汐見坂住居鍊砲鍛冶大工原簑一と申人伊右衞門知己ニ付同人用向有之私相越居候節之咄ニ御座候

一俗說ニ長刕敗軍ニ付模寄五大名ゟ加勢
公邊ゟ被　仰出と專ら云觸らし候

右初秋廿二日品川繋船龜田丸ニ而認
件之如く認置上陸之積之処北風雨ニ付見合廿五日漸上陸北御長屋ゟ罷出候処御發駕廿日朝之樣子ニ而も如命長引候哉と心得一言之御暇乞而已殘念ニ候不時ニ逢候而不時ニ離るといふハ此事ニ御座候

余ハ略之

○一書ニ

今度彦根侯之法《御カ》目論ニ而

京ゟ美濃船付迄通船出來候由此比表向御見分有之九月中ニ出來と申

事

叡山ノ麓ニ川出來湖水ニ出湖水ゟ江州多良村醒ケ井柏原此所ニ而

少々陸地今須之南平井川よりミノ澤田高田船付と川筋立テ船付ゟ

桑名ニ八里之京師ニ運送宜様ニ相成候大垣及ひ米原の問やハハナ

アキナリ

○五月

贈參議左近權中將　　　姉小路右少將

爲皇國誠忠苦心仍

叡感不斜被垂愛憐被贈贈（衍カ）

右之通被仰出候事

主人於路頭横難之砌抛身命忠節を盡し候条神妙至極之事ニ而被爲在

御感候候旨關白殿殿被命候事

中條右京

五月

五月廿八日姉小路家御忌中ニ而三條家ゟ御申通相成候

御感ニ付被下之

御銀　五枚

○六月廿二日中川宮腹心股肱之臣伊丹藏人山田勘解由本能寺ニ而被召捕

藝州家ニ而被召捕候由

但姉小路一件之由

○足利高氏木像之首切候一条六月廿三日落著

浪士　三輪田弓太郎

江戸御構洛中（洛外カ）路少拂

浪士　三輪總一郎

右中渡之上保科彈正忠ヘ御預

會津家來　大庭泰平

押込

右同斷京極飛驒守ヘ御預

浪士　師岡節齋

右遠嶋被　仰付之上

同　建部建一郎

同　東　建之助

同　長澤こそと〔マヽ〕

小笠原左衛門佐

松平伊豆守

西尾鎰之助

藤堂佐渡守

右同断左之方に御預

右四家・〔家脱カ〕來上京無之候付當時牢屋ニ預有之

備前藩中　野呂久右衛門

中追放

綿屋小兵衛弟　柳　三　郎

遠嶋

○七月十日外國奉行支配出役之者ゟ承書

亥六月廿二日橫濱出帆之英船薩州表ニ罷越應接之上戰爭ニおよひ七月九日橫濱ニ到著七艘之內壹艘も無事六艘ハ被打申候由ニ而損し有之卽死カピタンコンマンテイル始怪我人死人共六拾人余も有之由

一薩州方船異船方貳艘琉球形船四艘被打候由怪我人數も相分り不申鹿兒島市中二ヶ所被打候由

一六月中英船出帆之節薩州より相願應接之節外國方役人差越候樣申來り左之面々船ニ而罷越此便り未無之候

外國奉行支配調役
淵邊德藏

通詞
立石得十郎

外國方同心
篠原連十郎

○
外夷拒絶期限之事先達而天下ニ布告相成候上ハ於列藩夷船攘斥之心得勿論候処傍観ニ打過候藩有之趣深被悩宸襟候既於長州兵端相開候而も皇國一躰之儀ニ候間互ニ援助掃攘有之皇國之耻辱ニ不相成様闔藩一致決戦盡力叡慮貫徹いたし候様御沙汰之事

○當亥秋より
大樹公より十五万俵ツヽ毎年
天朝江神〔進カ〕献被遊

○神奈川ニ而水先案内之者被殺候一件

以内狀致啓上候然も子安關門外松平隱岐守元臺場脇より海岸ニ之細道脇ニ別紙寫之通建札有之段靑木町役之者ゟ申越候処右近傍ニ生首壹ツ埋有之段申越右名前之者ニ而可有之哉云々

六月廿四日

京極能登守

淺野伊賀守様

山口信濃守様

異人水先案内之者

重兵衛

右ハ者事異人爲水先案内いたし長州ニ罷越候処此度攘夷之御沙汰を以長州ニも盡く打拂ニ及候義承知いたし罷越候段彼ホ或愚昧至極之者とハ乍申天誅遁れさる所之猶左ニ誌も所之者共同罪之趣有之ニ付追而一々天誅を加へ如此行ふへき者也

六月

勘四郎

須賀兵衛

長兵衛

芳藏

源太郎

松作

忠兵衛

服藏

天下義士

○千八百六十三年第八月廿一日横濱新聞（七月八日）

英國軍艦コロモラント書狀ヲ以テ當港ヘ只今著セリ右船鹿兒島ニ在之

英國軍艦ニ逢ヒ次ノ新聞ヲ持參セリ○去ル土曜日七月二日第十二時午時軍艦鹿兒島港ニ碇泊シアリテ大風吹ク日本人ヨリ不意ニ發砲セリ不幸ニシテ次ノ人々殺亡セリ

カピタン船將シヲンスラリング人名コンマンドル大將ウヰルモット人名

右両人一彈丸ニテ打殺サル外手負死人六十人船ハ多少損傷ス

英船當港ニ歸來ル近キニアリ

書中ノ文巨細ニ記スルヲ得ス其大略ヲ載ス當十五日第十二時臺場ヨリ打出ス水師提督直ニ合圖ヲナス

日本船三隻ヲ燒捨仕掛ノ蒸氣船ナリ

船號

ヱングラン　シルシヲルシケレイ　コンテスト

横濱又ハ長崎ニテ買入タル薩州ノ船ナリ

右日本船ハ其朝來リテ軍艦ノ傍ニ碇泊セリ臺場ヨリ打掛タルヲ以テ軍

艦碇ヲ上ル臺場ヨリ凡五百乃至六百ヤルド（三尺余）離レテ一列ニ連レリ臺場ヨリ射ルヿ甚タ強ク殊ニ大筒ニシテ其内六十乃至七十挺ハ十インチ（計八寸）ノ破裂丸又三十二斤乃至二十四斤ノ實丸ナリカピタン幷コンマトル（前ニ名チ載ス）ハ午後第二時五分《ミニトテツ》五秒《セコント》ノ頃甲板ノ櫓上（船ノ高キ所）ニテ一彈丸ノ爲ニ死ス又十インチユノ破裂丸甲板ノ中央ニテ破裂シ水夫七夫即死シ手負ノ者水夫五人ロイテナントチヨウスー人ナリ（譯者右ハニユーイ船ノヿ之）天氣惡ク雨フリ風陸ノ方ニ向ヒテ吹ク午後第三時火府中ニ起ル第三時二十分ニ發砲スム第七時十五ミニユートゴンホートウワツフ（船名）五艘ノ大船（琉球形）ヲ燒ク第九時二十分ニ商家及造作場ヲ燒失ス同所ニ打掛ル事終夜第八月十六日（七月三日）午時第三時三十分ニ碇ヲ上ケ蒸氣ヲ燒キ港口ニ出掛ルニ府ノ臺場ニ向テ打テトモ（破裂丸ハ實丸）又只答ルモノハ臺場二ケ所ノミ也碇泊セル所ハ臺場ヨリ丸ノ達セザル所ナリ（釋者云二度目カヽリタル所）府ハ夜半尚燒ケテアリ

（原註本）府中　薩摩

（原註本）丸不達所　彈丸ノ屆ヌ所ナリ

手負死人目録

一ユライス船　死人十八人　手負廿一人内一人死
二ペール　同七人内一人士官
三アルゴス　手負三人
四コツケツト　死人一《イ二》人　手負六人内一人ロイチナント
五ペルシウス　同一人　同二人内一人死
六ライスホース　同二人
七ウア《イカ》ツタ　無之

英船鹿兒島ニ到リシハ晦日本月朔日ニ有之戰爭ニ及候所二日程同港ニ碇泊薩劦士モ參リ申立候事穩ニ濟スヘキノ談判モ有之然処二日晝時不意ニ打掛候由軍艦明日ハ横濱ㇾ歸港ノ由此新聞ハ上海ヨリ薩摩沖ヲ過キ候船ヽ申來ル

（原註朱）明日七月九日ニ當ル

吟三郎　彦兵衛（太郎歟）
庄兵衛　市次郎
當夜不殘立去追而可加誅戮もの也

○七月廿四日

三條通東洞院西ゟ入丁子屋吟三郎室町通姉小路下ル布屋彦太郎同居
同人父市次郎佛光寺高倉西ゟ入八幡屋宇兵衛葭屋町一条下ル大坂屋
庄兵衛此者儀近年幕府私ニ交易相許以來一己之利潤を貪爲銅銕蠟絹
糸油塩ホを初其外右様之諸品買〆横濱長崎ゟ積下し夷賊共ゟ相渡候
付物價益騰貴し万民困苦ニ不堪甚敷ニ至候而も流離飢渇ニ及候者共
不少實ニ不便之至ニ候於人心不忍事ニ候畢竟幕府悪政之致所を以
大御國之民ニ生來り御國恩万分之一己（なも不カ（原朱））を奉報◎（◎心無之而已ならず（原朱））恐多も
上之御趣意相背禽獸ニも劣さる爲躰□（□幕府夷賊ホな引（原朱））我國家之民を戮害いたし候段言
語同斷不屈至極ニ付

天下億兆ニ代加誅戮令梟首者也

右之者之外大坂長崎宇治岐阜飯田長濱西國東國之奸商共一々取調一族夷賊ニ向後交易いたし候者之根を絶し申者也

右之者共（七月廿三日（原朱））ゟ金銀致借用候者も一切返濟ニ不及若町奉行共ゟ取立ヶ間敷義申付候ハヽ早々其賊夫（吏カ）共之姓名相記し三条四条橋々ニ張紙を以可相願出早卒（速カ）可制戒もの也

亥七月

一去ル廿四日八幡屋宇兵衛と申者首被伐三条橋詰ニさらし有右ニ添候札別紙之通　廿六七日比ゟ布屋彦太郎召仕共ゟ彦太郎義改心致し御國恩報し候義ハ勿論万事心入替候間赦免と申事書立三条四条両橋よ張置候処今朝室町姉小路辻ニ木戸有之右木戸ニ木札ニ書付有之候うつし

申渡

右之者歎願之趣彥太郎義弥以改心いたし御國恩報し候義ニも候得共是程之大罪を發し候者之義容易ニ（此間一字不相分）間敷筋ニ候得共相考追而可及沙汰者也

申渡

右之者方ヽ浪人之者共金錢を乞請候哉ニ候処右ハ正當之者ニ無之已來右躰有之候ハヽ其模寄ヽ可申出候急度吟味可爲仕候事

七月廿九日

○七月

父子之内
加賀中納言殿
仙臺中將殿
佐竹右京大夫

南部美濃守
分部若狹守
一柳兵部少輔

右之輩御用ニ而急ニ上京被
仰出三条中納言殿より申參り候由之事

○七月廿四日蛸薬師大宮通西ニ入野邊通筋南寄之方細キ溝ニ胴計殘シ罷
在候者胴大人ト相見衣類ホ之覺
小紋絹羽織　　　　博多帯扇子
財布首ニかけ有之　雪駄をはき候儘
右之通之よし

亥七月廿六日朝三條大橋ニ左之通歎願

歎願

願主下人中

老衰病中　布屋市次郎

同人悴　彦太郎

是迄横濱表ニ呉服糸ホ交易仕居候段深奉恐入候全之儀ハ心得違仕居候其御地運上所令命ニ被爲在御座候事与而已存知

天恩御國恩之儀をも不相辨候段誠ニ慙愧至極無申譯候此度天誅之御張紙ニ恐入後悔血涙ニおよひ改心仕候右ニ付而も是迄交易之心組ニ而持溜居候呉服糸類其余諸品家財金銀ニ至迄不殘沒入被　仰付候ハヽ万々分之小罪ニ相當り可申哉と深難有仕合奉存候右之次第ニ懺悔仕候上も両人之者御助命被下候様御憐愍之程奉願上候恐惶謹言

七月廿六日

歎願之儀ニ有之候間爲御張置被成下候樣仕度奉願上候

○八月上旬木曾路を龍登來著之人談ニ云

京ゟ江戶江指下候四人貳人駕籠ニ乘セ警衞之侍多人數附纏旅宿よりも駕籠貳挺を警侍十人計圓居帶釼之儘不寐番致し提灯數張燈し嚴重の備之其四人ハ何人欤宿中にても不分よし又云須原驛邊口病流行二日程煩ひ急死之者多キト云

○七月晦日江戶立宿次宰領之者談ニ云

一橋樣御上京之筈ニ而御先立之向川崎品川邊より出立之処俄ニ御見合之旨ニ成江戶江返り未川崎品川ニ逼（逗カ）留之御家來も有之○英船數十艘之內海へ來船海道ゟ遙ニ見及候処軍艦之樣子ニ而無之又商船よりも無之趣旅中之說ニ英人薩摩よりく討をうる故弔合戰ニ來る船なりといふ

小笠原大膳大夫家來
大砲打拂方
河野四郎
同
大八木三郎右衛門

○七月八日
風說書取

右両人今般急使ニ而出府昨日登城於柳之間大目付御目付出會相濟而和泉守殿幷松平左兵衛督猶又出會密談有之其節大部之帳面ホ右家來持出候よし今度使之大意も小倉留守居より坊主大凡之処内々相咄候由其趣意も小倉領分ニ長州之家來七八十人程大砲持參ニ而相越小倉領借用いゐし此後異船渡來之節も小倉領より打拂旨右も追々小倉ニ加勢之儀長刕ゟ申込候而茂加勢發砲ホも無之候付内々
敕命も有之候ニ付領分借用いゐし候与申出候由如何樣斷候而も不聞入

手を出候而も
朝敵之姿ニ相成候譯ニ而小倉ニ而も大當惑之由付而も何分急速右等之事無之樣長州ゟ御下知被下度趣ニ而前顯兩人使ニ出府之由風聞ニ候事
但右之義ニ付之事ニ候哉共所も勿論不相分候得共昨日も水戸樣も節句ニ付御登
城之処段々御用談ニ而夜ニ入六ッ過御退出之由
公方樣ニ茂御用談所ゟ出
御ニ相成御同席ニ而密談有之候由尤本文之兩人之使も昨日是非共御挨拶伺罷歸候由申出候よしニ付右才之廉ニ而大評義欤とも恐察之事ニ候

一水戸樣御長座ニ付而之御事ニ茂候哉
公方樣御三度目之御膳御取分ケ被進相成候と申事ニ候是才も先珍ら敷事ニ御座候

○亥五月七日小笠原圖書頭殿幷水戸殿家老武田耕雲齋外國人ニ之談判
今程於横濱外國人ニ償金可渡之砌鎖港之儀我國素ゟ小國之儀交易之益
も見え不申候其上是迄獨立之國柄故未タ人心一定不致旨往々鎖港ニ而
可及先此段含呉候樣ニ与之示談候迄(マヽ)外國人申候ニハ今更鎖港之儀ハ不
思寄次第弥右樣ニ決定候ハヽ各國ニ使者を以可被
仰遣候欤又も外國事攝(マヽ)之閣老大(マヽ)連名之書翰被遣候ハヽ夫々本國ニ相達
可申候得共餘り時勢ニ暗キ御所置ニ而御國之爲被宜間鋪當今全世界通
信貿易相閇(開カ)候ハ天道れ然らしむる所ニ而右之段ハ乗而御發明有之漸開
港ニ相成夫々條約相結永久信を不失爲ニ使節往來も有之我々共も開港
之場所ニ付　國王ゟ被命ニ而致在勤商人迄も同樣之義ニ而仮令拒絶之
御示談有之候共私ニ開港場所引拂候事ハ難相成候間夫々本國ゟ差圖無
之内ハ退去候事不相叶抑天道之事理發明ニ而致開港候を如何ニ御國内
人心暗愚ニ候者多くとも發明之者ゟ此道理を論說候ハヽ事理分り可申

且都府之權も立可申且又交易之儀御國物產豐饒ニ而他之力を假國力を增候事ニ而交易ハ却而國之損失と申ハ是又天道ニ背キ私情ニ而全世界獨立之國無之時勢ニ至り候を不辨今□鎖港被致候と申ハ闇愚之極と可申互ニ有益之法立候へハ永續可致事ニ而談判行屆可申呉々茂篤と勘辨之上富饒之國を保チ被成候樣若保チ無之事ニ候ハヽ實ニ歎ケ鋪誠ニ御氣之毒ニ存候旨申聞候由文略

亥六月朔日

長門宰相

追々切迫之時勢ニ惱　宸襟候就而ハ御用も有之候間父子之內中合登京可有之

長門宰相

御沙汰ニ候事

當月十日夜亞墨利加船長門國豐浦郡府中に碇泊有之候処大砲數發打

拂候趣達
叡聞候処兼而被布告有之拒絶期限不相違速ニ及掃攘之段
叡感不斜候弥以勉勵有之　皇國之武威を海外ニ可輝樣
御沙汰候事
五月

○亥五月廿七日小笠原大膳太夫ゟ屆
去ル廿三日朝於長州領合炮と相見臺場所ゟ大炮打發候処間もなく異
船壹艘上筋颾來然処同領臺場々ゟ大砲數發打掛候処下筋を向乘行
申候尤何國之船ニ候哉朝霧深く聢と難相分
一昨廿六日朝異國蒸氣船壹艘下筋ゟ颾來領海通船仕候然処長州領田
ノ首脇ゟ大砲一聲相發右異船ゟも合炮一聲相發頓而同領龜山臺場ゟ
も又々一聲相發臺場於所々詰繼度々炮發異船領海田浦沖乘行候処同

右傍ニ線ヲ施セルハ原本朱書以下之ニ従フ　校訂者識

所檀ノ浦松谷前田外浦ホ四ヶ所之臺場より大炮數發打懸候内異船方も臺所《場カ》〻〻ゟ向發炮仕直ニ上筋を向乗行申候依之兼而申付置候防禦手當之人數其都度〻〻相備置候処於領海相變義ゟ無御座候尤何國之船ニ候哉炮煙强聢と難相分候此段御届申上候以上

五月廿七日

小笠原大膳太夫

（原朱）其二

一先月廿五日松平大膳太夫様御國許毛利左京亮様御在所ゟ大膳太夫在所表ゟ以御使者攘夷之儀ニ付別紙書甲付之通被仰入候ニ付役人共應對仕別紙書乙付之通御返答申述候処右御使者之歸路之節旅宿ゟ尙又別紙丙書付狀壹通差置引取候段在所表ゟ申越候不容易儀ニ付右書付寫壹通相添此段御届申上候以上

六月十二日

小笠原大膳太夫家來

郷惠《東イ》吉

別紙

甲　松平大膳太夫様毛利左京亮様ゟ

御使者口上書

五月十日攘・（夷脱カ）期限之御沙汰右ニ付御臺場所も御出來之処異船乗通候節炮發無之義如何ニ御座候哉

一隣國之儀苟可救援ハ私ニ而御助合可仕況皇國之御爲筋ニ有之候処無其儀御相當有之間敷哉

一合圖之儀藍嶋馬崎堺鼻湊口大里葛葉梶ヶ鼻速戸ホニ而異船見懸次第段々大砲三發ツヽ御合圖有之様前以被仰越候処先日以來両度共其儀無之如何ニ御座候哉

一攘夷之儀若弊藩ニ違却之筋合相成居候ヘハ京師ニ伺立不仕候而ハ不相濟事と奉存候

一異船通行之節一方海岸ニ而ハ一々打留之儀無覺束其節ハ模様ニ寄強而矢先の難致候關係御領地ニ著彈も難計此段入御承知候

右之ヶ条畢竟御隣國對向之場所柄ニ付双方違乱之儀無之樣御懇談申上度罷越候得共兎角御引受彼是御六ヶ敷候間無余儀大意之処一書を以申上置候以上

五月廿四日

小笠原大膳太夫ゟ

乙返答書

五月十日攘夷期限之御沙汰右ハ拒浪〔絶カ〕之期限ニ相心得候尚更御談對中家來末々迄無謀過激之所業無之樣被　仰出有之候儀ニ付於此方炮發不致事ニ御座候

一救援之儀ハ右ニ准し候乍去其御領自然危ニ至り候ハヽ人數差出候も勿論之事ニ候

一合圖之儀も弥被　仰出候上ハ無之而も爲致不申候

一攘夷之儀も前斷之趣意ニ付一ト通り船碇泊才ハ不打拂心得ニ御座候

貴國ニ相違之義ポ有之
京師ニ御伺立之儀ハ御勝手次第可被成候於此方ハ先達而被　仰出候通
將軍職是迄之通諸大名指揮萬事御委任被爲蒙　仰候上ハ
將軍家之命令も則
叡慮ト相心得候
一異船通行之節一方海岸ニ而ハ一々御打留被成候義無覺束段無餘義次
第ニ而前段之旨趣ニ付御領海ニおゐて御打拂之儀も何共難申此方海岸
之義も御打拂不被下候共御不覺トハ不存候右ニ付御矢先之儀ハ成丈御
斷申候
五月廿四日　　　　　　　　　　小笠原大膳太夫
別紙
　丙　長州御使者差置御書狀寫
寸楮拜呈仕候然ハ尊藩御返答ヶ条ニ付而ハ乍失敬心事及御相談置候処

就中弊藩炮發御領地ニ著彈之儀成丈御斷と之御事ニ候得共此段寡君ゟも兼而入御承知置度口達仕候事ニ而尊藩一切御砲發無之候ハヽ奉對敕錠不得止事時宜ニ寄一々用捨可仕樣ニも難相成候段精々御論申上候通候間無御律（本ノマヽ）略義ニ奉存候得共尙篤と被　仰入被下候樣乍此上推而奉願上候何（マヽ）共向（匆カ）々拜具

五月廿五日

大田市之進
野村和作
生駒時三郎
礒谷鎌藏
松本衞庵

大池金左衞門樣
高橋推之丞樣
侍史

東西紀聞五

倭書細字ハ原本朱書
校訂者識

長門　州　住　人
ナカトシウノスミヒトニ
佛巨西　大將　提督　告知　此頃　長門　州
フランスタイシヨテイトクヨリツケシラサレタリコノコロナカトシウノ
殿様　松平　大膳　太夫　被申　御大名　佛
トノサママツタイラタイセンノタイフトモウサルニヲタイミヨウヨリフ
即西國　旗　建船　大筒　被打　所　是
ランスコクノハタヲタテツフ子ヲヲ、ズツニテウタサレタルトコロコレ
我國　對　大　輕蔑　存　今　我　右　殿
ヲワカクニ、タイシテヲ、イナルケイペツトソンジテイマワレミギノト
様　糺　參　我　不向　罪　無　長門　州　中
ノサマヲタ、スニマユルケトモワレニムカワズツミナキナガトシウチウ

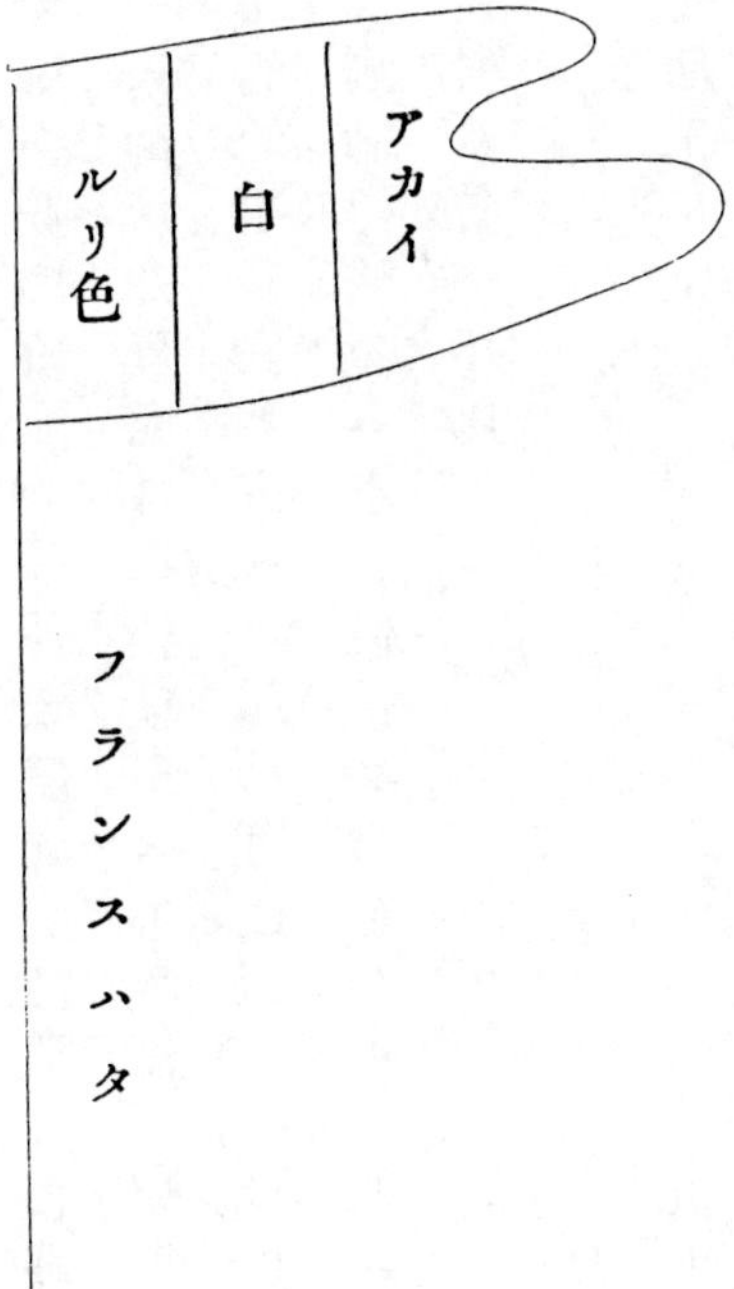

ノスミヒト《住人》チマタ《巷》ノ《之》ツマコドモ《妻子》トモ《共》ウチナ《家内》トモウチガイ《打害》スコ、ロ《心》ナカル《無》ユヘ《故》
ニソノ《其》ナカトシウ《長門州》ジウ《中》ノスミヒト《住人》ニヲイテ《於》ハスコシ《少》モヲドロク《驚》ニヲヨヒ《不及》
マセズ《知》カヱリテ《而》モシ《若》ナニ《何》ノヨウシ《用事》アリテ《有而》カワ《我》カフネ《船》ニノルヒト《乘人》アラ《有》バモ《元》
トヨリ《來》ノ《之》トウリ《通》ムツバラ《事》フランス《佛郎西》テイトク《提督》ト日本テイトク《提督》トコンシン《懇心》ノ
条約ムスバレ《被結》シトキ《時》ヨリ《從》今迄ノ通リヨク〳〵《能々》コンセツ《懇切》ニトリアツカ《取扱》ワル《可》
ベ《被》シもしまた《將又》食物をもち《我》船ニ持て参る人あらハ《有》ソウハウ《相應》ノ直段ニ而拂マ
ス右等ヲコンジン《懇心》ヲ以テ告知サル、ヿ如此ニ候謹言

日本
文久三癸亥年六月四日
フランス
千八百六十三年七月十九日

ゼヨレース

○六月廿七日出七月五日午刻到著
東北之諸大名御呼寄

加州殿へ

其方儀參府時節ニ而も無之太儀被
思召候得共無程
御歸府ニ而可相成候付而ハ御相談之義も可有之候間早々江戶表に參
府候樣被　仰出候
六月十六日

加賀中納言
上杉彈正大弼
南部美濃守
佐竹右京大夫
津輕越中守

南部遠江守
溝口主膳正
眞田信濃守
堀　左京亮
南部美作守
松平飛驒守

方今ニ而ハ長州在城ニ而ハなく何レに欲迯込し候由又一昨日欲佛艦五艘薩に貳艘ト長に向横濱より出帆之由僅日本在留ノ一両船を以スラ如此況一擧シテ國命を以て戰爭スルニ於テヲヤト奉存候何分　還御ニ相成候が御手柄ニ奉存候中國西國いつし事起り可申候昨日ハ齋藤弥一郎參上御逢右云横濱應接甚事六ヶ敷今度西國に軍艦差向候ニ付而も　公義之御人數借用致度責取候とくも日本之御地所勿論奪申間敷候去なが

与右御人數御貸不被下ハ無余義外國人計ニ而討取可申左候得ㇵ討取候所ハ我ゟのニ可仕旨申出両条共ニ難キ事ニ御座候

(原朱)其二

其二恐ラクハ三ノ誤ナルベシ　校訂者識

口上覺

昨朔日晝長州領おゐて合砲と相見大砲相響間もなく異國蒸氣船壹艘上筋ゟ渡來いたし候然処同領所々臺場ゟ大砲數發打懸候処赤間關之方に乗參り松平大膳太夫所持之軍艦三艘繫有之候脇を乗通候節又々臺場幷軍艦ゟより數發打懸候得共同領海上所々乗廻り一旦榊嶋脇に乗戻り右軍艦脇乗通り候砌赤間關幷軍艦ゟに向發砲いたし候尤双方的中いたし候樣子ニ御座候へ共異船ハ格別之損しも無之樣子ニ而上筋を向乗行大膳太夫軍艦三艘之内壹艘格別損し候哉沈没仕檣計相見申候仍之兼て申付置候防御ゟ手當人數夫々相備置候処領海何之相替義無御座候此段申上候以上

六月二日（原朱）在所日附同十五日井上河内守殿ニ出ス　　小笠原大膳太夫

（原朱）其四

口上覺

昨五日朝異國蒸氣船貳艘上筋ゟ渡來領海田浦港碇泊いたし候付早速物見船差立候処佛郎西國旗印相立居一艘ハ軍艦ニ相見然処長府領臺場より大砲打懸異船ゟも致發砲候内同領前田村人家燒打候義ニ御座候哉出火之樣子ニ而追々及大火候其内異人共ハッテーラニ乘組領内田浦ニ三人上陸村役人共宅ニ罷在候付同所在番之役人共致出會候処佛郎西テイウルフウ・ラクマン・ホウリユと申者之由長州と是非共勝敗を決し申度右ニ付・應貴國豐前ニ御打合申上候決而小倉領ニ發砲不仕候旨申聞尙勝敗之模樣ニ寄數艘可參旨申立本船ニ引取申候処松平大膳太夫方ゟ重立候家來三人兵卒共百五六十人程も召連小銃所持之者も有之領内司浦村役人宅ニ相越異人之行衛相尋候付最早本船ニ引取候段申聞候処引取申

候右ニ付兼〻手當申付置候防禦手當人數夫々相備置候處領海何之相變
義無御座候仍之此段御屆申上候以上
六月六日(原朱)在所日附同廿日河内守殿ゟ出ル　小笠原大膳太夫

○六月六日長州侯於京都御屆
(原朱)先書之類と事實齟齬尤可疑此書是ならハ前説皆非ならん歟
私義去ル五月廿五日京都表御暇ニ而歸國仕候処
内裏御取締之儀ニ付南普天門御警衞被
仰付候付指揮旁上京仕度奉存候処當月朔日領國沖合ゟ異國船壹艘碇泊
いたし候樣子之旨注進申聞候間其儘打捨置候樣申付置候処物頭宍戸主
膳組ゟ麁忽ニ大砲打懸候処異國船ハ其儘引拂候旨注進申聞候間重役差
遣向後麁忽之儀無之樣申遣候同二日打續又候異船三艘致碇泊致測量候
樣子ニ付先手頭増田貢組より大砲打懸候処右三艘之内二艘打碎候哉壹

艘も早速退帆仕候処同三日辰刻英國重役之者ホ三百餘人船先に書翰差出壹艘乗込暫く談判致し度旨申出候間右人數上陸爲致城下難波町陣屋ニ而重役出張右書翰開讀候処去ル朔日英國商船に不意ニ大砲打懸同二日佛郎西國之商船を且（是カ）又理不盡ニ二艘打碎旁仁義之取扱ニ無之重役に及談判其黑白相糺度旨申出候由注進申聞候間兎角此方庇忽之儀ニ付可然取計可申旨申遣候処家臣毛利安房暫時及談判家臣共庇忽之段精々申論候処右書文ニ而請取度旨申出候間書文差遣候処承知仕已後必取締吳候様申聞右難波町より常盤郡に懸候場所に何人共不知不意ニ多人數出張右英人不殘打果し書文も取迯候趣ニ付早速人數差出候得共亂妨人共行衞相知不申候ニ付夫々手配候処同五日曉寅刻比英佛之軍艦八艘不意ニ渡來候間先手共夫々番船ホ手配候処宍戸主膳益田貢ホ之船々打碎其上海岸臺場三ヶ所打崩し右ニ乗上り打散候旗差物ホ悉く奪ひ取威ニ乗箱原港より上陸打懸候ニ付先手共死亡多く散亂候処追々乗込候様子ニ

付不容易次第ニ成行候而難計候間此方ゟも人數繰出大砲打懸此所ニ而
暫時及戰爭候処双方死亡不少様子ニ而異人共ハ早々引返乘船仕候間猶
追付候処手早ニ其儘軍艦ニ乘沖合ゟ又々大砲打放退帆仕候私義周防金
尾ヶ原陣屋ニ罷在候間早々出馬仕候処最早異人共退帆之後ニ付其段々
相糺候処右と此方ゟ不意ニ大砲打懸剰談判之者不殘切捨候憤怒ニ而如
此及亂妨候哉之旨申聞候悴長門守計ひニ而藝州小倉江加勢申遣候処藝
州ゟ千餘人出張候得共右等も最早英船退帆之後故其儘差戻申候私家來
宍戸主膳益田貢其外人數之内凡六百人死亡仕英佛人數領國内へ打果し
候者凡四五百人程死失仕候乍然家來共私指揮を不守麁忽之〔擧脫カ〕動亂妨仕候
義何共奉恐入候右も　御國江對し重大之事件ニ付猶此上之
御沙汰奉願上候如何様成重罪被
仰付候共御差圖ニ任を可申候先不取敢此段御届申上候以上

亥六月六日　松平大膳太夫

一我皇國彼醜夷之爲蔑侮汚穢ヲ蒙る
我是ゟ爲ニ日夜露霜（マヽ）切歯痛歎せる事既ニ數年然ル（ニ脱カ）今年二月中英夷之軍艦渡來が其齎らし來ル處の書翰を嶋津三郎一族ヲ不引渡ニおゐてハ五十万トルラル外ニ三万トルラルを可相渡若両条共不相成を長崎箱館其外諸湊共亂妨致し且江戸大坂とも燒拂ゐしと其書大略如是無礼驕慢我國ヲしく婦女子之國なふしむ誠ニ以く怒激發憤の至りなふもや益是ハ本とり我怪（軽カ）慢しく膽ヲ冷さし爲數多の大金を貪さ（マヽ）いふんとの姦計而已實ニ首を切肉を喰ても猶たる爲らふぼさるを老中井上河内守松平豊前守ホ之如き臆病腰拔之輩其姦計なるを知ふも大キニ恐怖狼狽しく重大之事件せし松平春嶽上より速ニ打拂可申旨申越せしを取用無之暫之期日猶豫申入所彼益增長して一刻ゐ猶豫不相成旨斷ニ及候ニ付右之二老吏深く恐懼シ低頭平身して佛天（之カ）ミニストルニ取扱賴入剩此節ニ至りゐハ四十万トルラル程之大金を英夷ニ渡スニ談判ニ及ふ段誠ニ以悲哉血

涙止むへからす然れ共右両老ハ本ゟ犬馬同様之腰拔共なれハ論するニ足らされ共水戸中納言一橋中納言才も既ニ歸府してありながら如此所置如何成故欤前中納言殿之神靈ニ對し何之面目あるや又其臣下一ッ茂諫めを入さるとハ水府之武威既ニ爰ニ盡たり嗚呼此國辱を西波ニ輝る何於少しく恥之心なきや凡政府大小之役人ハ皆國賊ニして神罰免れさる之輩也假令如何深謀遠慮鎖港之・有《脫アルカ》ニもせよ無礼倨傲傍若無人の書翰を持參して其使之首刎ル事も不成さいなるよ數十万之大金を相渡候も實　皇國之大耻辱ニあらすや永く志吏《史カ》ニ止く後來外患之口實とならん豈悲からさらんや凡耻を知らさるを是禽獸といふ　我皇國よして禽獸の國ニ陥しむ嗚呼如此んハ父君を穢せるの罪と何れ欤重きや併初ゟ億《マヽ》病未練兵吏を恐れ大金を出し濟さんとならハ諸人を騷らし天下を動搖さする迄もなし自分の慌忙せしより諸人迄是が爲ニ大キニ金銀を費さしめ農民之農時を奪ひ天下を困窮さしむ嗚呼何之面目有て上天日を拜

するや下万民ニ對するや然し自分ハ尺寸も報國之志なく因循苟且慮餝而已ヲし身之堤防而已乍構唯人ニ而已報國を盡せ死力ヲ盡せ國恩を遺忘すべからずぼ抔と令命而已五六度出シ何迄天下之人皆汝か如キ鼠輩ニあふんや其令命誰か報國を志ふふん今五〔吾カ〕日切齒痛憤之餘り此書を張置テ天下ニ有志之諸侯英雄義膽之忠士ニ普觀サしめ異日我其黨を卒ひ來り水戸中納言始老中以下此度國辱ヲ取計ひ候者共之首を切肉を喰ゐ此度も暴り天神地祇震怒ヲ慰ませんとする而已

文久三亥年五月

皇國之忠士
烏山九郎秋龍

此書爰ニ張置といへとも必三日之内取捨事勿を三日過く老中迄直ニ達可申若取捨哉又も達せもんハ他日必禍其身ニ報

右も亥五月十二日夜新両替町四丁目中程明地板塀ニ張有之翌十三日南御番所へ訴

與鳥山九郎書

新両替町ニ被張置候一書令披見候足下何ホ之人なる哉
皇國大忠士と稱して此度英夷ゟ金を渡さしを國耻とすれ共是ホハ微些の小事之足下如キ之賤心ニハ金銀を至く尊たものと思ふなれと義よより事よ臨ミ金銀ハ芥の如しさるを何ぞや國辱といひんたゞ夷賊の望ニ應せるの所憤怒なたよしもあふぶと少しく忍ひされハ大謀を乱る如何せん時宜ニ隨ふを良束《策カ》とて松平豐前守殿ハ忠誠《マ》、濫學の君井上河内守殿ハ正直平和の君唯時勢を量る而已攘夷鎖港も臨機應變なり足下の意金銀を渡せしを國辱として今我國
公武紛雜人心不和なるや世態を辱しめさるハ小辱を知りて大辱を知ふさる也足下鳥山九郎秋龍と記せと天下ニ知る人なし是極めて變名たるへし未練の至りなり人各生國有住居有足下の天下の爲よ誠の忠臣なふバ姓名を正しくし其黨を卒ひ

征府ょ出て存意を申もへし其論至誠至偏なるょ於てハ
征府ハ勿論天地神明もなとり容玉ハさふん姓名を變し街頭ニ張札し人
心を惑ハし自ふ忠士と稱もれとも實ハ天下之奸賊なり是ホ之事足下而
已ょ限ふも近來自ふ報國有志と稱もるもの專ふ攘夷を唱ふ其實ハ合戰
の利害軍略の次第もなく報國攘夷ともらり申觸る事一圓合点行も予を
しく之を言しむるゐ小兒の戲坐とた抑我
皇國の人三尺の童子といへとも夷賊の跋扈を憎まさるもの𛀙しされハ
とく一旦開港有之上ハ方今無法ょ打拂ふの理なし夫合戰の道ハ勝敗を
機先ょ察し必勝の理を見て兵を起其上ょも兵を練粮を貯へ時を量るを
良將とた彼を知り已を忘れハ必勝彼を知るとも己を忘ふされハ勝敗半
も彼を忘ふぽ己を忘ふされハ完敗も今我邦紛々として和せも天下悉く
危疑を懷く此時ょ當く兵端を開ふく彼ょ十分の利ありて我ょ一分の利
なた事顯然之是等の利害も悟ふもしく無躰ニ攘夷を唱ふるハ石を抱く

淵に望むに等し嗚呼愚の甚しき論するに言なし婦女子といへとも察知する所之且又諸浪士共京師を始追々乱妨狼藉是何なる不屆ぞや先年水戸浪士井伊掃部頭殿を惡にもせよ其家ハ開國の功臣之其人一人之權を削く事足るへし其家をして疵を蒙らしむるハ不仁にして且開國の功業を輔翼せし功義にも戾るへし其輩ハ生命を捨るの覺悟なれバ忠義とも心得候半なれとも天下の政体を犯せしハ逆賊の名遁れらさし命に替る事なれハ掃部頭殿の權を削るの手段ハ幾等もあるへきにあらす一命を失ひしハ愚のなす所なり憐むへし惜へし死する者罪ありて罪なし只憎むへきハ其黨に入其場を逃去命を諭る者に於其流を汲攘夷報國を名義として押借を初其他の惡行言語道斷之去ル酉年東禪寺乱入横濱へ打入らんとの企是何の頑愚そや仮令横濱へ切入異人不殘討取共夫にて夷賊を退治仕遂るや其仇を報ん爲各國軍艦數艘差向るハ必然なり其節に至ッて彼等而已にて接戰なるへきや是俗に藪を突て蛇を出すの諺なり

一水戸前中納言殿を報國有志之棟梁と崇め其遺志を繼と申事を名義ともれ共先年夷賊渡來之折烈公ハ異國之職掌を蒙られ在しら伊豆開港を免されしハ全く攘夷と思召而已にあらさるハ顯然なり夫を烈公ハ攘夷の思召而已といひ〻却而烈公をして表裏の人となすもの之且何人の推擧なるや烈公亞相に追贈せらる予を以ていへとも乍恐烈公追贈の當る所何の所ら之をわらさも功天下に及ふ之義なし況や其藩治國を論する者攘夷を唱ふ者二流にわられて國政乱れ且又西國の諸侯攘夷を唱ふるもの其藩二派ニ分る水藩を始として一藩さへ治らさる形勢を以て各國ニ向ひ闘戰利あるへくも覺へす併浪人すハ只烈公の遺志と申事を口實としく天下を動搖なさしむる而已當今

征府の御物入多キ中に新徵組と稱して御扶助を蒙り安閑として何の用にも立す

征府の財を費も而已實ニ國忠有志なるハ各其身を保チ万一事あり變あ

るの期ニ臨ミ忠義ハ立べく畢竟身の容る所なた故ニ報國の名義を僞り
ミ口腹を養ふの術なり如此の小輩ハ幾千人ありとも海さらの時ニ御用
ニ立者ニ非ざ
天朝ハ至尊なり至尊の御身ニミハ下情ニ疎なる故ニ佞辨奸計ニ欺せ給
ふ恐れ多くも奸人共其所を得ミ
征府を譏し　朝廷ニ媚を献し烈公を楯ニとて
朝廷ハ忠義を擬して
叡慮を欺き奉り陪臣卑賤の所置ニミも
叡慮と号し人心を動搖さするの惡謀言語道斷なり抑
東照宮御創業以來二百有餘年天下之御政体ハ關東ハ御委任なり天下之
爲ニ至論あるハ政府へお於申すへきニ
征府をさし置　朝廷ハ申もハ實ハ
公武の御間を隔る奸賊なり假令

叡慮ょもせよあしき事ハ　征府よハ御取用あらは是完く
叡慮を背くよあらは　叡慮ありとてあしきを示さハ臣として　君の悪
を天下み觸るの理あれハ臣ゐる者の忍ひさる所あり近來のとく輕々敷
よ至てハ
天威も下るあり是全く姦人悪徒のあ　所よ出て足下の如きハ同列の徒
あり
天威下れハ國威も下るハ一体あり我よりして我邦の威を下し我邦を乱
るハ是則夷賊よ加勢をあ　の賊之金銀を渡せし小事と我邦よ大害を醸
　との輕重を考へし又是天誅ニ代りて　征府の御役人を討といふ是何
之叛逆そや忝くも
東照神君御草創以來二百有餘年御恩澤ニ浴せさる者あし自ら有志と稱
　る者此事常ニ言ふ其言實あらハ正しく　御苗裔ゐる
征府ニ對し奉り乱妨狼藉あるへくも覺へ　嗚呼言行不同の乱人取ニ足

ふに予ハ見《之カ》ニ依ふハ足下之言所一として取ことなし足下の言禽獣の論予
云足下則禽獣なり其謂如何となれハ
皇國ニ生れて
皇國ニ仇を是則人面獣心なり蚤悔先非自殺尤なり夫も必しも日本刀を
穢を事なられ只縊死をへし依て答書如件

亥五月　　　　　　　　　　不肖者某

日本第一之不忠

烏山九郎殿ニ

○大坂六月十五日出書状

六月五日辰ノ刻比フランス軍艦貳艘渡來長州檀ノ浦杉谷其外御臺場を見當ニて放發致し右御臺場ゟも打出し候処異船筒先烈敷杉谷檀ノ浦両所御臺場ニ長州方足留り難計《叶カ》追々繰り引ニ隨て無勢成を軍艦ゟ見請バッテーラ八艘ニ貳百人程ツヽ筒類共乗込ミ打出地方ニ乗附長

州方ハ前田村と申脇手之処へ暫時引退り是又軍艦ゟ見請俄ニ旗を押建其方ニ向ケ大炮打放し長州方怪我人夥敷夫ゟ陸戰相始長州方負色ニ相成長府迄引退ク其跡ニ而異人共前田村之人家ニ火を懸貳ツ火矢を打放し所々燒失凡二時余之戰爭ニ而異人一同軍艦ニ引上ケ候其時長州方横合ゟふらひ打ニ異人貳百人討害候よし軍艦ハ小倉領田ノ浦沖ニ暫時罷在其後周防灘之方へ引退キ碇泊侚明日下之關ニ仕懸候風聞有之双方戰死有之候得共人數不相分

但小倉領ハ無別条

長州一件別紙下之關ゟ申來候へ共屋敷の便りハ未相分跡ゟ可申上候

且又昨十四日八ツ時過天保山ニイキリス大船壹艘ニ小舟七艘計渡來候付御固メ懸り大混雜双方ゟ大筒壹貳度打放し候へ共何分大船故地方不寄附候ニ付貳里計間遠ニ候間玉ゆき届不申候相手ニ不相成卽刻退帆仕候

一將軍樣御暇八日夜火急之御觸有之九日朝天保山ゟ直樣御軍艦ニ而御歸府被遊候御家來衆ハ陸地ニ而御歸府相成候付昨今ぼツ〳〵當地御出立ニ御座候

一小笠原圖書頭殿囚人同樣ニ而御城代ニ御預ケ有之候处親玉連而御歸りえ趣

○六月十四日出大坂書翰同廿五日未刻著

水野三四郎樣　□□□□

拜啓甚暑之節御座候处益御壯健可被成御座奉恐賀候然ハ今日潑三郎樣御入來被下寛々御物語申候四月朔日朝御入來被下三日ニ兵庫え御越其後ハ御繁勤ニ而御寸暇無之御書通も出來兼候由昨十三日公方樣大坂御出帆ニ而蒸氣船五艘ニ御乘組明十五日江戸ニ　御歸府被遊候御調之由潑三郎樣御噂ニハいつ迄今晚夜之內ニ御著府可被遊

哉との儀ニ御座候此時節ニ御乗船とハ實ニ浮雲キ御事と乍恐御案思申上候海上無故障
御著府之程奉祈上候御事ニ御座候龜田丸御船も荷物御積込明晩ニも御出船可相成哉との御話ニ御座候弥御壯健被爲在目出度御安堵御座候樣奉存候仍別封御届申上候御入手可被下候且澄三郎様より御珍らしき蝦夷産帆立貝二被下置難有永々重寶可仕御序之刻厚御禮被仰上可被下候先ハ要用而已早々申上留候以上

六月十四日

池田澄三郎

御双親様

御両兄様

御初

三月五日御認之尊翰當朔日四月をいふ大坂天満御屋敷□□□□ゟ落手拜見仕候先以弥御平安之旨奉恐悦候私義不相變無異ニ而二月四日當御

船ニ乘込已來箱館方ゟ御軍艦方ニ引渡を初船中規則ホ變革多く其上俄ニ荷物ハ相止講武所御供砲術方之衆上下廿六人乘込之筈ニ相成十三日右人數乘組候ニ付十四日早朝逆風を間切り黄昏に至り羽根田沖ニ投碇十五日ハ逆風弥嚴敷未明ゟ間切り朝四時比横濱沖ニ而帆桁附根卷銕物打切候付無據要務之帆桁ニ付再品川ニ歸湊と決定船路を轉し候処好風事故小半時ニ品川著船早急修復申付十六日夜中皆出來ニ付十七日朝出帆好風相成一時八里余速勢ニ而伊豆大島沖合ニ至候処風死し漂居候内　御上洛御用ニ而十三日同時出帆セし健順丸ニ行逢候帆前之船實ニ不自由なる物ニ而好風之折柄出湊不行屆引船申付手間取候内三十里程之処追付次第如何程之好風ニ而も間合あしき節ハ順風を失ひ候翌十八日朝ニ至り健順丸ハ何方ニ行候哉帆影も不見夫ゟ日々風位惡敷遠州沖合ニ而ハ地方ゟ百五十里餘英法の里程之我七十五里程離レ紀州熊野大嶋ニ漸二月廿一日未明取付申候此所ゟ大坂迄ハ浦賀邊ゟ江

戸迄となとしく左右ニ地方をミく航海ス此所熊野三岬とく潮路烈敷
其上沖合ゟ地方よりの風落合ニ而終ニ三晝二夜此邊ニ漂居候内又後
ゟ健順丸來り申候
廿四日兵庫入港廿五日朝同港出帆一時程ゐして大坂天保山一里程沖
合ニ碇泊ス講武所方人數ハ直樣上陸荷物才も陸揚いゐし候付私儀も
廿八日早天上陸仕安治川橋詰富岡町一丁目會所旅宿へ立寄夫より北
野新地内天神御城眞田山天王寺夫ゟ安治川上櫻之宮此節花王滿開
江府之向嶋ゟ飛鳥山を合せし樣成風景ニ而群集夥敷不計して浪華の
花見仕夕景旅宿へ戻り入湯之上バッテーラニ而夜九時歸船初而之場
所殊ニ船中ゟ市中迄二里余も有之旁飛脚の如く走歩行候而已ニ而茶
臼山なども模寄へ乍行見落し大笑ニ御座候三月朔日朝天保山沖退帆
兵庫湊ニ碇泊帆柱初所々御修復ニ而日々職人共多人數來居候付入湯
ニも夜分相越候位ニ而歎候者ハ旅宿計ニ而候扨三月十四日柱建之此

日外國方便ニ而東都ニ御用狀差立候樣子ニ付當船上乘違池昇三郎と
申者市谷本村御先手組屋敷住居ニ付同人之書中へ封込近々出帆東都
ニ歸府之積之旨合羽坂迄一筆差上置候付無事當表著船之段ハ御承知
と奉存候此日別而多用ニ而尾州ニ之書狀ハ不差立一躰宿々ニ而行違
多く度々紛失も有之趣相聞候付旁御無音申上候扨其後三月中旬
還御之御樣子ニ付早々大坂表ニ相廻候樣勝麟太郎殿ゟ御達有之候処
御修復中ニ付右之段相斷三月廿四日黃昏兵庫退帆夜九時天保山ニ著
船仕候処又々急ニハ
還御無之趣ニ付兩三日之滯船ニ而猶又兵庫ニ相廻シ候積ニ而私義も
三月晦日朝上陸旅宿ニ者不立寄堂嶋之内時計師ニ相越修復申付夫ゟ
道頓堀ニ相越芝居一見夕景旅宿ニ歸り食事入湯も仕（上乘之者と同道なり）ハッテ
ーラニ而迎ニ來り居候付直樣歸船之積之処御手紙何方ゟ歟來り居候
旨ニ而差出候付拜見候処天滿御屋敷□□ニ向御差立物有之趣ニ付何

迄も旅宿ニ一泊仕翌朔日天滿天神參詣兼上乘之者と同道ニ而相越口
口對面之処尾州ゟ御屆物有之ニ付御旅宿相尋候得共不相分漸二日目
とりニ尋ね當り候故此節外方へ御船相越居候よし其內此表ニ可相廻
とて申事ニ而預り置候ニ而延引相成候旨被申聞尾州之樣子種々承度候
得共同道之者爲待置候事ニ付猶亦近々上陸可罷出旨申聞御紙封拜戴
罷歸申候扨又口口ハ京師ニ御用有之明二日出立四五日中被歸候由ニ
付歸坂頃可相待旨申置候へ共朔日ゟ雨降續ニ付時化ニ相成候節も場
所柄惡敷防方諸道具茂不足ニ付俄ニ猶又兵庫ニ轉碇仕候処近日御用
ニ而可呼出条御船用意致し居候樣御達有之相待居候処四月廿三日
上樣順動丸御召ニ而兵庫港初神戶《コウベ》西ノ宮出岬々々臺場築場所等　御
巡覽相成最早還御迄御用茂有之間敷併俄ニ
還御茂難量との趣ニ付此書面過日之御挨拶旁口口方迄當所飛脚屋便
を以屆方賴遣申候早速御請可申上之処行違而已ニ而大延引奉恐入候

私曰爰ニ飛脚屋便と有共書繼候ゟ六月十四日自身天滿ニ携し事と見

正月下旬御差立之御書面私宿ゟ相達落手仕御送り物難有拜戴仕候右之御請も此御請も一々ハ不仕候間御仁免奉希上候間瀨君御預り置被下候御封中ニ……………より之贈物も有之旨是ハ添便御礼可申上候單物足袋莂難有是を以三十三度之嚴暑を凌可申万々奉拜謝候

伊圭先生酴酌ニ而松浦竹四郎と御通信有之由此人ハ兼而伊右衞門ゟ承居候人ニ而幸之事ニ付歸府仕候ハヽ相尋可申同人撰之夷地切繪圖洋人之書と異同而已ゟして元來洋人ハ航海之爲ニ撰し物故海岸の事ハ洋人之撰可然候得共山中之事ハ遠見之事故洋人之撰ハ松浦ゟ實地研究之撰ニ不及事遠しと奉存候同人石狩日記ホハ先比函府ニ而一見仕候

一公方樣四月廿三日順動丸御召ニ而晝過比兵庫和田岬ニ

御著船御供船昌光丸〔何れも蒸氣船〕而已ニ而直樣右港に
御上陸夫ゟバッテーラニ而海岸通り
御巡覽海岸幷海上共何之御制止も無之拜見之者なと笠冠り物いたし
御固も煙留も無之バッテーラの事ニ付御近習奥向四五六人御側ニ居
候迄ニてバッテーラニハ尋常之日之丸御印而已ニて別段之御印ハ無
之
御召御本船ニハ白縮緬ニ金御紋附之御旗と日之丸而已ニ候
御成之御觸も有之候得共余り御人少故
公方樣ニ而もあるなしなと丶今以半疑之ものの有之候
御著船否當船よりもハッテーラに上乘之者乘込
御機嫌伺として罷出候処其ハッテーラの御供致し候樣ことく御老若
之內一人御目付一人乘船ニ而御先供いたし
御巡覽之節都合バッテーラ四艘ニ而相濟申候順動丸昌光丸ハ直樣神

戸湊ニ相廻り八時比
御乗船直樣大坂ニ
御歸城相成申候
一四月廿五日攝州住吉ニ之
敕使姉小路殿順動丸ニ御乗船彝子濱迄御出夫ゟ陸通り須磨浦和田岬
御見物夫ゟ同夜兵庫御泊廿六日摩耶山　御參詣神戸湊ゟ再御乗船紀
州浦々御廻り同夜賀田浦御泊廿七日住吉ニ之
敕使御勤被成候由廿八日
公方樣ニ而姉小路殿之通り
御巡覽之旨申來候処御延引相成又々近日可被
仰出との事之よし
一四月廿九日ゟ俄ニ吐瀉相催し腹痛甚く無據旅宿ニ而療養水夫一人付
添居呉候五月中旬右症ハ宜相成候処又々昨秋之脚氣再發大難澁煎藥

散薬小豆ニ而露命を繋絶食同様此時上乗之者一人吐血胸痛ニ而枕をあらべ居候処六月ニ至り追々順快仕候処十二日急狀ニ而一両日中江戸表ニ相廻候様刻付を以申來候付私儀壹人役之事ニ付押而乗組十二日夜天保山沖碇泊仕候

一御上洛御用ニ付上坂之御軍艦鯉魚門（當春横濱ニ而英國ゟ御買上）順動丸長陽丸威臨丸幡龍丸昌光丸（何を蒸氣船）外ニ函《箱》館方御預り之健順丸亀田丸以上八艘之十三日朝五半時順動丸ニ御乗船鯉魚門長陽丸幡龍丸健順丸御供ニ而四時比天保山沖解纜昌光丸ハ對州侯ニ御貸渡相成近日對州ニ相廻り候當船も近日上帆江戸ニ相廻り候様子ニ御座候全快と申所へも至り不申暑中一人役之儀ニ付殆心痛仕候若當表ニ而余日有之上陸相叶候ハヽハッテーラみく天満橋まく相越□□方ニ参り候積ニ而此書面認候

私曰則十四日天満御屋敷ニ出らる事添簡ニ見えたり

前ニ飛脚屋へ出せしと有ハ止し事必せり
江戸表ニ相越候ハヽ帆新規出來之積ニ付凡五六十日ハ逼《逗カ》留仕候其樣子ニ寄東都ニ而越年相成候哉又難計是ハ若冬分と相成候ハヽ下り風無之時の事ニ御座候蟬居君初江戸表ニも久々無音仕候間近々江府ニ相越候趣被　仰遣被置奉願度早九分通りハ快候間御安心被遊可被下候是迄船ニ醉候事無之処久々病後ニ而何角心持惡敷早々申上留候大暑之砌下略

六月十三日朝天保山沖碇泊龜田丸ニ而認

猶々兵庫表ニ而新造ハッテーラ出來候略圖差上申候惣御入用釣鋏共貳百五拾両程帆ハ有合候付別段ニ御座候

一京師之風聞更ニ不相分候へとも小笠原圖書頭殿外國拒絕ニ《ニカ》付英吉利ニ償金相渡候一件とりゐく大坂御城代衆ニ御預相成候り《とカ》欲申候尤不慥候

○本國新聞

文久三年亥五月六日亞國蒸氣船ヤムグロック船號横濱出帆内海ゟ長崎ニ至らんとし十一日夕七時比長州府中の海ニ而日本旗を揚さる西洋製の船ニ近く碇泊ス其時帆前の長州軍艦英船テニーツキ長州ニ買上大砲七八挺來り右蒸氣船を挾く碇泊し空砲十二發ヲ放ツ夜ヨ入く臺所ヨ挑灯ならめき騒然たり夜半ニ至り右長州の船二艘より不意ニ砲を打かく右之蒸氣船ハ乘組僅ニ十二三人砲ハ腐筒一挺なるハ急ニ蒸氣を焚く砲を放ちなからら迯出も帆檣帆綱なを打切る然共夜闇く且四國九州の間ニ迯たれ共長州の追打も不遂右蒸氣船ハ直ニ上海ニ至る其後十七日佛蘭西軍艦キンサン大砲三挺當港出帆同しく内海ゟ長崎ヨ至らんとし不知しく右府中の港ヨ碇泊し長州軍艦ゟ被打懸互ニ打合双方損所出來佛軍艦ハ長崎ニ至る損所死人之所不知或ハ死人三名ト云右亞國商船の打きたるよし英國之商船上海ゟ來りく報も十九日ニ仍之横濱碇泊の亞墨利加合衆國の軍艦長門ヨ向く走る其

後長崎ゟ來る英國商船佛軍艦キンサン長門ニ而打れ今長崎ニ而修復の旨を報す五月晦日之仍之佛國軍艦タンケレン乗組大砲不知即日横濱出帆翌六月朔日朝同國大軍艦セミシラス大砲三十六挺水師提督乗組出帆右二艘長門を向て走る右亞佛軍艦三隻何事を爲せる哉いまゝ報告を得れも然るニ六月二日和蘭軍艦メジサ木砲十六挺横濱港に入津右艦長崎ゟ内海を經て横濱ニ來ふんとして長州の悪意あるを知れハ外港ニ一夜を明シ五月廿六日の朝長門浦を渡りしよ長州軍艦來り襲ふ始ハ旗印なく近く來りて長州の國旗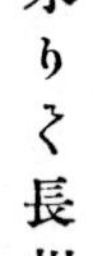地青を揚ゟ雨の如く打懸臺場ゟも音よ應して砲發れ仍之軍艦よりも是よ答へ蒸氣を焚なから下之關市中幷臺場七ヶ所有船にも打懸長芻のバーク形の船沈没せり市よ火起るや臺場壞るゝやを不知ト云軍艦ゟハ凡九十放長州ゟハ凡三百放其内十九放船ニ中り死人四人疵付四人檣ハッテーラ小舟煙出し船べり水上よ中る長州の死人不知三百人ハあるへしと右和蘭軍艦ハ亞國軍艦ニ不逢只佛國軍艦ハ走るを見さりと案れるよ和蘭軍艦の

戰ひハ亞國軍艦の長門ニ至らさる前なるへし○英國數艘の軍艦ハいま
た横濱ニ碇泊せ上海ニ至れる英國軍艦セントウ六月朔日二日比長門海
を渡ると思ハる是亦打れたるか兩三日を經て佛亞軍艦長門ニ而之戰爭
の模樣又英國軍艦の打れたるや否やも分るへし若英國軍艦打れなハ横
濱碇泊の英國軍艦ハ半ハ長門半ハ薩州ニ至らん欲六月五日英國之軍艦
出帆之積と云長州猛勢不可當英佛阿蘭四ヶ國の軍艦海ニ沈沒せるか又
陸ニ登る欲未可知

○

亥六月三日認於横濱堤雲（鈴木譯御用出役 山内繰三郎）

横濱新聞　外國ゟ出せし届ふミ

千八百六十三年第七月廿日月曜日（我文久三年 亥六月五日）

合衆國蒸氣軍艦ワアイウヲシンク船号今朝未明ニ當港ニ著せりそハ二三

周前（五月 十日）内海を航海せし亞墨利加商船ペブロック船号を船幷臺場ゟ大砲

を打懸ける大名を罰せんため下之關ニ至りし船之右ワアイウヲシンク軍艦非凡の働きありランスヒールト長州蒸氣船を打飛せり其近傍の臺場ハ大概靜りて音なしランリッキ同しく長州帆前の船をも嚴しく打碎き終ニハ沈沒せんとするに至れり右乘組之者多く水中に身を投されハ船ハ救ふ事能ハさるよし

ワアイウヲシンク砲彈を得る事三拾發死人五人疵付もの六人悲むよし

右委細之儀も我か常の新聞紙に載セ出すべし

不列歐軍艦セントウハ只今當港に碇泊せり右も上海より長崎を經て來れと内海をハ航海せす

右二則山内樂齋より借得て寫す

六月二日

○橫濱通辭話之書取委細ハ原書飜譯之上差越旨なり

英國之軍艦七艘横濱より薩州に向相越去月晦日鹿兒島に到著しく藩士
に應接し存意之旨趣申立候処穏ニ聞濟可申様子ニ而當月朔日二日藩士
追々船中へ懸合としく相越候処同三日ニ至り不意ニ臺場より大砲打懸
此節英船之傍ニ罷在候薩州之蒸氣船貳艘も碇を引揚候付水師提督之指
揮ニ而臺場に向大砲打放し薩州蒸氣船よりも大砲打懸互ニ大砲ニ而及
戰爭英船も諸所損し七艘之乗組之内手負死人六十人餘有之薩州蒸氣船
二艘打沈候府内ゟ茂火燃出造作所に英船ゟ大砲打放候付同所も燒失い
たし府之火も終夜燃候由此儀上海より横濱に參りし英船薩州沖を通り
候節之新聞之趣ニ而同船ハ八日横濱に到著英國船七艘ハ翌九日横濱に
到著可致哉之旨

右之通大意物語り承り申候尤原書飜譯次第希望いたし置申候

一或人之話ニ英國軍艦七艘之内五艘ハ九日横濱に到著致し候旨慥ニ承
候と申事ニ候

一本文書中ニ府といふハ鹿兒島之事歟鹿兒島ハ城作りニも無之尤濱邊之由造作所といふハ陣屋なるへく候

七月十二日認

○日本新聞癸亥六月五日

西洋千八百六十三年第七月第廿日月曜日神奈川ニおゐて出板ス必要報告

先達テ〔ベシブロトク〕ト云ヘル亞船長州ノ内海ヲ渡海セシ時長州ヨリ無沙汰ニ取手臺場幷軍艦ヨリ其亞船ヲ目掛テ嚴ク焼打セルニ依テ其仇ヲ報センガ爲ニ合衆國蒸氣船軍艦〔ウワイテシング〕下關ニ行テ今朝横濱ニ歸レリ此時〔ウワイテシング〕船長州ト嚴ク戰爭シテ〔ランシイルト〕長劦軍艦ヲ打破リ此取手臺場其外近所ノ地ヲ凡打破リテ大ニ荒タリ而メ〔ランリツキ〕又嚴ク打レテ彼レノ〔ウワイテミシング〕ヲ砲發セルヲ止メテ此所ヲ引

退ケル時ソノ(ランリツキ)船ノ次第ニ海底ニ沈メルヲ見テ亞船ノ乘組悉
ク之ヲ愉快ト思ヒ喜ンデ速ニ此所ヲ退船セリ亞船(ウワイテミング)凡廿
發ノ砲彈ヲ受テ速死五人疵ヲ蒙ル者六人アリテ大ニ嘆ケリ此非常ノ事
許リヲ紙記シ世間ニ報告セントヲ要セリ爰ニ英國女王人ノ支配セル蒸
氣船(センチユール)此時(サンハイ《上海》)支那地名ヨリ長州ヲ越來レルニ幸ニ長州ノ
內海渡海セズシテ此難ニ逢ハスシテ今横濱ニ來著シ碇泊セリ

○松浦大人來簡

寸楮拜呈仕候殘暑難堪候得共愈御安泰被成御揃珍重之御義奉存候當方
無異罷在候条御放慮可被下候此度塚田□□□と申御仁ゟ目誌割圖一通
り申參り候定而先生ゟ御吹聽被下候故と難有奉存候諏訪縁起抄出いた
し差上候是ハカラフトの事哉日本物の仮名物の中ゟく此書隨一の古キ
物ニ而係蝦夷地よく頗見合ニ相成候付差上申候扨尊藩ニ而老公様御輔

翼
當公様大坂御鎮撫之由何卒是ニ而士氣挽回いたしむらしの日本ニいゐ
し度奉存候扨當方ニ而長州の評判計よく幕吏と西洋家ハ長州ら負たと
申藩士と市中ハ長州ら勝たと申時々勝負喧𠹭有之由實ニ奇々妙々之世
の中ニ成申候私も劒術之一ト手も覺居候ハヽかゝる時節の御間ニ合度
候得共左様之事ハ不存候間大丈夫の事ニ而國家之爲と存付春來水戸領
那珂の港より利根川筋へ川船を通し度堀割を思ひ立漸々見込而附申候
中々土方ヤ山師の仕事ニ而ハ六ケ敷候間本多伯耆守殿と水戸様と両邸
ニ而此度願書差出候様ニ仕候是が一番あふなけなく過チて辷りく轉ひ
候而も腰切の川へ落る計ゐくいざと申せハ其地を閑居と目當仕候下略

六月廿八日

○七月二日出

前文略　先月十四日大坂表伊藤氏ニ相賴一書差上候後十六日彼地出帆兵庫表ニ投碇翌十七日晝後開帆之処風位不宜間切居候内十九日晝比逆風增盛高浪ニ而先進不相叶無據貳拾里許引返し紀州田邊ニ目良浦と申所ニ碇泊仕翌日廿一日田邊城下へ十町程有之函府ニ而同塾之者有之候付相尋城下一見仕候処城之樣子桑名ニ似て至而小く市中武士屋敷共僅ニ而犬山之半ニも不足海中暗礁多くして百石積の小船も潮時を待て往返致し候由廿四日未明風樣猶不宜候へ共間切出し候処廿五日ニ至り熊野大嶋沖ニ至り候比未廿度之好風を得て寅十五度へ飄候処廿八日未明遠州之爲ニ武州金澤沖ニ潮懸りし晝後解纜夕七時品川港ニ投錨仕候大坂より申上候通脚氣ニ而航海中船動搖之節步行ニ難澁致し一人役之義ニ付逆も不行屆日々天象測量而已ニ而速勢なとハ時々不量して下り申候入港已來透ニ高輪邊迄も遊步致し試追々快方ニ趣候間御安慮奉願候尤今以藥用禁食仕居候入港否早速合羽坂迄著船之段申上置早速參上仕度候

へ共御荷物陸揚不相濟內ハ遠方ニも難相越今日御荷物揚陸相濟候付必
明日ハ參上之積ニ而此狀差立をも仕度相認申候當船と同時十六日開帆
仕兵庫ニハ不立寄直様様《衍カ》間切出し候処十九日晝比相船と覺しく阿波沖
ニ見請候而已ニ而其後何方ニ相越候哉今以著船不仕候愚案ニハ阿波立
花湊歟紀州由良湊ニ引戻候哉若又港不行屆節も兵庫迄も歸船致し候哉
と被察候三湊幷田邊口よりも一風位ニ而ハ下り難キ場所ニ候阿波土佐
之方ニ間切行候も當時南風之時節ニ付尤之譯ニも候へ共折惡敷風位變
し南西の風起り候哉右湊々ゟハ右風ニ而ハ出帆難致場所ニ而好風を失
ひ候哉と被察候健順丸ハ香港行此酒井侯御先勤之節御聞濟ニ而函府出
帆之比御退役夫故江戸ニ而御取扱之方替り彼是手間取候內ニ
御上洛御用と相成候処當節御再勤幸之事ニ付右船ニ御乘船御下りニ相
成候次第ニ而尤健順丸乘込役々各別人撰之譯ニ御座候外國行之調ニ付
候故之事ニ御座候扨當船も幾日比御軍艦方ゟ御引渡相成候哉未相分候

へ共引渡相濟次第當表ニ而帆不殘新調之積ニ付三十日位ハ繫泊可仕品
ニ寄船底修復之爲ニ再度兵庫湊へ相越候哉も難計御座候
一上様大坂表ニ而隔日位ニ
御遊覽御供至而御人少之由安治川邊味噌屋江御便用之爲俄ニ
御立寄相成候付其跡ニ而親類初町内或ハ入魂之者ホ日々招請廿日程祝
ひ候由ニ御座候
一勝麟太郎殿神戸《カウベ》ニ而百石之地面被下御軍艦操練所御取建之筈ニ而繩張
も相濟候由且又
勅命ニ而長崎器械製造所も同所ニ御引寄相成候由ニ御座候以下俗事略
爲

七月二日曉品川港龜田丸ニ而認

池田潑三郞

御双親様
御両兄様
御初

右之通認置元船ゟ乗出候処深川之方ゟ御用船來候付引返し候処御用狀并両兄様ゟ船宿ニ御差置之由ニ而六月廿三日市谷北長屋と有之候一書相届候付忙手披封仕候処俄ニ御下り之由驚入夢之如く右ニ付而ハ兼而心ニも待候得共當節邂逅とハ思ひもよらぬ事ニ而幾度も夢てハなきかと疑ひ申候仍之御用向取片付内々一泊之積頼合置五半時上陸品川ゟ飛ら如く御長屋ニ参上久々ニ而拝顔を得餘り之歡ニ前後を忘し申候未刻比合羽坂ニ参上暫御話申上再御長屋ニ参上之処御退出相成御目通も被仰付御懇之御儀ニ而内々一泊難有仕合下略

七月二日認添申上

御双親様ニ

○一書云

姉小路少將殿官家ニも不似合武張之人ニ而强壯武術之嗜も有之由一刀を被持候得も容易ニ難被討と云太刀持も迯去闇夜不意之事ニ而誠も闇

打氣之毒成事雲上之斯ル事ハ珍敷去迚ハ殺伐之世の中ニ成申候討せ候節左右ゟ打懸候由之処右手之者を持扇ニ而眼中を被突是故ニ眩暈猶豫せる所を見込少將殿之侍刀を取上ケ其刀を杖ニ突せ侍之肩ニ懸り居しきへ被入候よし一說侍手早く曲者之腰を切付候由是ニ而壹人之曲者迯去候共申候御曲輪内之事故其夜ハ世間一向流布不致尤狩場へ人も不通一旦御門〆り候上旁存外靜ニ御座候

○五月　左之通

志水甲斐

異國船渡來之節知多郡御備御人數出張之手筈等ハ兼而相立居候得共異船渡來之場合ニ至り御人數此表ニ進發より著陣迄之間御手薄ニ有之候就夫貴殿ニて家ニ付兼而知多郡中惣御締をも被仰付候事ニ付此節ゟ在所住居仕異船渡來才之節ハ模樣次第一手限之

人數を以早速御備場所〻出張仕候樣ニと被
仰出候且水野伊豆儀ゟ同樣此節より在所住居被
仰付是又一手限之人數を以模樣次第御備場所〻出張可致旨被
仰出候間其心得臨時急應之手筈等伊豆牒し合セ御備筋厚心得取計候
樣ニとの御事候

五月

右之通ニ付知多郡大高村〻六月廿日發足

成瀨隼人正

○六月廿一日於河原御殿

今般
御在京以來永々之御滯在中
公武之御間御多端至極

御苦勞千万ニ候処晝夜寐食を忘れ盡力周旋就中
御不例中も萬端
御身代りニ成奔走之次第功勞拔群ニ付全思召を以年々米貳千俵ツヽ
被下置候
六月
右御發駕前
前大納言樣御直ニ御含之由

○六月
紀州ニ而敵討之次第難波下屋敷ゟ文通之通高田氏談云
松平土佐守足輕
津田甚右衛門悴國許立去
日雇躰ニ而零落居候
勇之助
敵被討候而卽死

同家來諸士
山名佐次兵衛死悴
傳兵衛

同人次男
忠次郎亥廿貳才

同家來之内忠次郎爲ニ
叔父壹人

忠次郎朋友ニ助太刀
先度見屆人
貳人

右忠次郎ニ差添人
貳人

敵討手敵尋候内ニ病死

敵討留人

助太刀

助太刀

紀州侯檢使旁

〆敵討之節忠次郎方六人

右勇之助事國元おゐて山名佐次兵衛を討逐電候処傳兵衛儀主侯江願之上敵討ニ出諸國を探捜難澁致し候内病死ニ而敵不打留不本意ニ而死失

仍弟忠次郎願之上敵討ニ出未若年故助太刀オニ叔父朋友共三人同伴諸國巡捜せるよ尋不當一同労倦及ふならはニ紀州御領友ヶ嶋浦臺場新營夥敷人數集り居候故能々氣を附見廻し候処日用之内ニ勇之助ニ似寄候者を見出し弥無相違哉篤と尋極んため忠次郎も日用躰ニ化ヶ方便を廻ふし土木を運ふ人數ニ加り忍ひ々々勇之助之有姿を伺ふニ弥敵ニ疑ひなく早々同伴之者共申合敵討之儀紀州矦役筋ニ願出其段聞届相成忽勇之助を被召捕拷せらるゝニ願ニ不違故ニ忠次郎を被召出敵勇之助義近々追放申付候間其先ニ而勝手次第可致之趣被申渡悦く相待所ニ紀州役人二人被指添當六月二日追放道先ニ先達而相越可相待旨ニ任セ紀州を立出同國瀧昌村といふ泉州境邊鄙ニ而勇之助を追放逐せらるゝ斯レハ浮因（俘囚カ）之難儀逋脱心地よく不旋（マヽ）踵迯去となは（生カ）よ待設し者共顯を出忠次郎初勇之助を取卷のがさじ爰よおゐて勇之助仰天し蹐地よ仇敵之次第件々云聞セ兄傳兵衛逆旅ニ病死年月苦腦（惱カ）いたし尋求るよ今幸ひ（欠）

候得共尋常ょ勝負を決せん然るょ其元之躰刃物も無之候得ハ某借し
可申迚帯刀を相渡し是を以て立合候得といふニ勇之助俯伏したふょ獄《マヽ》
ふ氣色もなく壁易《マヽ》て居るょ刀を拔渡し今哉積惡之報讐と責懸ふ乞漸ニ
立上り双方打合しが忠次郎手む《きカ》しく破利摧堅勢孝子之鉯先を拂兼ゐ終
ニ勇之助ハ活殺《マヽ》ょ遭ふ右之次第検糺そる差添人逐一ょ主侯ㇸ申上候処
忠次郎之仕方神妙成次第敵ニ刀を借し勝負を決そるハ武士の心懸無比
類感ニ余り有殊ニ美事ニ討ㇳるゝて御褒美として御太刀一腰拜賜一統
勇ミ立て古郷土佐ㇸ歸りし由

○七月廿日京出

德大寺内府殿家來
室町通今出川上ル
六位士
滋賀右馬大允
亥五十四五才

右方ゟ昨宵六ツ半時過不見知帯刀人三人立入主人面會申入無何心座敷ゟ通し面會いたし姓名用向相尋候処無言ニ而理不盡ニ刀を抜候付迯出候処後ロゟ肩先ゟ切込右騒動ニ而行燈消候付家内奥間ゟ行燈を提持出し候途中右馬大允行當り取落し候折節家内手首切付胸先さし通し打倒候処三人之士入口之戸前難分様子ニ而表格子切破三人共迯去家内之者共即死いたし右馬大允ハ先別条無之様子其子細一圓相分り不申由

○七月廿五日京師ゟ

一滋賀右馬大允住所丁内今出川室町木戸門ニ木札ニ而両面ニ認紐ニ而下ケ有之翌早朝薩劢家來通り合及見右札を取三ツニ砕キ溝中ゟ打込申候由

滋賀右馬大允

此者利慾ニ沈《耽カ》り賄賂を貪り恐多くも攘夷之
御盛擧を相妨主家を因循ニ導候段不屆至極ニ付代天加誅戮者也

亥七月廿一日

滋賀右馬大允

此者此札裏ニ認候様可執行之処偶渇（マヽ）然失天誅迯去候然ルを竊盗躰之者押入候趣申觸候旨相聞候以之外之事候此後同人立歸ニおゐてハ忽再擧・（脱文アルカ）迄も可加誅戮者也

七月廿一日

外ニ落書誰人之作り

名ニ高き志賀かふさたへころされてく人山紙えさもき三井寺

讀人不知

東岡（圖カ）右中將

○七月十七日京地發足

爲鑒覽使

紀州表ゟ被相越候

四條侍從

爲鑒覽使

播州明石ゟ被相越

右

水戸殿筑前肥後備前土佐因州阿波等之御家來一家ニ拾人又ハ五七人程ツヽ召連都合四五拾人程ツヽ尤身柄之分ニ而騎馬ニ而罷出候向ゟ有之候

此鑒覽使と申ハ唐名之由

皇國之目附改役ニ相當仕候由

○六月十九日

野々宮殿ニ而諸侯廿八人ゟ御達

攘夷期限之儀先達而布告ニ相成旣ニ於長刕遵奉

叡慮斷然及掃攘候間此後渡來候ハヽ無二念打拂可申候尤警衛之諸藩互ニ相援盡力防禦可有之候樣被仰出候事

○七月廿日注進

會津　松平肥後守　禁裏御守衛　六月廿八日上京

鳥取　松平相模守　七月ゟ九月中　七月十七日同斷

岡山　松平備前守　禁裏御守衛　七月四日同斷

大垣　戸田釆女正

三月

中納言殿同伴上京居殘相成

五月來脚氣之症ニ而引込此

節追々快氣

四月ゟ六月中御守衛御用相濟

七月朔日發足歸國之処故障之

筋出來未在京歸國之比合未定

依

敕命七月十五日京著

水戸余四郎麿

上杉彈正大弼

德島

松平淡路守

福山

阿部主計頭

依

内敕七月十九日京著

所司夜稲葉長門守殿ハ未京著無之

〇七月廿六日

京丸太町烏丸東ゟ入

望月亭（イ町）ヒ　大藤幽叟

梟首建札ニ曰

此者奸史（吏カ）板倉周防水野和泉才ニ與し其評（許カ）狀を請炮臺築造を名としく

富商ゟ立入大金を貪り候罪不輕仍之加天誅者也

七月

廿六日朝三条大橋詰札場ニ梟首いたし有之

一外夷交易之奸商五人京都ニ而討候筈建札有之候処先壹人討七月廿四

日例之建札いゑし三条高札場ニ晒有之

建札ホ事長省キ申候

一廿六日夜八ッ時比京高臺寺燒寺中殘らす回錄類火無御座朝六ッ時比鎮火之由就右四条通寺町東ヘ入所ニ建札如左

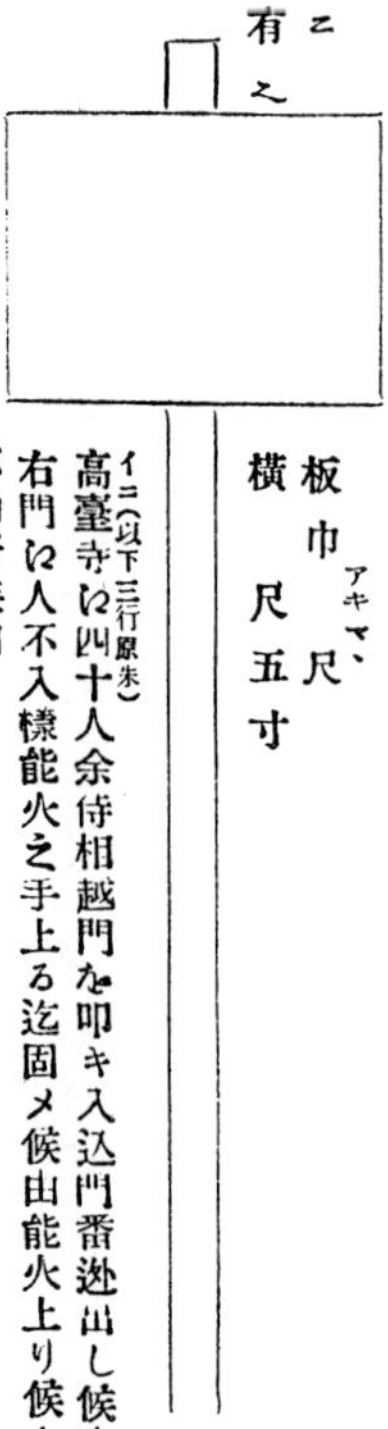

是ニ認有之

高臺寺奸僧共

朝敵松平春嶽ニ奇（寄カ）宿差許候段不屆至極ニ付於神火燒捨候畢向後右（様脱カ）之者有之おゐてハ可處同罪者也

亥七月廿六日

板巾（アキママ）尺

横　尺五寸

イニ（以下三行原朱）高臺寺ヘ四十人余侍相越門を叩キ入込門番逃出し候由焔硝を以四五ヶ所ゟ火を懸右門ヘ人不入様能火之手上ル迄固メ候由能火上り候上右四十人余り之者何方ヘ共不知行候由

右廿七日朝見出シ寫取候由ニ而同日出置《チ》郵《イウ》廿九日著申來候趣ニ御座候

元善申

高臺寺ハ洛東靈山之乾ニ當り祇園社之巽ニ當ル

右申上候事忌諱之書面御座候間御覽後御丙丁奉希上候

七月廿九日

○七月五日被　仰出

一橋中納言

攘夷之義周旋不行屆後見職再應辭退言上之趣達

叡聞無餘儀筋ニ被　思召候得共攘夷之儀も先年來

叡慮御一定　皇國焦土ニ相成候共聊不被爲厭醜夷と塵〔鏖カ〕戰祖　宗ゟ之

申譯被遊度御赤心ゟ被　思召立御法事〔マ、〕ニ而右以來日夜寢膳を被廢

天地神明ゟ御祈誓之上被

仰出候義ニ有之武臣之職掌速ニ膺懲之奇策を施可奉安

宸憂筋ニ候処於　幕府度々御請も被申上候へ共兎角決心如何と被
思召候義有之期限を以被
仰出候次第ニ候得共今更内政不相整人心一和無之旨を以彼是猶豫ニ
及候樣ニ而折角徳川家御扶助之　御盛意ニ相戾畢竟天下動乱之端を
開不容易勢ニ至可申候間一時嫌疑之場合　御垂憐被遊候得共
皇國之爲盡粉骨大勢挽回候樣可致丹誠依之再度之辭退被　召止候旨
被
仰出候事

○六月十九日長州ニ正親町宰相殿爲觀察使御下向ニ相成附添警衞人數水
戸肥後土佐姫路右四家より親兵人數之内七十人許被　仰付之是も當月
朔日長州敗軍ニ付　御所ゟ内々御見舞旁場所見分と相見へ候

○六月上旬鷹司關白殿ゟ御沙汰書

外夷拒絶期限之事先達而天下布告相成候上ニ而も列藩夷船攘計（斥）之心得勿論之処傍観打過候藩有之趣深被悩宸襟候既ニ長州兵端を開（候脱カ）就而も皇國一躰之儀ニ候互ニ應援掃（マヽ）攘有之皇國之恥辱不相成國藩一致決著盡人力叡慮貫徹候様御沙汰之事

○六月廿五日會津侯并姫路侯小濱侯ゟ人數差出中川宮家士山田靫負伊丹藏人右両人共召捕西町奉行所ゟ引渡ニ相成候未何故とも申事相分不申矢張外夷掃攘先鋒一条と被察候但姉小路及傷一件カモ難計候

○六日五日中川宮上書
謹而奉申上候頃（マヽ）才不徳之尊融國中御扶助且乍蒙歸俗之命寸効無之恐

懼之至此比之形勢掃攘之期限も打過候得共掃攘之形儀不相見因循ニ

送り

叡慮奉明察苦心仕候依之不肖之身分不顧恐入候得共掃攘之先鋒之儀

蒙仰度懇願ニ候乍然

敕許之上も普天下之有志布告其力盡し共ニ戰死を遂國恩を報し候端

共仕度速ニ

敕許奉伺度候恐惶謹言

六月五日　　　　　　　　　　　　　尊融

○七月三日木像一件ニ付被召捕候浪人左之通御預ニ相成

上方　勢州薦野　　土井越前大野

京極　但劦豊岡　　松平伊賀守　信劦上田

藤堂　勢州久居　　水野

○六月廿五日朝五條川原ニ士両人切害致有之候姓名

圓命流之達人
新來御抱
佛照寺弥助
猪野田源助

右ㇵ両人共新古をを〻らせんましめの儀〻ニ而首を打落シ死骸をずゝ〳〵ㇵ切両人共同様ニあぶり切ニ致有之候其起りハ佛照寺弥助儀長州ㇾ新規御召抱ニ相成候ニ付長々浪々之身ニ付武具幷馬具ホも無之候付松原通り大丸屋方ㇾ罷越金子三百両借用致度と段々申談シ双方納得之上證文認三百両借受候由然処大丸屋ニ而借入候節當人申様ニㇵ只今拜借之金子今五六年も攘夷戰爭無之時ハ君ㇾ願ひ急度辨金ニ及ひ可申若も火急ニ取合ホニ相成戰場ニ而落命致候節ㇵ氣之毒あら〻香奠と思ひくれよと相談し歸り行候所其跡ニ而早速東西之町奉行所ㇾ願候処御役所ニ而も御取上ヶ無之依之又會津矦ㇾ願出候処同御取上ヶ無之遂ニ長

州屋敷ニ願出し候処何分長州屋敷ニ最初ニ申出呉候ヘハ宜敷ニ而奉行所會津抔ニ相願候上も難差置と有之則金三百両長州屋敷ゟ大丸ニ御返し被成其節利足抔も入可申なれ共是ハ後ゟ差出し可申と懸合ニ相成其翌日右之両人を召捕川原ニ而刑罪ニ被行候由其時大丸ニ直ニ侍壹人走付此比當家ニ金子無心ニ來り身マヽハ川原ニおゐて切害ニ及ひける誰ニ而も早速ニ見ニ參れと申出候由全く長刕ニ而も當時之御抱ニ相成鈲術ニ為秀で候人之事故惜まれ候へ共かく相對ニ而借貸致候事を　公邊ニ願出候事故大キニ大丸をうらみ候事と諸人申居候實ニ其程大丸あやしく思ひ候ハヽ長州屋敷ニ一應相伺其上取上も無之節も　公邊ニ願出候へハ宜敷事此義ニ付大キニ不評判ニ御座候可惜佛照寺之ともらふ全く武具馬具注文致置候方ニ手付ニ渡し有之候金子よく遊興里狂ひニ遣ひもなし候ニも無之由全両人共なぶり切ニ致し有之候のハ大丸ニ之つら當りと申事此義ハ大キニ不出來成致シ方と諸人申居候かく之次第ニ付大

丸ニ而も大キニ心配いろ〳〵進物ホ持參ニ而長州ニお茶釜致し候へ共一向引あひ無之よし其後両三日間有之候而是も長州藩と申事ニ而両人之士切害ニ及ひ両人共棺ニ入松原之川原ニさらし有之是長刕ニ而先の両人之死骸川原ニさらし候へ共町々ニ而もをべく厄介も不相掛ぞ存候処存外町内之世話相掛り候事故氣之毒と有之後之両人ハ棺ニ入さらし置夫より直ニ金方寺とり申寺へ持行葬りニ相成候由尤両度之死骸罪伏《状カ》書無之候得共全く佛照寺同腹と申評判ニ御座候夫より千本通ニ而浪士壹人切害ニ相成候是ハ正義之士の僞セ者とり申事ニ而植村長兵衞と申者罪伏《状カ》書も有之候由其三条橋上ニ而壹人是ハ長州之新參と申事ゐく佛照寺同樣之次第此人之刀大凡六尺計の長刀ニ御座候趣然処右之手打落され肩先より首へかけそもそもらひニ切り殺され候よし是も同藩之打取候評判ニ承り候

○三條橋ニ張有之候書付もんし物七月欤

渡人ゟ密ニ取ハ調伏の

音羽の下くらけゐ大橋

○七月三日大坂天神橋中程欄干ニ首をさらし有之胴躰ハ其下ニ捨有之

罪狀書寫

石塚岩雄

此者儀盡忠報國之浪士と義名を飾り當節攘夷拒絶折柄諸國有志軍用金抔と申僞富家ニ金策申掛ヶ市中動搖爲致全く酒輿遊婦ニ戯を其罪難遁ゟ天下之義士壓來行梟首者也

時文久三亥年

七月三日

後日右黨之族於有之も聊用捨なく令天誅者也

○七月廿八日祇園社扉ニ張紙之寫

昨夜高臺寺放火之一條朝敵春嶽を惡ミ候段至當之事ニ候へ共彼ら屋敷幷本陣を借請候節西本願寺を差置キ手下共安キ小寺院を燒捨候処全く幕府ニ通し居候者我々一流正義之士を億病者ニ名を取ふしめんともく流ミ候事相遣《違》有間敷義不埒之至追々吟味及者也

日本ハ四十八字ニ仮名手本いひらふ出ゝ京ゝ納る

○左之通傳奏衆ゟ通達有之

別紙之通

叡慮被　仰出候間在國御一列不洩様早々御傳達可有之候依申入候以

上

七月廿七日

野々宮定功

飛鳥井雅典

松平相模守殿
松平淡路守殿
上杉彈正大弼殿
松平備前守殿

海岸防禦之儀度々
御沙汰之処往々不備之聞有之候付今度紀州加田浦播刕明石浦ホに監
察使被立候就夫是迄傍観畏縮之藩有之趣相聞候向後柔弱之士も急度
御沙汰位官被　召上筈候間於列藩兼而其心得可有之
御沙汰之事
七月

○松平兵部太輔に之
敕書

播州明石浦も南海緊要之地ニ有之候間猶更兵備嚴重ニいたし夷艦渡
來候ハヽ無猶豫可掃攘旨被
仰出候事

○八月三日朝五条四条幷粟田口蹴上街道筋ニ左之通高札建之竪壹尺三寸
程横巾貳尺五寸程之札之
四条ニも朝歟ト有
國賊松平春嶽若
皇都ヘ壹足ニ而も踏込候ハヽ即時ニ可加天誅是
敕ニ依而也
亥八月
一大津川口と申所大津中一貳番之身代柄之由春嶽侯用達矢嶋藤五郎と申
者方ヘ八月二日夜浪士五十人ほど押入藤五郎初家内八人致殺害候よし
京都二条通春嶽侯屋敷門ニ札を張左之通

用達矢嶋藤五郎江も莫太之金子借入候由藤五郎宅諸帳面引揚候付追
々可及吟味此段春嶽父子江可心得者也

八月三日

○七月廿六日

禁裏會津侯之調練

叡覽ニ相成

御所南口を調練御座候會津侯初甲冑ニ而凡五百人計之人數見事ニ御座
候由

江戸表ゟ

七月晦日老中方御宅江御家老衆御呼出ニ而今般十万人扶持被進之旨御
老中方ゟ被申聞候趣右ニ付一文字出候由ニ御座候左候ハヽ定　御登坂
も近々被　仰出候と申說專らニ御座候

○八月六日出京便

室町ニ布屋彦太郎三条ニ丁子屋吟三郎と申町人交易よく莫太ニ金子もふけ込江州一躰之節有之下田を初大坂長崎ㇸ其外三四ヶ所ニ出店有之比日浪士大勢押入夫々召捕金子を初丁内年寄召出夫々封印付預ヶ夫ニ付色々書付有之候へ共長文故略ス右ニ付内々下人共幷親類共ゟ願書差出度てもどれへ差出候而可然哉不相分依三条大橋ㇾ大字を以張出願書取計候へハ即時ニ申渡之儀書付ニ而宅ゟ町内ㇾ直ニ張番を以爲知有之比日中騒動ニ付而之願書ハいつも三条大橋ニ張置事とハなりぬ珍敷事也當時ハ所司代町奉行ゟ一縮變死有之候へハ只片付候丈ゟ取扱依而町奉行所を死骸之片付役所と世ニ唄申候云々

八月六日

○薩英開戰始末京師在留之薩藩士ゟ某家ㇾ告來書之寫なり

聞書

一六月廿八九日比港口ニ英船七艘不意ニ乗入候付海岸守衛之武士ゟ此段注進且打拂之儀申立候処彼より手指候迄ハ必も當方より手始致間敷旨被申付見合罷在候内生麥事件ニ付妻子ニ養育料償金之儀申懸右も關東ニ而中請候義兼而國中承知之事ニ付不屆至極之段一同堪忍致兼候得共君命之重キニハ難替無據差扣罷在候処右七艘之内一二艘コヽカシコ乘廻り全海岸測量之樣子ニ相見候処シケトミと申入江ニ國之蒸氣船三艘繋有之候を見付右奪取港口ニ可連行趣ニ付櫻嶋幷孤島守衛之人數見遁シ兼二日晝四ツ時比發砲ニ及候よし同日強風雨ふく双方アヤメも不分只放火之光を見當ニメツタ打ニ終日打ツヽケ候処英船砲門を被打破船將幷大將共被打殺其餘死人手負橫濱新聞之趣ニ而相知レ申候國元よくハ只手荒致候迄ニ而大將共船將共難辨候処猩々緋之陣羽織著用之死骸右大風波ニ打揚ケ見分致候処腹立割肝を取如元之〔ニカ〕縫直し海中ニ葬候と

相見重キ鉄丸二ッ計沈ニ付有之候由且船之砕ホ品々打揚候由彼ゟ打出し候鉄丸□○如此之大鉄にて當日《れカ》ハ不破といふ事なし身躰なとハ蔭も形もなく被打砕數百年經し濱邊之並木なといつれも三ダカヘ四ダカヘ有之処打折打拔レ有之由尤右鉄丸取片付候ニも或ハ五人或ハ六人持位之重目にて壹人哉貳人ニてハ迚も片付不申候由右之鉄丸四ッ時頃ゟ終日打つゝけ雨霰之如く落降候有様御遠察併怪我人至而少く士分拾九人と申事ニ御座候新聞ニ而相見候通東南風強く自ら敵船陸近く寄來闇夜の如キ戰場なからも十分ニ打居船將大將両人なから討取と申義且右死骸海岸ニ打揚手ニ入候と申而全弓矢八幡之　御神助とも可申欤何分外異と初戰ニ候処十分之勝を得候段全
皇國中之武備を輝候條
叡感不斜との御褒書頂戴一同猶更勇氣十倍ニ相見申候乍去右大風雨ニ而逆浪強候処少而崩サズ列を正しく透間も無く終日打暮し猶翌三日祇

園洲臺場を見當(日カ)ニ打立々々終ニ右臺場幷二ヶ所打崩し候由空ゟハ大銕丸降下り地よりハ臺場之大磐石グワラ々々打崩れ〻雷の落るよりも鳴動甚敷日比砲聲ニ馴れ候ものゟも進ミ不得既ニ此度右始末

奏聞使としく上京之側用人高崎と申人ゟと馬乘ニ而出陣之処少しも不進不得止事歩行立ニ成夫是指揮致し(脱アルカ)との事ニ御座候右火戰尤俄之儀ニ付急速民家立退被申付候処俄と云强風雨と云甚混雜火之元念入兼候家ゟ出火一日一夜燒詰甚騷動隣國よりも加勢見舞之人數多く出候由併殘ふせ斷ニ成手勢のミみく相防候由御座候村山義去ル十八日夕俄ニ國元ゟ出立致候間同人歸京之比ハ猶々巨細ニ可相分又々得貴意可申上候得共荒增之段御心得迄如此御座候是迄席上之高論ニ隨ひ師家之軍法ニ習ひ種々用意之内も一向間ニ不合全現戰之趣ニ而ハ從來之兵學も間ニ合兼候事も多分御座候由是等之儀も此邊之達人御指登ニ相成候ハヽ右高崎等ゟ御引合御自得相成候様取計申度ものと奉存候異人とも大砲打方

如圖七艘變る〳〵遠□三重四重ニ打立火玉之雨降如く有之候与申事ニ御座候戰場御遠察可被遊候如圖大軍艦中ニ包一番貳番与列を正し右祇園洲臺場を目當ニ打懸一番船右之方之砲門打盡し候得も片脇ヨ開ふキ掛ヶ候と見る与二番船直跡ニ詰懸同く打出し候其内ニ一番舟ハ舟を押廻左之砲門を開キ前ニ進打二番舟ハ上を打越遠方を打二番舟右之如く打盡セは三番船續て進ミ如初次第〳〵ニグルリ〳〵と順ニ廻し少しも透間なく終日打續申候と之事ニ御座候前書之通大風雨ニ而荒波ニ御座候得共自在ニ舟を乘廻し少しも變る色なく實ニ感心いたもへく手際之由依而も諸浪士暴發連之論情とも違ひ容易ニ攘夷難成ものと相見申候添臺場と申候者兼〳〵搆置候方宜由相聞候得共實戰無之ものの故左程とも不存候処今般之次第まてハ是非入用之由相聞申候且又何分此方与も大銕丸を打不申候半而も行屆がたき趣みて小筒与氣請不宜由ニ御座候
右拙筆愚文ニ而御承知被遊兼候半哉と奉存候へ共不得止事奉申上候余

も世上取沙汰と御引合御賢察被遊可被下候兼而相心得罷在候相見陸地
ニても不寄付鷄肉等商船漕寄候而も請付不申入又々々与手先而已爲知候
由ニ御座候存外家中勇氣强くしく三郎君ニも至極被悅候と申事ニ御座
候依而も士氣ハ益振ひ可申事と賴母敷奉存候

文久三年癸亥七月二日

薩英間兵端ノ略圖

圖ハ配版ノ都合ニヨリ次頁ニアリ　校訂者識

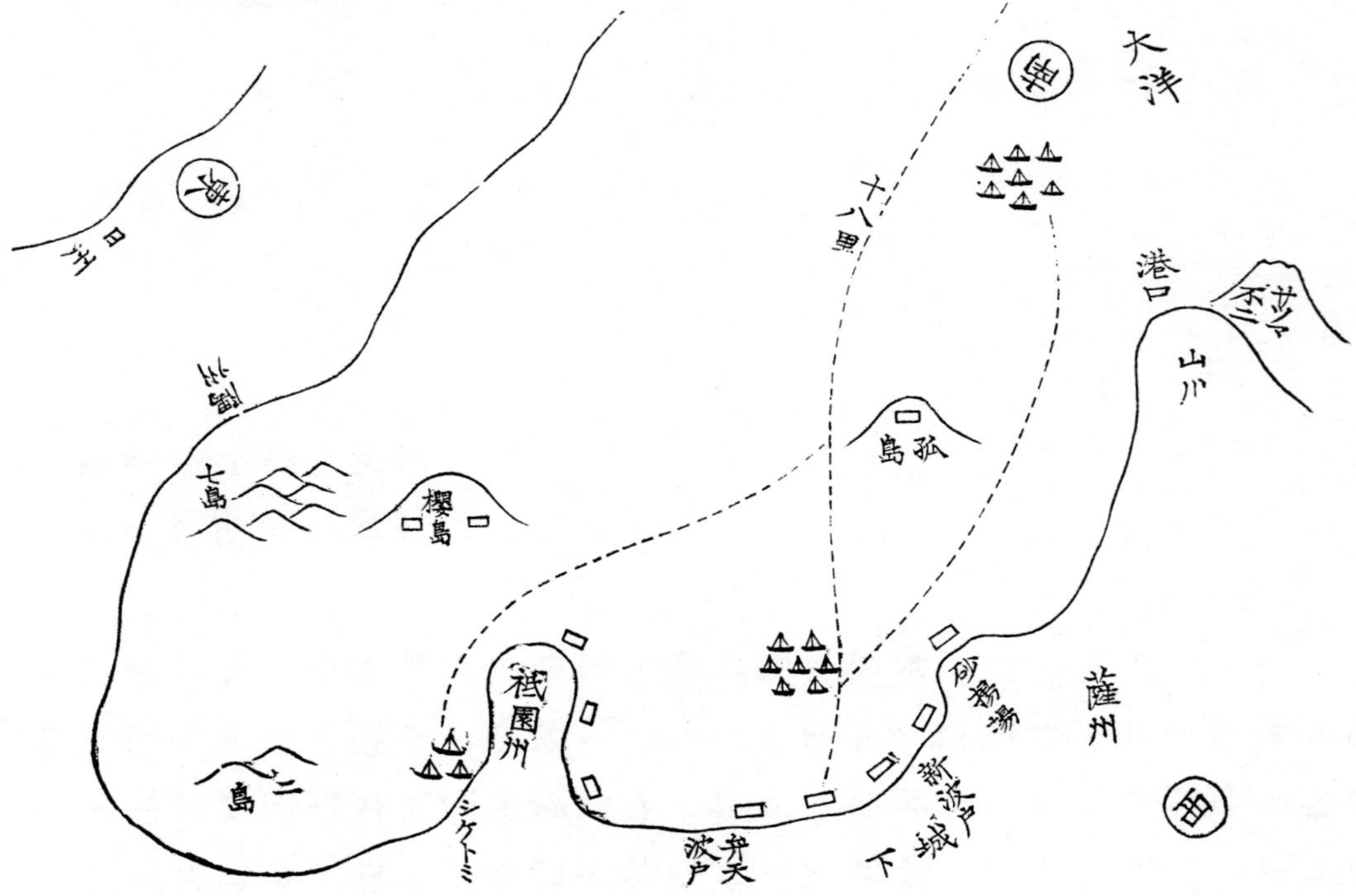
大洋
南
十八里
港口
山川
孤島
薩州
砂揚場
新波戸
城下
弁天波戸
祇園州
シケトミ
二島
櫻島
七島
東
日州
西

七月三日火戰之圖

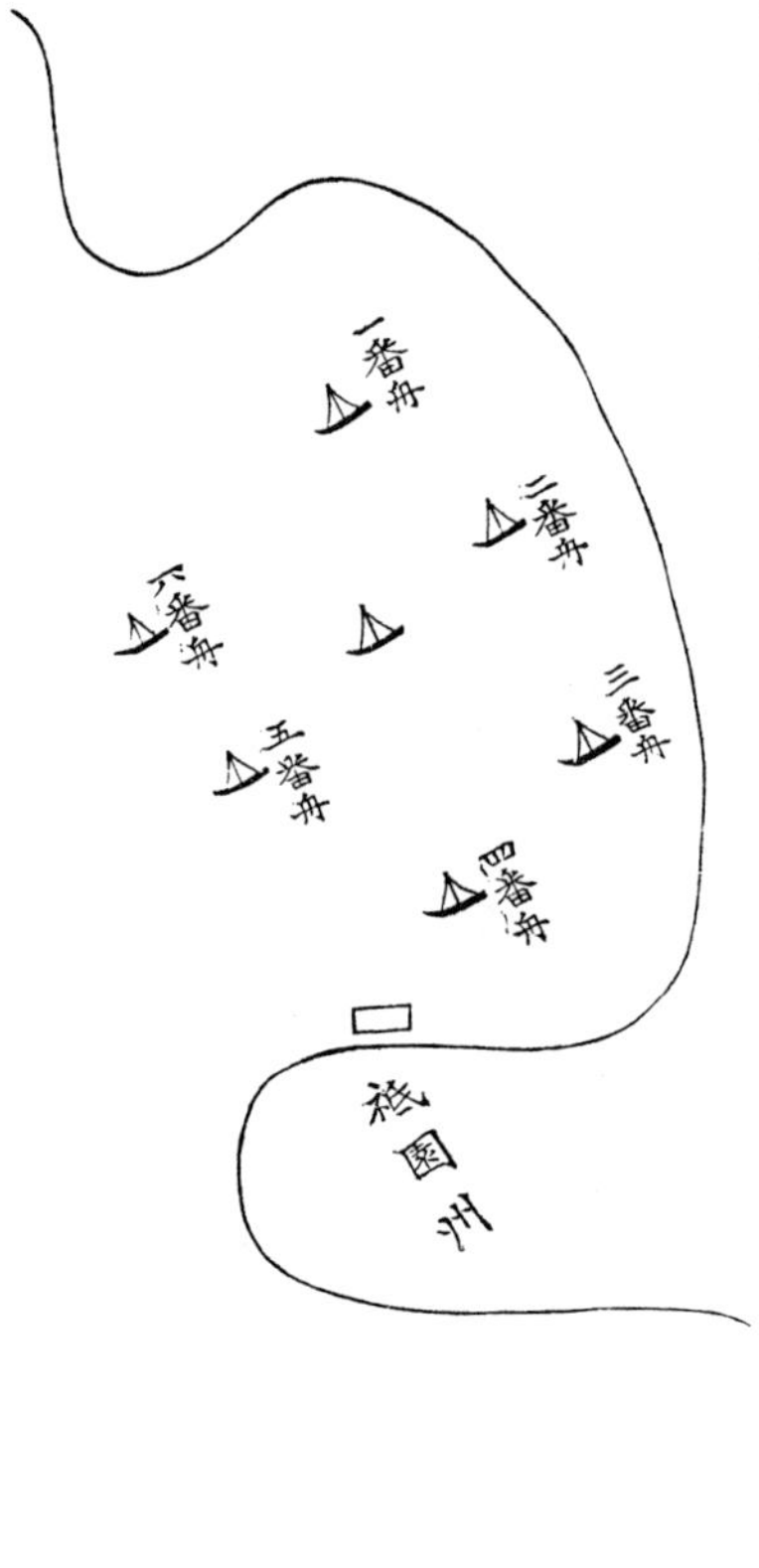

○監察使四條侍從殿七月廿一日明石ゟ到著有之翌廿二日御達

御書寫

播磨國明石浦ハ南海緊要之地ニ有之候間猶更兵備嚴重ニ致夷艦渡來候ハヽ無猶豫可掃攘被

仰出候事

四條侍從殿家來

雜掌　小西直記

用人　田村豐前

近習　十人程

御親兵

水戸殿家來五人

藤堂和泉守家來五人

松平美濃守家來拾人

松平備前守家來拾人

右之外四條殿御同勢幷大坂町奉行與力同心才惣人數七拾余人程

右

敕書ハ阿劢紀劢明石御下ケ札之事

三日賜暇賜御劔速ニ東下外夷掃攘之成功有之武威輝海外候樣

御沙汰之事

六月四日御請

昨日東下之御暇ニ付賜

御劔候段特恩不斜奉咸(感カ)戴候膺懲之策未得其要候得共

倫(綸カ)言之重謹而其旨を奉し三家一橋申談諸藩一致力を以

叡慮貫徹候樣盡力可仕候事

去ル四日野宮宰相中將樣ゟ家來御呼出ニ而

上杉彈正大弼

先祖已來勤　王忠節之御家士風敦厚聞有之候間先達而暇賜候得共追

々形勢不容易候就而ハ

御用ニ被爲在候間滯京候樣

御沙汰之事

謙信公御拜領　錦御旗

叡覧被遊度候差出候様
御沙汰之事
七月九日御渡
松平大膳太夫家來共小倉領内ゟ立入不法之所業ニ及ひ候由以之外之
儀被
松平美濃守
思召候依之別紙之通小笠原大膳太夫も相達候間此上二家之動静ニ寄
候付《にカ》而も隣國之義ニ付諸事小笠原家申合應援可致候尤小笠原大膳太
夫 此段相達候間夫々打合可被取計候
別紙
小笠原大膳太夫
松平大膳太夫家來共其領内ゟ立入不法之所業ニおよひ候由以之外之
義ニ被

思召候依之右家來共早々爲引拂候樣松平大膳太夫ゟ相達候間其段相心得自然於不引拂ハ時宜之取計可有之与存候尤松平美濃守奥平大膳太夫ゟ應援之儀申達置候間諸事申談候樣可被致候事

○薩州藩士之話

薩劦藩使番相勤候高崎佐太郎在京中用向出來七月初旬京地發足國許ゟ相越同廿六日國許ゟ到著翌廿七日曉海上ニ大船七艘渡來夜中之事故聢とハ難分候処翌曉英夷と申義相知候処廿八日英船ゟ書簡指越其文言ニハ先般生麥ニ而被切殺候妻子之爲償金差出候樣との趣其返答明廿九日迄ニ承度との事ニ付返書ニ悉ク打返し生麥ニ而切殺候ハ全主人之行烈《ヤ》、被切候付打捨候事ニ而罪ハ其方ニ有之只今金子を出し候筋無之尤切捨候家來ハ罪し可申候へ共出藩いたし只今罪過ニ行ひ候事出來可《不カ》申旨申遣候処其日も其翌日も其儘ニ而滯船此方ニ而ハ臺場々々夫々手配致し

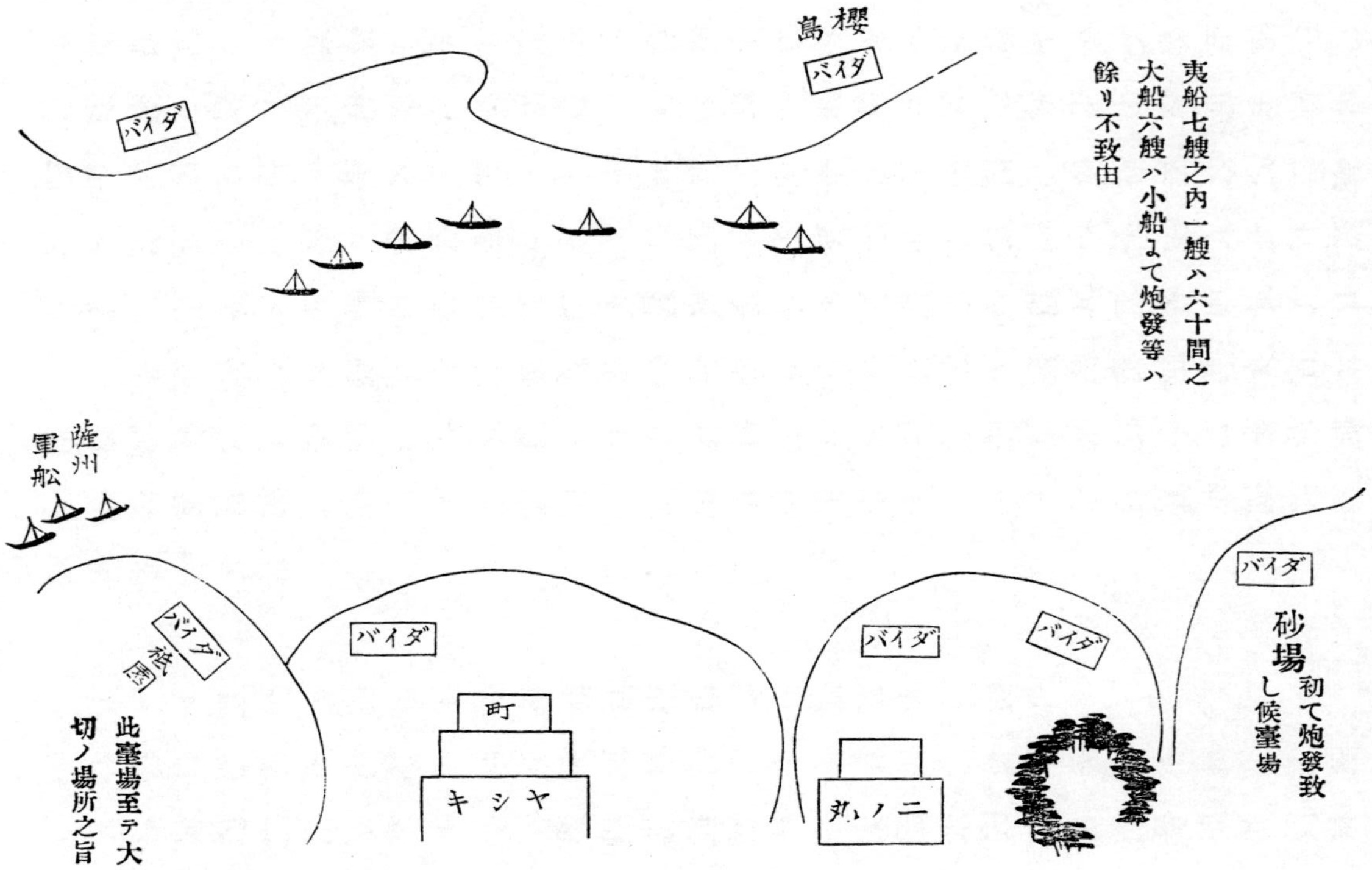
櫻島
バイダ
バイダ
夷船七艘之内一艘ハ六十間之
大船六艘ハ小船よて炮發等ハ
餘リ不致由
薩州軍船
バイダ
祇園
此臺場至テ大切ノ場所之旨
バイダ
町
キシヤ
バイダ
バイダ
二ノ丸
バイダ
砂場
初て炮發致し候臺場

今よも砲發致し候哉と待居候処何ぞ之義も無之朔日ニ至り英船動出候付進退目を附居候処段々退候様子ニ付全退帆と存候処翌二日朝一望致し候へハ薩州軍艦三艘を英船之傍へ引付有之寂早其時ニ至り闔藩牙を嚙既ニ臺場ゟ炮發之勢ニ相見候付佐太郎存候ニハ英船ハ遙之沖中ニ有之迚も玉勢届候所ニハ無之無用之丸藥を費し候ハ如何と被存早速号令を下し見合候様ニ申候処英船又々動キ出し候付其節評義ニ万一薩船を持退帆相成候而も詰り英夷ニ欺れ候様ニ相成候間玉勢不届候共先打試候方可然と申評ニ相決祇園臺場初に通辭取計候内ニ砂場臺場ゟ砲發相成引續四ヶ所臺場悉く砲發致し英船ゟも砲發致し二日ニハ夕景迄両方ゟ砲發ニ而日暮又翌三日同様之処英船二隻朱印之処に參り両方ゟ祇園臺場を挾打候右ニ付此臺場之車臺多分損只一挺無難ニ付其筒ニ而敵對致し居候内其日ハ大風雨ニ相成英船を砂上に吹上既ニ打沈可申之処英船のトモを打損所出來ニ付砂上に被吹廻候何分此方ハ一挺之筒ニ而不行届夫故小舟を仕立英船に乘移切捨候半と存候へ共何分大風ニ而其儀も不行届殘念至極拳を握

り候而已其内ニ又一艘來り右之船を助け連行候翌日退帆之節ハ二艘ニ而挾ミ參り候由薩刕方死人八人内士分三人有之候臺場ニ居候へハ餘り怪我ハ無之此方ゟ打出も銕砲ハ先方之打出ス間ニ込船之方ニ火見へ候と見付一両人ありてソレと申聲を聞候と土手へ隱れ候付其上を玉うなり飛行其音の尖キ事可恐と申候却而臺場をもあれ歩行致し候ハ誠ニ危く土居之方ニ居候へハ可懼事ハ無之と申候此人ハ使番故馬上ニ而所々馳行候内ニ耳邊を三四丸通り素ゟ開心マヽハ致居候へ共其節ハ自ら肩スボミ候馬ハブル〳〵振ひ腰をぬらし一向進ミ不申候船ゟ打出ス丸ハさし口八寸計有之中ニも推實玉も有之船之進退手足之如く自由自在舌を卷候薩刕方之砲ハ三十ドイムより百五十ドイム迄ニ而五ヶ所之臺場ニ而八十挺程之由薩刕城山ニも數丸參り候其内ニ城山ニ火付餘程燒失之由臺場ゟ城山迄ハ六七丁位あつてハ隔不申町人共ハ悉く開候付一人茂死人無之砲ハ八十ドイム以上あつてハ一向益ニ不立可賴ハ土居第一余之物ハ一向間ニ不合旨九月十四日佐太郎話し候由

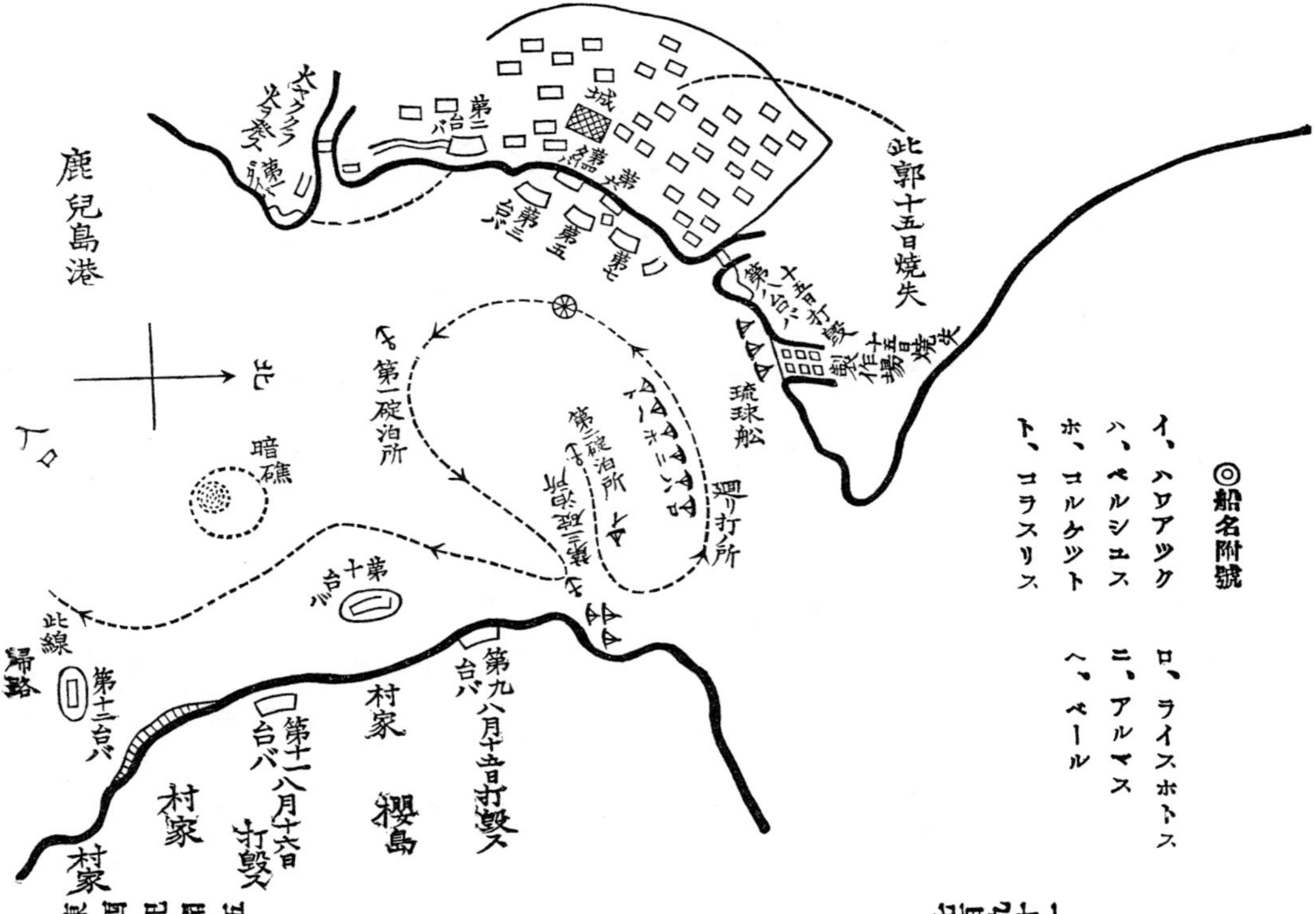

英船七隻其名互ニ異同アリ六九一頁ヲ参照スベシ
校訂者識

臺場大炮數

第一　三十二斤二十四斤八挺モルチール二挺　両臺場共
第二　十八斤三挺　二挺
第三　無之　第四　不知
第五　八寸ノ破烈ヲ打筒二挺三十二斤九挺野戰筒二十四斤三挺
第六　十八斤
第七　一尺ノ破烈ヲ打筒二挺三十二斤五挺野戰筒二挺
第八　右同斷　一挺三十二斤五挺モルチール一挺十八斤一挺
第九　十九斤四挺　野戰筒車臺ノ上ニ有
第十　右同斷　三挺　右同斷
第十一　八寸破烈カヶ筒二挺三十二斤四挺
第十二　西面十八斤三挺　東面十八斤三十二斤十二挺
〆八十八挺

○七月十五日四条裏町御旅町之角大龍寺門前ニ張紙
攘夷御決定ニ相成既ニ長州おゐて兵端ヲ開き候処傍觀ニ打過し藩も有之趣ニ而深被惱
震《宸カ》襟實以奉恐入候幕府ニ有之狐狸之役人等之虚言ニ陷り候而も
叡慮貫徹仕候事不相成依之違　勅之諸藩幷
敕命を不用交易盛ニいゐし萬民難澁爲致役人等を罪且百姓町人とも之内交易盛致し候國體郷民ニ爲抱候程之國寶を數多外國ニ送り分限

不相應之大金を集メ外夷打拂被
仰出候を相辨あらふ交易諸品を持運大惡心言語ニ絶不屆之至首を切
血祭りニ加之天誅夷艦炮燒之先軍彼等之家藏諸道具兵端之地ニ向ナ
ハ天津神地の
神〻世々喜し与思召あふん恐多くも長く被惱
宸襟下萬民難澁爲致候ニ付其万一を謝し可申旨早々盡忠報國義士中
用意可有之者也
亥七月
第一惡心之ものゝ相定り世上之人氣を建無益之米相庭打拂之事
米穀油等銅太物品々紺屋形ニ至迄交易ニ掛り候者
洛中三拾壹軒洛外八軒余赦ス所ニあふれ外國ニ交易ものハ勿論米穀
買〆候者共之名前速ニ張出候ハヽ爲御褒美銀五拾枚可差遣者也

○癸亥春評判

葱茗の利き、メ一しほ増り皃人目も草もなひらぬハなし

㊀

徳若ゐ万才樂ときみのよさ父ハ今尾ょ納りてんな
鶴屋のおさとハ床の勤め振の宜しき由
石河の流れの水ハ清ふらゐもめる身世たそ目出ふらりける

―○―○―○―

賣出しの店開キより末らけく猶もやり升ゑふれもんぞう

小路閑居

岩もしる瀧津流れの音絶へくゑのゝめ淋し有明の月
長門屋のお菱ハいたな御客も
ゐぼナお客も同し勤なるハ感心

十二文
めし

分ちなく上下ともによらぬはな
扨も手とりなおむなれりけり
しばふく人淋しき里に海よひ
めぐりしがどふなふしふなふ
賑ならなる町に出しは夢の如し
今までは淋しき山に澄とても
狐狸のおもりげもなし
武蔵野といひし比は尾花薄もぼう〳〵としてなはれなりしに其蓬
もつまれておもりけさふに内記
吾妻よくされど其名も高からぬ
今はなる瀬の音の聞ゆる
自身な此方橋の根ざらよはりて幾人《イクタリ》となく落て難澁も近邊の隠居
も折々あぶなひ〳〵といはれる

天の河鵲の橋朽ぬふんア、あぶなひと隠居いひより
猛獣出再
我威をバ弥太郎よぬるう狼いいつを犬でも云つぽ下ケぬる
扇屋ふぢやの家い追々淋しく成りて店番の福介もたんくつ顔して
居る
御役義い何の千賀も内藤の扠々なぬナ店番の介
巻頭らさた物いおがる黒がるの連中
金鐵の心動らぬなまり武士邪道《ヨコシマミチ》の教道やせん

東西紀聞第一終

維新期風説風俗史料選
【新装版】東西紀聞 一

発行　一九六八年一〇月一〇日　復刻版一刷
一九九九年　七　月三〇日　新装版一刷

［検印廃止］

編者　日本史籍協会

発行所　財団法人　東京大学出版会

代表者　河野通方

一一三―八六五四　東京都文京区本郷七―三―一　東大構内
電話＝〇三―三八一一―八八一四
振替〇〇一六〇―六―五九九六四

印刷所　株式会社　平文社

製本所　誠製本株式会社

日本史籍協会叢書 142
東西紀聞 一（オンデマンド版）

Digital Publishing

2015年1月15日 発行

編　者　　日本史籍協会
発行所　　一般財団法人　東京大学出版会
代表者　渡辺　浩
〒153-0041　東京都目黒区駒場4-5-29
TEL　03-6407-1069　FAX　03-6407-1991
URL　http://www.utp.or.jp

印刷・製本　　株式会社 デジタルパブリッシングサービス
TEL　03-5225-6061
URL　http://www.d-pub.co.jp/

AJ041

ISBN978-4-13-009442-9　　Printed in Japan